U0664678

# 东莞人才发展报告

# 2023

东莞市委人才工作领导小组办公室
东莞人才发展研究院 **编**

中国科学技术出版社
·北 京·

**图书在版编目（CIP）数据**

东莞人才发展报告.2023 / 东莞市委人才工作领导小组办公室，东莞人才发展研究院编 . —北京：中国科学技术出版社，2024.4

ISBN 978-7-5236-0588-2

Ⅰ . ①东… Ⅱ . ①东… ②东… Ⅲ . ①人才培养 – 研究报告 – 东莞 – 2023 Ⅳ . ① C964.2

中国国家版本馆 CIP 数据核字（2024）第 064896 号

| | | |
|---|---|---|
| 责任编辑 | 王 菡 |
| 封面设计 | 北京潜龙 |
| 正文设计 | 中文天地 |
| 责任校对 | 吕传新 |
| 责任印制 | 徐 飞 |

| | | |
|---|---|---|
| 出 版 | 中国科学技术出版社 |
| 发 行 | 中国科学技术出版社有限公司销售中心 |
| 地 址 | 北京市海淀区中关村南大街 16 号 |
| 邮 编 | 100081 |
| 发行电话 | 010–62173865 |
| 传 真 | 010–62173081 |
| 网 址 | http://www.cspbooks.com.cn |

| | | |
|---|---|---|
| 开 本 | 720 mm×1000 mm 1/16 |
| 字 数 | 230 千字 |
| 印 张 | 18.25 |
| 版 次 | 2024 年 4 月第 1 版 |
| 印 次 | 2024 年 4 月第 1 次印刷 |
| 印 刷 | 北京长宁印刷有限公司 |
| 书 号 | ISBN 978–7–5236–0588–2 / C·259 |
| 定 价 | 90.00 元 |

（凡购买本社图书，如有缺页、倒页、脱页者，本社销售中心负责调换）

# 目　录

**粤港澳大湾区高水平人才高地建设篇**

东莞市粤港澳大湾区高水平人才高地建设大事记……………………2

**人才工作创新篇**

聚焦"科技创新＋先进制造"　打响"是人才　进莞来"人才工作品牌…36

**基层人才工作示范篇**

道滘镇：是人才、进莞来、到滘来………………………………………52

横沥镇：产教互融　双联贯通……………………………………………56

虎门镇：才智兴业　逐梦虎门……………………………………………59

寮步镇：聚焦人力人效　共享"双万""双机"…………………………62

长安镇：长爱才　安心来…………………………………………………66

樟木头镇：打造文学人才集聚平台和文学创作综合体…………………70

**基层人才工作调研篇**

东城街道招商引资与招才引智融合创新研究……………………………76

高埗镇全面推进人才强镇建设专题调研报告……………………………92

桥头镇环保包装印刷产业人才队伍建设研究 …………………… 112

石碣镇电子信息产业人才队伍建设调研报告 …………………… 127

经济欠发达地区制造业人才集聚路径研究——以望牛墩镇为例 ……… 141

万江街道人才服务体系建设调研报告 …………………………… 156

## 综合研究探索篇

东莞市高新技术企业人才队伍发展报告 ………………………… 170

东莞市激发企业人才开发主体作用研究 ………………………… 189

东莞市人才大厦建设研究 ………………………………………… 209

## 人才政策篇

《东莞市重大科技项目实施办法（试行）》 ……………………… 244

《东莞市粤港澳大湾区个人所得税优惠政策财政补贴实施办法（暂行）》 ·· 260

《东莞滨海湾国际开放创新创业社区项目入驻管理及扶持办法》 ……… 269

《东莞松山湖高新区支持台湾青年创新创业实施办法》 ……………… 278

粤港澳大湾区高水平人才高地建设篇

# 东莞市粤港澳大湾区高水平人才高地建设大事记

## 2023年1月

1—3月，东莞市开展"春风行动暨南粤春暖"招聘活动，通过市内招聘、线上专场、外出招聘、直播带岗等多种形式灵活进行送岗位、送政策、送服务，为企业招人、为群众谋岗，全方位促进劳动力供需双方对接。此次活动共精选5.17万个岗位需求，涵盖1087家优质企业和4034个岗位。

1月6日，由东莞市人力资源和社会保障局、企石镇人民政府主办的"创响时代，逐梦东莞，才汇企石，创兴乡村，筑就智造新城——2022年东莞市创业创新大赛"决赛在东莞企石镇东清湖畔举行。决赛共有10个项目入围，吸引了米乐资本、中美融易孵化器等创投资本方的高度关注。

## 2023年2月

2月17日，东莞市举行广东省电商产业园区标准化技术委员会

2022 年会暨国际标准化专家技术讲座。大会对外发布《电商产业园区数字化建设与管理指南》《电商产业园区消防安全管理规范》两项团体标准，来自国际标准化组织（ISO）的专家及市镇主管标准化、电子商务的行业主管领导，以及省内外电子商务及标准化行业的专家委员们参加会议。

2 月 20 日，东莞市委人才工作领导小组办公室联合东莞市公安局在松山湖市民服务中心举行"东莞人才签注政策宣讲会暨上门服务活动"，活动当天邀请了 8 家在莞企业、机构、高校参加推广宣讲会，并成功签发首例人才签注。

2 月 21 日，东莞市科学技术局举办 2022 年度东莞市人工智能专业和情报科学专业职称评审及认定政策宣讲会，有超过 50 人报名参加。为推动数字化人才培育，东莞市是全省首个获批人工智能专业副高级职称评审权的地级市，人工智能副高级职称评审权是东莞市获得的第四个高级职称评审权。

2 月 24—26 日，由科技部人才中心主办的科技创新首席执行官（CEO）特训营活动在东莞市松山湖国际创新创业社区开幕。本次活动首次在粤举办，共吸引了 60 名学员参加，均为科技部人才中心面向全国征集的科技型企业的创始人 / 董事长 /CEO，大部分为国家科技人才计划入选者。

## 2023 年 3 月

3 月 9 日，东莞仲裁委员会一行赴中国政法大学开展学习交流，并与该校签署国际仲裁法律硕士专业学位研究生培养合作框架协议，主动参与有关法律硕士专业学位（国际仲裁）研究生培养项目。

3 月 11 日，2023 中国（东莞）动力和储能电池新材料论坛暨中国电池工业协会新材料分会成立大会在松山湖材料实验室新园区举行，中国电池工业协会新材料分会将做好新能源产业的服务工作，推动新能源领域快速发展。

3月16—17日，东莞市委人才工作领导小组办公室牵头市人力资源和社会保障、科技等部门前往北京举办东莞城市人才品牌推介会（北京站），活动组织50多家东莞优质企业现场举办双选会，线上直播代招释放岗位1579个。活动线上＋线下共吸引13.2万人参与，超过6.3万份简历投递到东莞。推动《人民日报》等7家中央媒体和10多家地方媒体3周内持续报道60多次，浏览量超过500万人次。

3月20日，东莞市滨海湾新区联合正中集团举办"全球数字医疗创新生态峰会（中国·滨海湾）"，活动集聚诺奖得主、国内外院士专家、医院院长、生命健康产业领域上下游龙头企业代表199人参加，活动启动国际数字医疗创新园建设，发布《数字医疗产业经济发展蓝皮书》，签约意向企业8家，开展新区营商环境推介，打造数字医疗领域国际化、高规格的交流平台。

3月28日，"黄金内湾跨境电商服务生态大会"在东莞市虎门镇举办。以"新时代方舟，高质量出海"为主题，大会邀请了亚马逊、国际站、速卖通、多多跨境、沃尔玛、美客多、天猫海外、Ozon、抖音短视频国际版（TikTok）、Wish等知名平台、跨境电商大卖家以及生态链服务企业参加，共同就跨境电商创新发展新模式、全球贸易新机遇等进行探讨，吸引近千人参会。

## 2023 年 4 月

4月10日，由东莞市人民政府指导，东莞市司法局支持，东莞仲裁委员会主办的粤港澳大湾区仲裁高质量发展论坛暨"东仲之声"系列活动开幕式隆重举行，邀请了香港特别行政区政府律政司前司长郑若骅等资深法律专家学者为主讲嘉宾，聚焦新形势下粤港澳大湾区仲裁高质量发展，搭建仲裁行业沟通交流平台，助力推动粤港澳大湾区在仲裁领域规则衔接、机制对接和融合发展。

4月21日，东莞市市场监督管理局举行2023年东莞市知识产权宣传周启动仪式，现场为首批107位东莞市知识产权专家库专家代表颁发证书，其中涉及57名知识产权类专家，35名专业技术类专家、5名产业经济类专家、10名财务类专家。

4月25日，松山湖材料实验室五周年大会暨新园区启用仪式在东莞举行，全面回顾总结实验室建设运行五年来在科研创新、队伍建设、机制探索、产业转化等方面所取得的成果经验，并隆重举行一批重大合作项目签约及创新样板工厂团队新一轮融资启动仪式。其间，以国际领先的超快物质科学与技术研究为目标的阿秒科学中心揭牌成立，未来将提升我国在超快科学领域的综合竞争力。

4月27—28日，东莞市科学技术局联合东莞市发展和改革局、东莞市工业和信息化局、滨海湾新区管委会、东莞实业投资控股集团，以及东莞市能源投资集团有限公司、巨正源氢能科技有限公司、凯豪达（东莞）氢能科技有限公司等新能源重点企业代表分别前往香港理工大学、香港城市大学开展产学研合作交流对接活动，推动东莞新能源产业与香港高校技术团队的开展合作。

## 2023年5月

5月11日，中央人民政府驻香港特别行政区联络办公室联合香港大学、香港中文大学等8所高校领导赴东莞考察了解粤港澳大湾区的规划建设和前沿发展，促进粤港两地的合作交流。考察团参观了华为松山湖基地和东莞市莞香文化博物馆，并与在东莞创业香港青年进行座谈交流，进一步加深了对粤港澳大湾区高质量发展的了解。

5月12日，东莞市委人才工作领导小组办公室牵头市人社、团委等部门，前往华南理工大学举办城市人才品牌推介会（广州站），云集50余家东莞战略性新兴产业、特色产业、支柱产业和国有企事业单位，现场聚焦东莞"好政策""好产业""好环境"推介，招引高校青年学子到东莞就业创业。活动共吸引 700 多名学生到场，21.9 万人同步观看直播，简历投递超 2.57 万份。

5 月 12—14 日，由松山湖材料实验室、大湾区大学（筹）物质科学学院联合主办的"2023 年松山湖电化学能源转化与存储材料论坛"在松山湖材料实验室新园区成功举办。本次活动吸引了 110 余位能源转化与存储材料领域的专家学者参会，包括 28 场特邀报告、17 个墙报展示，为相关科研工作者提供一个展示最新成果的平台。

5 月 13—21 日，"多彩南粤幸福游会"广东省非物质文化遗产展示系列活动暨 2023 茶园游会在东莞市茶山镇成功举办。活动联动全国以及大湾区"9+2"城市群，融汇近 50 项特色非遗技艺共 100 项精品非遗项目共同展演、展示、展销，邀请揭阳英歌舞、中山醉龙、大朗木偶戏、白眉拳等 9 个"国字号"及湾区非遗队伍参与巡游表演，搭建粤港澳大湾区优秀传统文化和人才交流平台，吸引了百万人流汇聚茶山，全网累计曝光达 3000 万人次流量，带动刺激全镇文旅购房消费上亿元。

5 月 16 日，教育部党组书记、部长怀进鹏来东莞调研华为技术有限公司，并对东莞国家卓越工程师创新研究院建设工作作出了指示。广东省委常委、副省长王曦，东莞市委、市政府主要领导陪同。

5 月 17 日下午，由东莞市台港澳事务局、东莞市人力资源和社会保障局松山湖分局主办，东莞松山湖人才创新创业促进会承办的"就在湾区·创享未来"莞港澳人才创新交流活动（数字经济专场），在松山湖的东莞市工业数字大厦举行。活动共吸引超 50 名莞港澳青年人才和企业代表参与，进一步加强莞港澳青年人才交流，促进莞港澳企业资源对接，助推粤港澳大湾区以数字经济助推实体经济高质量发展。

5 月 19 日，香港特别行政区"一国两制"研究中心研究总监方舟带队赴东莞市滨海湾新区调研，了解新区对港合作谋划进展及思路，就对港产业合作、科技研发、政策创新、机制衔接等方面提出专业意见，双方共同探讨香港在位思维变化、对港合作意义等重大问题。

5月20日，第十四届全国高等院校学生"斯维尔杯"BIM-CIM创新大赛决赛在东莞市清溪镇大合科创（双清）创新基地斯维尔BIM-CIM梦工场体验馆开幕，来自全国200所院校的273支队伍、2000多名建筑方面的精英同台竞技。这是"斯维尔杯"决赛首次在东莞市举行，让人才更加深入了解东莞的发展，助推东莞从"东莞制造"向"东莞智造"蝶变升级。

5月24日，东莞市松山湖国际创新创业社区（石排镇新能源新材料专区）（以下简称"石排专区"）正式揭牌，并出台了《东莞市松山湖国际创新创业社区（石排镇新能源新材料专区）项目管理及扶持办法（试行）》。石排专区将力争招引一批科技人才和国内外优质项目，形成新能源、新材料战略性新兴产业聚集效应。

5月24日，香港特别行政区保安局局长邓炳强一行来莞调研座谈，了解粤港人才流通便利有关情况。东莞市公安局在落实粤港澳大湾区人才双向流动出入境便利政策方面介绍有关情况。

5月30日，滨海湾新区联合东莞市科学技术协会以"点亮精神火炬，推动高质量发展"为主题，举办"2023庆祝'全国科技工作者日'系列活动暨东莞市科技学术活动月启动仪式"，开展"2023东莞最美科技工作者"品牌活动、学术助推经济融合交流活动、科普活动、科技为民志愿服务等30场活动，高水平打造"科技学术活动月"品牌学术平台，进一步推动科技人才成长、学科技术创新、科技知识传播和科技成果转化，服务新区科技经济深度融合发展。

## 2023年6月

6月1—3日，香港护理学院会长顾慧贤率香港护理学院代表团到东莞市交流，实地走访大朗镇社区卫生服务中心、东莞市中西医结合医院、东莞市松山湖中心医院、东莞市滨海湾中心医院，为进一步加强港莞合作交流，共同推动粤港澳大湾区卫生健康事业发展。

6月10—11日，由广东省文化和旅游厅、东莞市人民政府主办的2023年"文化和自然遗产日"广东主会场（东莞）暨"龙腾大湾区"粤港澳龙舟邀请赛在东莞市沙田镇举行，此次活动共吸引了粤港澳地区18支龙舟队伍、540多名运动员同场竞技，邀请了100多名港澳地区人才现场观看，彰显了岭南文化底蕴，展现广东勇立潮头、敢为人先的人文精神。

6月15日，东莞市举办《区域全面经济伙伴关系协定》（Regional Comprehensive Economic Partnership，RCEP）解读与实务讲座，活动邀请了暨南大学法学院、知识产权学院郭鹏教授解读RCEP协定，万益律师事务所副主任潘海清律师讲解"RCEP背景下东莞企业如何'走出去'"，让企业更充分地了解RCEP规则，用好用足关税减让等优惠政策，帮助企业进一步抢订单拓市场，共有120余人参与了现场讲座。

6月16—19日，第十三届中国国际商标品牌节在东莞成功举办。本届商标品牌节以"商标赋能新发展品牌引领双循环"为主题，先后举办第17届中国商标年会、2023中华品牌商标博览会及一系列主题活动，来自全国各地的700多个知名商标品牌和众多部门领导、专家学者、行业精英、企业代表齐聚东莞，开启一场聚焦商标品牌的主题盛会。商标品牌节期间，首届粤港澳大湾区（广东）高价值商标品牌培育大赛圆满结束，选拔了一批特色鲜明、竞争力强、市场信誉好、产品服务价值高的商标品牌培育标杆典型，促进了粤港澳大湾区及粤东西北地区各行业商标品牌交流运用，有力彰显商标力量，传递品牌强音，赋能高质量发展。

6月20日，滨海湾新区联合东莞市科学技术局和香港科技协进会举办"2023莞港科创制造合作论坛暨香港科创项目对接会"活动，邀请市直部门有关领导、香港科创机构、企业及人才代表、大湾区科创企业和机构代表约 60 人参加，围绕莞港科创制造开展主旨演讲、圆桌论坛、项目路演、政策宣介等活动，助力全面深化莞港科创制造合作。

6 月 21 日，东莞仲裁委发布增聘仲裁员名单的公告，面向境内外择优选聘了 222 名具有较高声望和较大影响力的知名专家学者和实务界人士担任仲裁员。其中包含来自香港特别行政区仲裁员，进一步加强东莞仲裁员队伍建设，促进粤港澳大湾区多元化纠纷解决机制完善协同提升。

6 月 28—29 日，由广东省科技厅、东莞市政府和中国—拉美和加勒比国家技术转移中心主办的中国—拉美和加勒比国家技术转移中心揭牌启动仪式和拉美青年外交官广东行活动在莞举行，拉美和加勒比国家驻华使馆及驻广州总领馆、拉美和加勒比国家青年外交官、拉美国家企业机构和高校及拉美籍留学生等超 50 人参加了本次活动。

## 2023 年 7 月

7 月 20 日，第十三届中国国际影视动漫版权保护和贸易博览会在广东东莞举行。开幕式上，东莞被中国玩具和婴童用品协会授予全国首个"中国潮玩之都"称号，当天东莞印发实施《东莞市加快潮玩产业发展若干措施（试行）》，进一步擦亮"潮流东莞"城市文化名片。

## 2023 年 8 月

8 月 3 日，2023 东莞高层次人才交流活动在松山湖正式启动，并举行系列活动首场活动——粤港澳创新创业高层次人才专题学术交流会（制造业高质量发展专场），市内高层次人才代表、制造业企业代表、港澳台地区高校学生代表共 270 多人出席活动。

8 月 3 日，2023 年松山湖链接世界（数字经济专场）活动启动仪式举办，活动向海内外优秀在校硕士生、博士生展示东莞"科技创新＋先进制造"的城市特色及松山湖科学城跻身科技创新国家队的建设进展。

8月7日，东莞市入选第四批社会信用体系建设示范区名单，为东莞在社会信用领域入选的首个国家级示范区，该名单由国家发展改革委办公厅和中国人民银行办公厅公布。

8月11—13日，"兆易创新杯"第十八届中国研究生电子设计竞赛全国总决赛在东莞理工学院举行。来自全国8大赛区的136所高校、518支队伍、约1800名师生参加了比赛，参赛规模、参与度、活动好评度等均为历届之最。

8月11日，工程硕博士培养交流大会暨东莞国家卓越工程师创新研究院揭牌仪式在东莞市松山湖国际创新创业社区举行。活动上，东莞市科技创业投资服务联盟正式成立，已吸引51家国有、私募投融资机构、行业协会等加入，将为高校院所、科技企业等成果转化项目提供科技金融支撑。

8月10—12日，"夏日青创企划"青年创业集市在东莞市凤岗镇举行。集市共设置24个摊位，吸引大学生创业团队达260人，同时现场设立18个公益招聘摊位，提供84个就业岗位，招聘规模达469人，有效拓宽高校毕业生就业渠道，助力东莞高质量发展的"人才引擎"。

8月12日，东莞市人力资源和社会保障局举办"同心相聚"人才项目对接会，邀请了华为、OPPO、中国电信等50家知名企业，4家省市级创业孵化基地以及各高校参赛师生近千人参加。现场共收取简历943份，面试418人次，意向录用88人次。"揭榜挂帅"项目展示多家电子信息企业60个高质量工程技术难题，共吸引309人次参与项目、技术交流。

8月16日，中国科学院院士、松山湖材料实验室学术委员会主任赵忠贤和中国科学院院士陈仙辉共同获得2023未来科学大奖"物质科学奖"，以表彰其对高温超导材料的突破性发现和对转变温度的系统性提升所作出的开创性贡献。

8月17日，香港城市大学（东莞）一期工程正式竣工。项目竣工投用后，东莞将依托香港城市大学优质的教育基础，培养具有国际竞争力的国际化人才，加快促进粤港澳高等教育合作、服务粤港澳大湾区高质量发展。

8月22日，中央政治局常委、国务院总理李强到东莞市宇瞳光学科技股份有限公司和松山湖材料实验室调研，听取有关企业生产研发情况介绍，提出了勉励和希望，强调要进一步推动产学研深度融合，努力在关键核心技术攻关突破上取得更大进展，为我国实现高水平科技自立自强多作贡献。

8月24日，东莞市松山湖材料实验室张博研究员荣获国家杰出青年科学基金项目，实现本土人才该类项目"零的突破"。东莞市人民医院李振华教授荣获国家优秀青年科学基金项目，成为东莞第二位获得国家优青项目的本土人才。

8月28日，东莞市智通数研人力资源咨询服务有限公司的"熊猫进厂"项目——开放式"蓝领"在线招聘求职平台荣获第二届全国人力资源服务创新创业大赛广东省初创组一等奖。

8月29日，"粤科发布"9号东莞专场项目对接会在广州粤科金融大厦成功举办，活动主要聚焦东莞"科技创新＋先进制造"重点领域，吸引了项目提供方、投资方、落地方等120余家单位、200多人参加，现场共有14个路演项目，总融资规模超45亿元，其中，7个项目融资超1亿元。

8月29—30日，中国（东莞）-埃及（开罗）经贸交流会暨中国加博会推介会在埃及开罗成功举办，代表团与40余位来自智慧城市、新能源、基础设施、数字经济、绿色发展、健康医疗等领域的沙特企业家以及努甫公主办公室人员举行了经贸对接暨加博会推介会活动，并达成了初步合作意向。

### 2023 年 9 月

9 月 2 日，国务院批复同意出台实施《东莞深化两岸创新发展合作总体方案》，方案提出了将东莞打造成为两岸产业创新发展的新引擎、两岸科技创新合作的新高地、两岸社会人文交流的新枢纽、海峡两岸暨港澳地区交流合作的新平台等工作目标，具体部署了 12 项重点任务，主要聚焦产业、市场、民生三大关键领域。

9 月 5 日，广东省工业和信息化厅公布了《2023 年上半年创新型中小企业公示名单》，共有 7380 家企业通过认定，其中东莞 1273 家，数量名列全省第二（深圳不计排名之列）。

9 月 6 日，东莞被纳入全国第一批中小企业数字化转型试点范围。工业和信息化部、财政部于近期组织开展了第一批中小企业数字化转型试点城市的竞争性评审工作，经过评审并公示，东莞市以总分第二名入选本次试点范围。

9 月 7 日，2023 年"台商一起来，融入大湾区"主题活动暨第十四届东莞台湾名品博览会在广东东莞开幕，活动共吸引两岸相关工商团体负责人、重点台商台胞、专家学者等 400 多人参加，现场签订台商在粤 22 个投资项目和广东省 7 个台湾产品采购合作协议，投资项目总额达 139.36 亿元人民币。

9 月 7 日，"环球厨神·国际挑战赛 2023"中国总决赛在东莞市开赛，粤港澳大湾区现代饮食业人才战略合作暨稻香厨艺学院落成典礼也于当天同时举办，香港特别行政区前任行政长官林郑月娥、来自港澳地区和珠三角九大城市的饮食类行业、院校代表等出席活动。

9 月 7 日，东莞市出台《东莞市深入推进"产教评"技能生态链建设夯实产业技能根基工程实施方案》，围绕重点领域产业链建设"产教评"技能生态链，重点推动首批链主培育单位建设，主动服务培育一批后备"产教评"技能生态链链主企业。

9 月 8 日，东莞市人民政府与宁德时代签署战略合作框架协议。东莞将与宁德时代以"政企合作"模式推动绿色能源产业发展，为"双碳"目标实现作出积极贡献和有益探索，进一步助推我国绿色发展迈上新台阶。

9月8日，东莞市在厦门举办了"投资东莞全球推广行动"系列活动之投资东莞（厦门）交流会——投洽会专场活动，吸引了雀巢、辉瑞制药等世界500强、美国500强、跨国公司、行业龙头企业、标杆企业参会。

9月11日，广东省人才局、东莞市人力资源和社会保障局联合举办广东省高层次人才社群"1-1"活动之"莞聚才创未来"，邀请了东莞重点高校、科研平台、医院、重点企业、机关单位等60位青年人才代表参加。

9月14日，东莞市"就莞用"公共就业服务体系成功入选全国公共就业服务能力提升示范项目，成为全国20个入选城市之一，也是广东省唯一入选城市，获1亿元中央财政补助资金支持。

9月15日，东莞市人力资源和社会保障局会同东莞市卫生健康局、东莞市公安局在东莞市人民医院开展2023东莞市"政策直通车"宣讲活动（医疗系统专场），详细解读东莞市特色人才、优才卡等相关人才政策以及往来港澳人才签注试点政策，并在现场为符合卫健类人才签注的代表办理了人才签注。

9月19日，东莞市举办"2023大湾区AI+储能高质量发展大会"，大会邀请了行业协会、人工智能与储能企业代表以及金融机构代表等超过500人参加，包括华为、百度、阿里巴巴、腾讯、OPPO、vivo、维峰电子、慕思股份等人工智能企业及宁德时代、ATL、NVT、亿纬锂能等龙头储能企业参加。

9月19日，《中国人才》杂志社正式公布"2023年（第六届）全国人才工作创新案例征集评选活动"获奖名单，东莞市荣获最佳案例奖1篇、优秀案例1篇，也是全国唯一一个斩获两个奖项的地级市。

9月16—19日，东莞市有6名选手参加中华人民共和国第二届职业技能大赛，与全国4000多名选手同台竞技，最终取得1银3优胜的好成绩。

9月23—27日，东莞市举办"2023年海外专家南粤行（东莞专场）暨东莞粤港澳大湾区战略人才研修班"活动，邀请了广东省科技合作研究促进中心等协会代表，香港科学园、香港工业总会、澳门科技大学等港澳机构代表，以及海内外高层次人才等约30人参加。

9月25日，广东2022级工程硕博士入企迎新仪式（东莞松山湖）在东莞市松山湖国际创新创业社区举行，活动邀请了广东省委组织部副部长满新程参加并致辞。

9月25日，中国高等教育学会正式公布2022年度中国高等教育学会"校企合作双百计划"典型案例名单中，东莞国创院校企合作由电子科技大学、电子科技大学广东电子信息工程研究院与广东大族粤铭激光集团股份有限公司、优利德科技（中国）股份有限公司联合申报的《智能赋能"12345"校企合作育人模式探索与实践》项目入选。

9月28日，香港工业总会与广东科技学院签订合作交流框架协议，推动香港高等教育科技学院与广东科技学院联合培养"2+2"工程学士项目落地。这是东莞市高校首次与香港进行工程学士联培，对推动东莞市打造粤港澳大湾区高水平人才高地重要节点城市具有重大作用。

## 2023年10月

10月9日，东莞市委人才工作领导小组办公室会同东莞市公安局召开全市永居证升级改造和便利化应用协调推进会，东莞市委常委、组织部部长吕元元同志出席会议并发表讲话，中共东莞市委组织部、东莞市公安局、东莞市政务服务数据管理局等26个市直部门及中央、省驻莞单位负责同志，以及各镇街（园区）分管组织人事工作的班子成员、党建办主要负责同志及公安分局负责同志等200余人参加会议。

10月9日，东莞市人民政府办公室发布《关于优化调整稳就业政策措施全力促发展惠民生的通知》，从扩大就业容量、提升就业质量、促进青年就业、兜牢民生底线和提升服务效能五大方面提出16项具体措施。

10月12日，东莞市科学技术局印发《东莞市重大科技项目实施办法（试行）》，办法包括7个章节，51项条款，以实现产业化为目标，以配套资助为奖励手段，包括关键技术攻关项目单个项目最高资助额度1000万元，"揭榜挂帅"研发项目方面单个项目最高资助额度500万元等，为东莞战略性新兴产业培育壮大和传统产业转型升级提供技术支撑和有力保障。

10月14日，2023年东莞市职业技能大赛智能协作机器人竞赛在松湖华科产业园举办，大赛吸引了逾百名机器人相关岗位的职业人士报名参赛，正式参赛者70余人。

10月17日，由东莞市人力资源和社会保障局主办，东莞市人力资源服务中心承办的赋能人才主题报告会（人才效能提升主题）在松山湖林润智谷顺利举办。活动分享了高效能人才盘点技巧、职业规划、面试技巧知识，促进人才效能提升，赋能企业高质量发展。

10月17日，东莞市松山湖科学城中国散裂中子源（CSNS）探测器团队利用自主研制的磁控溅射大面积镀硼专用装置，成功制备出满足中子探测器需求的高性能大面积碳化硼薄膜样品，单片面积达到1500毫米×500毫米，薄膜厚度1微米，全尺寸范围内厚度均匀性优于±1.32%，是目前国际上用于中子探测的最大面积的碳化硼薄膜。

10月17日，经东莞市人力资源和社会保障局推荐、广东省人力资源和社会保障厅批准，东莞市大湾区高等研究院获批2023年第六批省级博士后创新实践基地，为本批次唯一一家入选单位，成功与中国科学技术大学设立广东省博士后创新实践基地。

10月17日，东莞市创新创业投资母基金合伙企业（下称"创投母基金")在中基协成功备案。创投母基金，规模为 30 亿元，以"母基金直投 + 市场化子基金"模式运作，聚焦投早、投小、投科技、投创新，目标是推动形成 200 亿元规模母子基金体系。

10 月 18 日，东莞市司法局、东莞市商务局联合东莞市台港澳事务局、东莞市人民政府国有资产监督管理委员会、东莞市贸促会、东莞市工商业联合会和东莞律师协会等单位举办第二届东莞市涉外律师服务团成立大会暨涉外企业法律服务需求交流座谈会，市相关行业协会、企业、律师代表约 90 人参加了活动，将进一步提升东莞市涉外法律服务能力，助力打好外贸、外资、外包、外经、外智"五外联动"组合拳。

10 月 18 日，以"数变共生数智未来"为主题的 2023 东莞市数字经济月启动仪式暨数字产业博览会在东莞市松山湖举行，旨在为东莞数字化转型高质量发展增势赋能。

10 月 19 日，东莞市博士创业促进会举办东莞博士论坛之"半导体产业链"行业分析会，吸引了 50 多名企事业代表参加，促进了企业与博士专家沟通交流，推动电子产业发展和人才聚集。

10 月 20 日，腾讯数字经济产业发展大会暨腾讯云基地揭牌仪式在东莞市松山湖举行。大会聚焦数字经济与实体经济融合发展，充分展示腾讯借助自身独特优势，聚焦于国内大循环市场，为东莞智慧零售、消费电子等行业企业的数字化转型带来的新模式、新业务，助力企业数字化转型，勇攀业绩新高峰。

10 月 21 日起，东莞联动 10 座城市百所高校共同打响"校园东莞日"品牌，共筑"十城百校千岗万才"参会热潮，不断保持和引发东莞引才热浪。"校园东莞日"当天，东莞市人力资源和社会保障局在哈尔滨设置主会场，现场举办招才引智大型活动；联动北京、长沙、成都、哈尔滨、合肥、南京、南昌、武汉、西安、郑州共 10 个城市百所高校万名人才同时在线上参加活动。

10月23日，共青团东莞市委员会组织的"爱上东莞的100个理由"抖音短视频征集大赛正式结束，活动在抖音平台累计播放量1.3亿人次，参与视频发布量1723个，点赞量92.39万人次，评论量15.43万人次，分享量18.8万人次，产生了一批以青年视觉表达与城市双向奔赴的优质作品，有效宣传推介东莞城市形象，发出东莞好声音。

10月25日，东莞市第二支知识产权证券化产品，也是全国首支以"镇街"为主题的知识产权证券化产品，在深圳证券交易所完成发行，13家企业参与产品发行，共融资1.07亿元。10月30日，产品发行仪式在东莞会展国际大酒店举行。

10月26日，东莞市人力资源和社会保障局在东莞松山湖园区科创集团举办2023赋能人才主题报告会（上市并购助力企业高质量发展专题），帮助企业人才了解并购重组市场发展动态及相关法规政策，探索市场改革机遇，借助市场力量做大做强。

10月26日，由中国光学工程学会主办的首届超快激光应用发展大会在东莞松山湖材料实验室开幕。近500名激光行业知名院士专家、企业代表，以技术交流、产业论坛、需求对接、项目路演等形式，共同探讨超快激光技术发展趋势、技术应用及前沿进展，推动超快激光产业高质量发展。

10月26日，2C23东莞市产业园区高质量发展论坛暨东莞市产业园区协会成立大会举行。大会由东莞市工业和信息化局主办，东莞市产业园区协会承办，东莞市委常委、副市长刘光滨出席大会并致辞。

10月28日，第三届中葡"929创新创业挑战赛"在澳门特别行政区中国与葡语国家商贸合作服务平台综合体圆满落幕。广东科技学院学子以项目Replacing Antibiotics with Natural Plant Antibacterial Ingredients（用天然植物抗菌成分替代抗生素）最终斩获大赛冠军及最佳潜力奖，也是本场赛事中唯一入围决赛的民办高校，此前这支队伍斩获2023电商"三创赛"全国总决赛一等奖。

10 月 30 日，第二十四届先进中子源国际合作会议（ICANS XXIV）在东莞开幕，会议为期 6 天，来自全世界十余个国家和地区的 200 多名国际顶尖院士专家参加会议。本次会议由中国散裂中子源承办，这也是该项会议于 2007 年后再次在东莞举行。

## 2023 年 11 月

11 月 1 日，全球智慧城市大会唯一分会场智慧城市"奥斯卡"颁奖典礼在湖南长沙举行，东莞市斩获"2023 世界智慧城市大奖·中国城市大奖"。是继连续三年登台分享经验、去年荣获"治理大奖"后，东莞今年更是拿下含金量最高的奖项。

11 月 2 日，《中国城市人才吸引力排名：2023》报告显示，中国最具"95 后"人才吸引力 50 强城市排名中，东莞市位列全国第 15 位。

11 月 2 日，东莞市委军民融合办组织临深片区、东部工业园片区国防科工企业高层次人才在东莞市谢岗镇召开市委军民融合办政策宣贯会，会议对人才政策及资质申报等相关政策进行宣贯。

11 月 2 日，"科创中国"技术路演—硬科技（松山湖）专场暨科创训练营结营仪式在东莞落下帷幕。自科创训练营启动以来，集成电路产业创"芯"创业专场系列课程、新音频时代电声产业之科技创新创业培训系列课程累计吸引 54 个创业项目团队报名参加，并开展 80 多节课程培训、50 余次产业咨询辅导、对接需求 40 余次、落地项目融资计划近亿元。

11 月 7 日，东莞市科学技术局在东莞市科技馆召开了东莞市核医学产业园建设暨 BNCT 项目产业化工作推进研讨会。中共东莞市委党校课题组、东莞市工业和信息化局、东莞市卫生健康局、东莞市市场监督管理局、东莞市投资促进局、东莞市道滘镇人民政府、东莞市松山湖科技创新局、东莞市人民医院、散裂中子源科学中心、国科中子医疗科技有限公司、东莞松山湖科学城发展集团有限公司相关负责人参加了本次研讨会。

11月8日，东莞城市人才品牌推介会（武汉站）走进华中科技大学，聚焦就业重难点问题，深入实施人才强市战略，持续吹响"是人才 进莞来"引才号角。活动聚集全市30余家七大战略性新兴产业、四大特色产业、五大支柱产业头部企业及国有企事业单位开展现场招聘活动，松山湖材料实验室、大湾区大学、东莞水务集团等企事业单位带来350个岗位，推动莘莘学子与青春莞邑的"双向奔赴"。

11月8日，第二十届中国（大朗）毛织服装设计大赛决赛在东莞市大朗镇毛织贸易中心举行。大赛吸引了海内外众多专业学生和职业设计师参与，收到近千份作品。

11月9日，应用于中国散裂中子源二期工程（CSNS-Ⅱ）直线加速器超导椭球腔的首台全国产化648MHz/1.2MW速调管，在位于东莞松山湖科学城的中国科学院高能物理研究所东莞研究部通过各项指标测试，顺利完成验收。项目验收会在中国散裂中子源园区举行，验收组由来自电子科技大学、中国科学院近代物理研究所、中国科学院高能物理研究所等单位的8位专家组成。

11月10日，由国投创合基金管理有限公司、松山湖材料实验室主办的松山湖新材料产学研深度融合论坛在东莞松山湖材料实验室举行。此次论坛邀请了国内30多家投资机构和松山湖材料实验室孵化项目或拟支持项目实现现场对接，探讨科技成果转化更优路径。

11月10日，爱思唯尔（Elsevier）与斯坦福大学发布"2023年度全球前2%顶尖科学家榜单"（World's Top 2% Scientists 2023），广东华中科技大学工业技术研究院院长、广东省智能机器人研究院院长、制造装备数字化国家工程研究中心副主任张国军教授入选"2023年度科学影响力排行榜"。

11月11日，由东莞市生物技术行业协会和东莞市松山湖现代生物医药产业技术研究院联合大湾区医疗专业发展协会举办的"药械通"

政策交流大会暨"粤港澳创新医疗协会"筹备启动大会，在松山湖互联网产业园隆重举行。全国政协常委、香港特别行政区会议成员高永文，中央人民政府驻香港特别行政区联络办公室协调部副部长陈泽涛等单位领导嘉宾，以及来自香港与内地的100余位专业协会、学会、企业及医疗机构代表共同参加了活动。

11月12日，2023海外华文传媒合作组织年会暨"汇聚湾区新动能，打造大湾区国际传播新矩阵"座谈会在东莞举行。东莞市委书记肖亚非，海外华文传媒合作组织主席、香港大公文汇传媒集团董事长、总编辑李大宏，广东省委统战部副部长、省侨办主任庞国梅，广东省委宣传部副部长、省政府新闻办主任陈晓伟，广东省发展改革委（省大湾区办）专职副主任祝永辉等领导参加活动。年会共有31个国家和地区的73家海外华文媒体齐聚东莞，海外华文传媒合作组织在年会上发布《东莞倡议》。

11月13—15日，东莞在第五届中国城市信用建设高峰论坛介绍经验做法。东莞市发展和改革局二级调研员吴伟强作为东莞市代表，围绕政务失信问题专项治理、建立政务诚信监测体系、创新建立司法信用修复与守信激励工作机制等东莞在政务诚信建设方面的经验和做法，再次向外界展示了信用体系建设的"东莞样本"，并擦亮了"信用东莞"这块金字招牌。

11月14日，粤港澳大湾区国央企采购对接会在东莞举办，是央企和地方国企首次大规模"拼团"到地方开展采购活动，采购商为中国电子信息产业集团有限公司、招商局集团有限公司、华润（集团）有限公司、中国南方航空集团有限公司等11家国资企业及其二级子公司，共计60余个主体。借助此平台，有5000家东莞企业进驻央企供应商库，预计每年将达成超500亿元的采购额。

11月14—15日，2023年东莞市创业就业大赛赛前辅导——创业家48小时巅峰训练营在东莞举办。活动由东莞市人力资源和社会保障局、虎门镇人民政府主办，东莞市人力资源服务中心、东莞市人力资源和社会保障局虎门分局、东莞银行股份有限公司、广东智通人才连锁集团承办。

11月14日，由东莞市科学技术局、香港电子业商会主办的"2023大湾区未来电子制造卓越工程师联合培养计划"在东莞国家卓越工程师创新研究院正式开班。此次培训活动将从2023年11月持续到2024年1月，组织近80名学员通过线上线下课程培训、路演开放日、东莞与香港现场考察等方式开展学习，推动莞港合作培育卓越工程师。

11月15日，东莞市委书记肖亚非会见百度创始人、董事长兼首席执行官李彦宏一行，双方就深化战略合作，携手推动人工智能高质量发展高水平应用进行深入交流。

11月15日，广东省2024届普通高校毕业生系列供需见面活动"智能制造与数字经济专场"在广东科技学院松山湖校区举行。本次活动由广东省教育厅主办，广东科技学院承办，线上线下同步开展，近500家企事业单位进入校园揽才，提供岗位3万多个。

11月15日，东莞市石排镇召开石排镇科创片区（石鑫产业园）企业家与高层次人才座谈会，进一步提升"科创片区"城市品质，增强人才集聚效应。

11月15日，广东"百千万工程"首批110个典型镇名单出炉，其中东莞市茶山镇、东坑镇、寮步镇、清溪镇、塘厦镇、凤岗镇、长安镇、厚街镇、洪梅镇、麻涌镇等10镇入选，入选数量位居全省前列。

11月15—17日，东莞市人力资源和社会保障局虎门分局深化"创梦东莞"计划，组织14家企业前往重庆工程职业技术学院、四川大学举办名校名企行系列招才引智活动，推动两地优势人才资源叠加，实现合作共赢。

11月16日，2023年东莞市技能大赛闭幕式暨"产教评"赋能高质量发展交流活动在东莞顺利举办。活动由东莞市人力资源和社会保障局、松山湖高新技术产业开发区管理委员会联合举办，以锚定高质量发展，锻造高技能人才为主题，来自政校行企及技能人才代表共 350 余人参加了活动。

11 月 16 日，东莞市公安局配合广东省公安厅完成广东省委人才高地建设"百日行动"的大湾区内地居民往来港澳人才签注试点实施工作任务，自 2 月 20 日试点启动以来签发各类人才签注共 1134 人次，提前完成全年人才签注试点实施任务指标。

11 月 16 日，中国（东莞）—智利（圣地亚哥）经贸交流暨中国加博会推介会在智利首都圣地亚哥成功举办。中国驻智利大使馆经商处参赞马克强、智利圣地亚哥大区迈普省圣贝尔纳多市内阁主任何塞·冯特西亚（Jorge Fontecilla）、智利对外贸易促进局国际部亚洲及大洋洲负责人伊格纳西奥·雷卡特（Ignacio Recart）等当地商协会及企业代表约 100 人出席会议。

11 月 17 日，2023 世界服装大会在东莞开幕，由中国纺织工业联合会、东莞市人民政府主办，中国服装协会、中国纺织信息中心、东莞市虎门镇人民政府、东莞市虎门服装服饰行业协会承办，以"全球合作，共创未来"为主题，共同开创发展新机遇、谋求增长新动力、拓展合作新空间。

11 月 17 日，"乐业松山湖——2023 松山湖人才双选会"在东莞南部片区举办，80 家企业现场提供近 1000 个就业岗位，同步打造交流会、政策宣讲会、青年音乐节等活动，吸引来自广东医科大学、东莞理工学院、东莞职业技术学院、广东科技学院、青软集团约 2000 名青年学生求职应聘。

11 月 17 日，中国博士后科学基金会发布第 74 批面上资助人员名单，东莞市中医院何秋杏、叶翔凌、占凯、同兴宏 4 名博士后经评审选拔脱颖而出，获得中国博士后科学基金资助。

11 月 18 日，2023 年东莞高层次人才活动周暨人才系列主题活动嘉年华——望牛墩镇"红色领航 才聚望溪"活动顺利举行。活动共邀请镇内 50 名高层次人才，通过重走官洲村党建公园、中共东莞县工作委员会机关遗址和上合村望角革命烈士纪念碑等 3 个地点，开启"红色之旅"，感受乡村之美和历史底蕴。

11 月 19—20 日，广东省极端条件重点实验室启动仪式暨 2023 年极端实验条件研讨会在散裂中子源科学中心召开。来自中国科学院高能物理研究所、中国科学院理化技术研究所、中国科学院近代物理研究所、大型电气传动系统与装备技术国家重点实验室等高校及科研院所的 60 多位专家学者齐聚一堂，共同探讨极端条件领域的前沿科学问题，为广东省极端条件实验室的建设部署重点研究方向。

11 月 20 日，东莞市住房和城乡建设局发布《关于调整东莞市共有产权住房（含三限房、配建安居房）申购资格条件的通知》。此次新政出台是结合政策实施情况和当前供需形势，对共有产权住房申购资格条件进行调整，大幅放宽了共有产权住房的申购门槛。

11 月 21 日，东莞青年助力"百千万工程"工作动员会召开，会议印发《东莞青年助力"百千万工程"九大行动方案》，提出 2024 年将为大学生提供不少于 1 万个实习就业岗位，深化实施镇校、团团结对模式。

11 月 23 日，中共东莞市委组织部联合东莞市总工会，举办高层次人才疗休养研修班暨先进职工红色教育活动开班仪式，共有约 60 名来自全市各机关、企事业单位各领域的高层次人才参加活动。

11 月 24 日，"智汇湾区·创造未来"2023 年台港澳侨青年创新创业大赛在东莞市滨海湾新区港澳青年创新创业基地举行。活动面向港澳台青年及其团队成员，已收集到数字经济、生命健康、现代服务业、新能源等 20 个项目，70 人参加活动。

11 月 24 日，2023 东莞高层次人才活动周暨人才系列主题活动嘉年华——"声动松湖青潮由你"2023 松山湖高层次人才草坪音乐节正式举办。活动吸引了园区优才卡持卡人、高校企业及科研机构人才代表近 400 人参加。

11 月 24—26 日，2023 东莞高层次人才活动周暨人才系列主题活动嘉年华"潮起大湾区侨创新东莞"活动启动，逾百位来自世界各地的海外青年才俊齐聚东莞，共同了解东莞的发展之势、人文之韵、环境之优、兴业之机，共同感受这座"双万"城市的独特魅力。

11 月 25 日，广东省民办教育协会公布"关于表彰 2023 年广东民办教育优秀教师、优秀校（园）长的决定"，广东科技学院单宇鑫、李小琴、梁燕红、汪文成、杨磊 5 名教师被评为民办教育优秀教师，副校长孙建被评为民办教育优秀校长。

11 月 25—26 日，2023 松山湖·科技精英网球赛（松山湖赛区）在东莞市松山湖举行，本次参赛队伍包括中国科学院，美国硅谷，北京、上海、深圳、香港科技精英队以及北京大学、中国人民大学、中山大学校友精英队等 16 支参赛队伍。

11 月 26 日，2023 年东莞高层次人才活动周暨人才系列主题活动嘉年华——高埗镇高层次人才"博物馆奇妙游"活动举行。东莞市高埗镇内 130 多名高层次人才及家属参加，共享"传统文化 + 先进制造"文化盛宴，感受"文化东莞""文博高埗"的魅力！

11 月 28 日，"创响时代 逐梦东莞 制造当家 圆梦虎门——2023 年东莞市创业就业大赛活动"决赛在东莞市虎门镇会展中心举办，助力激发东莞市毕业生的创新创业热情，发现更多更好的创业团队，为广东省高质量发展、东莞市制造业发展注入新鲜血液。

11 月 29 日，2023 东莞数字化人才培养论坛暨首届虎门电商人才大集在东莞虎门会展中心启动。本次活动旨在有效缓解企业招聘难、人才就业难的问题，通过打造政府、高校、企业和人才的四方联动平台，为东莞虎门招才引智和数字化人才培养作出积极贡献。

11 月 29 日，东莞市人力资源开发节暨首届莞港澳人力资源服务博览会在东莞人力资源服务产业园启动。广东省人力资源和社会保障厅副厅长周成，东莞市人民政府副市长刘旺先出席活动并致辞，60 多家市内外优质人力资源服务机构，东莞市部分重点用工企业等代表约 200 人参加。

11 月 29 日，"2023 东莞高层次人才活动周暨人才嘉年华"系列活动之"发展数字经济助推人才强市建设学术研讨会"在广东科技学院南城校区举行。东莞市委、市政府相关部门代表，中国社会科学院、武汉大学、对外经济贸易大学、中国电子技术标准化研究院等 15 所知名院校、研究机构的专家学者，以及来自粤港澳大湾区 20 余家数字经济类行业协会代表，60 余家企业负责人，共 500 余人参会，全国 400 余所高校师生通过线上直播观看。

11 月 30 日，中国博士后科学基金第 74 批面上资助结果公布，南方医科大学第十附属医院（东莞市人民医院）陈佩儿、刘小嘉、关天旺、黎姿茵、杨婵 5 名博士后荣获中国博士后科学基金面上资助。

## 2023 年 12 月

12 月 1 日上午，2023 东莞高层次人才活动周新闻发布会在市会议大厦召开。本次活动周以"科创智造 卓越领航"为主题，策划 5 大篇章 54 场精品活动，呈现出 4 大亮点，实现活动数量、质量、影响力和凝聚力的全面升级，将进一步吹响"是人才 进莞来"集结号，传递出"双万"城市东莞的爱才诚意。

12 月 1 日，东莞市医学会脑血管病专业委员会宣告成立，知名神经内科专家、东莞市松山湖中心医院院长黄晓芸博士被推选为第一届委员会主任委员。东莞市医学会会长金行中，市医学会副会长兼秘书长何仲佳，市松山湖中心医院副院长赖国华，和来自东莞全市医疗机构的 50 多位专家一道，共同见证和开启东莞市脑血管病防治工作的新篇章。

12月1日，2023年东莞市"莞邑启航 逐梦湾区"高校毕业生招才引智桂林地区专场招聘活动在桂林电子科技大学启动，东莞推介团向桂林电子科技大学、广西师范大学、桂林理工大学、桂林航天工业学院、桂林信息科技学院等5所桂林地区优秀高校，作城市及人才政策推介，带来了35家优质的链主企业、专精特新、"小巨人"或规上企业，达成众多人才引育深度合作意向。

12月1日，东莞首个三限房项目东实·旗盛花园（虎门三限房）迎来首批交付，将钥匙交至业主手中，实现东莞人才安居梦想。

12月1日，东莞市发展和改革局印发《东莞市生产性服务业高质量发展三年行动计划（2023—2025年）》，明确以"科技创新＋先进制造"为主线，聚焦金融服务、科技研发、信息技术等十大重点发展领域，重点实施核心集聚区打造等十大专项行动，全面助推生产性服务业驶入发展"快车道"。

12月1—3日，南方先进光源指导委员会极端条件工作组研讨会在中国科学院高能物理研究所东莞研究部召开。中国科学院院士邹广田、徐义刚、陈和生，中国科学院外籍院士毛河光、唐纳德·布鲁斯·丁韦尔（Donald Bruce Dingwell）等30多位专家学者参会。与会专家深入讨论了极端条件领域的前沿科学研究进展以及粤港澳大湾区极端条件的未来发展方向。

12月2日，东莞"工程师"主题活动——《东莞东》工程师观影专场活动在玉兰大剧院举办，活动邀请了近300名莞邑工程师参加，让工程师不仅有"职业"的荣誉感，更有"家"的归属感。值得一提的是，12月8日，东莞将迎来首个以城市命名的"工程师日"，届时，东莞首批100名"最美工程师"将亮相。

12月3日，2023年高等院校新商科建设与国际化发展论坛暨ACBSP中国区第一届年会在东莞召开。会议邀请了20多位中外商科教育领域专家学者发言，来自全国40多所高校的校长、商学院院长、专家学者、教师，相关企业代表，共 200 多人参会。

12 月 4 日，第四届亚太中子散射会议（AOCNS）在东莞开幕，会议为期 7 天，来自十余个国家和地区的 400 多名专家学者齐聚东莞，共商未来中子散射领域发展路径。会议由中国散裂中子源承办，中国科学院院士、中国散裂中子源工程总指挥陈和生担任大会主席，东莞市副市长黎军出席并致辞。

12 月 5 日，广东省科技金融服务高企专项行动启动会暨广东省科技金融综合服务中心东莞松山湖分中心揭牌仪式在松山湖国际创新创业社区举办。广东省科技厅二级巡视员温则伟，广东省生产力促进中心主任陈金德等领导及企业、孵化器、金融机构、新闻媒体等代表约100 人参加了活动。

12 月 6 日，2023 东莞高层次人才活动周暨人才系列主题活动嘉年华开幕，东莞市委书记肖亚非，东莞市委副书记、市长吕成蹊，教育部留学服务中心原副主任徐培祥，科技部科技人才交流开发服务中心副处长于海洋等出席活动。活动现场为博士后科研工作站、博士工作站、技能大师工作室授牌，为高层次人才引才大使颁发聘书，为广东省优粤卡、东莞市玉兰卡获得者授卡，为卓越工程师企业导师颁发聘书，为战略科学家团队颁发证书，并举行工业软件卓越工程师创新中心揭牌仪式。当晚，广州塔为本次活动亮灯，"'是人才 进莞来'2023东莞高层次人才活动周"闪耀"小蛮腰"。

12 月 6 日，东莞举办以"万千东莞 引链全球"为主题的 2023 全球招商大会。大会共有 359 个产业项目签约，投资总额达 2180 亿元，项目涵盖新一代信息技术、高端装备制造、新能源、数字经济等领域。大会上还启动了 2000 亿元高质量发展基金，推出了 1.2 万亩产业用地挂榜招商，向全球产业巨头发出"英雄帖"：有空间 进莞来！

12 月 6 日，作为 2023 高层次人才活动周系列活动之一的东莞高层次人才交流洽谈会隆重举行，海内外 200 多名硕博士人才受邀来莞。

本次洽谈会收到来自海内外两百多所高校共 700 多名硕博士人才投递简历，其中博士人才占比 80%。

12 月 6 日，2023 东莞市高层次人才活动周暨人才嘉年华系列主题活动"湾区启航"篇之"留·在东莞"2023 东莞市留学人员嘉年华在东莞会展国际大酒店举办。留学人员创业就业对接会吸引超 40 家国内著名高校（科研院所）、东莞市重点企事业单位参会，提供近 300 个高端岗位，涵盖信息技术、生物医药、机械设备、新能源、新材料等领域，吸引大批硕博士、博士后、留学人员前来洽谈对接。

12 月 6 日，2023 东莞高层次人才活动周暨人才系列主题活动嘉年华之 2023 大湾区未来电子制造卓越工程师联合培养计划在松山湖国际创新创业社区圆满闭幕。闭幕式上，东莞人保财险联合粤港澳大湾区科技领军人才创新驱动中心（东莞）在全省首推粤港澳高层次科技人才创新创业保险。

12 月 6 日，东莞市人力资源服务产业园先行区、东莞市人力资源服务产业园松山湖园区成功认定为市级人力资源服务产业园。

12 月 6 日，2023 东莞高层次人才活动周暨人才嘉年华系列主题活动举行期间，东莞市东城街道举办"聚焦科技创新 赋能数智生产"促进企业高质量发展高峰论坛，邀请各领域专家人才、企业家代表等约 200 人参加，旨在促进各方与高层次人才的交流和合作。

12 月 7 日，东莞市发展战略院士咨询委员会 2023 年会召开，年会以问计座谈会的形式进行，来自东莞专精特新、"倍增"企业、龙头企业的高管代表 100 余人齐聚一堂，向何镜堂院士领衔的东莞市发展战略院士咨询委员会面对面"借智"。

12 月 7 日，"2023 滨海湾人工智能论坛"在东莞市滨海湾新区举行。论坛旨在促进工业领域与人工智能技术的融合，在当前 GPU 芯片禁运、大模型技术热潮、数据资产入表的三大历史性时刻，特邀国际专家、学者、龙头企业高层等，通过最新的技术进展和成果案例分享，聚焦要素融合、知识互联和智能创新，共同探讨工业企业面临的挑战与机遇，为产业高质量发展注入新动能。

12月8日，东莞市工业和信息化局举行了"最美工程师"发布仪式，这也是东莞首个"工程师日"。活动共发布了100名"最美工程师"、十佳"最美工程师"以及外籍工程师获得的"城市发展贡献奖"。中国工程院院士陈克复、东莞市委书记肖亚非以及东莞市领导等嘉宾出席了活动。

12月8日，2023湾区高层次人才赋能高质量发展论坛在东莞市滨海湾新区举办，来自粤港澳大湾区的专家学者、创新企业代表、新型研发机构代表等100多名高层次人才齐聚一堂，聚焦高质量发展深入对话。

12月8—9日，2023年东莞理工学院—中国散裂中子源多物理谱仪应用研讨会在东莞理工学院松山湖校区举行。近100位来自国内大科学装置、高校和科研院所的科学家及知名学者共聚一堂，交流多物理谱仪等大科学装置对外运行经验和获得的科研成果，探讨如何更好地发挥重大科技基础设施的开放服务功能。

12月8—10日，广东省人民政府在广州举办第二届数字政府建设峰会暨"数字湾区"发展论坛，东莞市大岭山镇的企业画像专题被省政数局选为代表东莞的唯一专题案例在博览会上进行展示。

12月9日，"科创智造 卓越领航"2023东莞高层次人才同心行活动在东莞举行。近300位高层次人才及家属背上徒步背包，相聚在东莞市东坑农业园、寮步镇西溪古村，徒步健身、游玩打卡，感受东莞迷人的自然风光、优良的生态环境和深厚的文化底蕴，在徒步中爱上东莞。

12月9日，东莞市数字政府专家委员会第一次全体会议召开，与会专家充分发挥专业优势和智囊作用，为东莞加速推进数字政府改革建设建言献策。会议还表决通过《东莞市数字政府专家委员会管理办法》，明确东莞市数字政府专家委员会工作规范和运行机制，实现东莞市数字政府专家委员会高质量运行管理。

12月9日，2023东莞—拉美经贸文化合作交流节在东莞民盈国贸中心盛大开幕。活动由东莞市贸促会、东城街道办事处以及古巴、巴拿马、秘鲁、阿根廷、墨西哥、智利、巴西、委内瑞拉、乌拉圭驻广州总领事馆，哥伦比亚贸易投资旅游局联合举办，50余家拉美企业及经营拉美国家产品的企业参加。

12月9日，2023年东莞青年律师演讲与口才技能大赛在东莞市律师协会举办。大赛以"立足新时代，推动高质量发展，做党和人民满意的好律师"为演讲主题，共有25名青年律师报名参加。

12月10日，2022—2023年度中国建设工程鲁班奖（中国建筑行业工程质量最高荣誉奖，被誉为中国建筑界的"奥斯卡"）在北京揭晓，东莞市松山湖材料实验室一期生态园区项目榜上有名。项目以岭南建筑风格为设计源泉，是中国科学院首个大湾区生态实验园区。

12月10日，东莞市长安镇2023年人才嘉年华暨人才发展联盟成立大会正式开幕，全面唱响"长爱才 安心来"引才口号。市级高层次人才、长安镇人才发展联盟成员单位代表和镇委人才工作领导小组成员单位代表等超300人参加仪式。

12月11日，东莞市印发《东莞市促进个体工商户转型升级工作方案》，提出11条助力市场主体高质量发展措施，为进一步激发市场活力和创造力、推动个体工商户发展壮大带来政策福利。

12月12日，广东省总工会印发了《广东省总工会关于命名2023年广东省劳模和工匠人才创新工作室的决定》（粤工总〔2023〕39号），东莞市6家创新工作室获命名2023年广东省劳模和工匠人才创新工作室并分别获得来自广东省总工会发放的10万元补助资金。

12月12日，"智汇松湖 共商发展"城市考察及企业交流活动在东莞松山湖科学城举行，来自全国各地的近200家企业代表与生物医药领域的高校院所、产业服务机构代表共聚松山湖，携手推动生物医药产业生态强链拓圈。

12月13日，2023年创交会系列活动之投融资对接与知识产权保护活动在东莞市松山湖科学家活动基地举行。活动由广东省生产力促进中心、松山湖高新技术产业开发区管理委员会指导，松山湖中部片区委主办，松山湖科技金融服务中心承办。16家科技型企业、投融资机构及银行机构代表齐聚一堂面对面交流，不少企业与金融机构代表达成进一步沟通的意愿。

12月15日，东莞市第五届哲学社会科学优秀成果奖颁奖仪式暨东莞哲学社会科学事业高质量发展研讨会在市委党校举行。会议回顾30年来东莞哲学社会科学事业的发展历程，表彰优秀社科人才，推动东莞社科事业高质量发展。

12月15日，东莞市黄江镇以"寻红根、讲红史、筑红心、践红行"为活动主题，举办高层次人才"红心行"研学活动。来自黄江制造业、医疗、教育等领域的50名高层次人才参加活动。

12月15日，东莞市东城街道办携30多家本土优质企业赴华南理工大学举办城市人才品牌推介会暨招聘双选会，为东莞企业与高校人才搭建起双向奔赴的桥梁。本次线上线下招聘会共吸引了超30家企业参会，共收到简历投递3000多份。

12月16日，2023东莞高层次人才活动周暨人才系列主题活动嘉年华的重头戏——2023东莞人才之夜"人才杯"明星篮球赛激情开打。东莞市委副书记、市长吕成蹊，中国科学院高能物理研究所副所长、东莞研究部（散裂中子源科学中心）主任王生等参加了活动，并与东莞人才代表们、各界球迷们一起观看了比赛。

12月16日，2023年广东省校本研修示范学校与培育学校校长及学科首席专家专项培训暨新时代学校育人方式变革与高质量发展论坛在东莞市松山湖第一小学举行，吸引近800名教育工作者线下参加，线上收看人次破万。

12月18日，东莞市滨海湾新区人才安居项目"风华苑"举行开工奠基仪式。该项目被列入2023年东莞市重大建设项目，是东莞招引人才、服务人才、留住人才的一项有力举措。

12月18日，大湾区大学（筹）先进工程学院成立大会暨院长聘任仪式在东莞举行，先进运动控制与机器人领域国际知名学者王煜受聘大湾区大学（筹）讲席教授、先进工程学院院长。

12月18日，广东省召开第五届省名中医表彰大会，第五届广东省名中医、东莞市中医院宁为民教授、薛爱国教授受邀出席并接受表彰。

12月19日，东莞市印发实施《东莞市推进新型储能产业高质量发展工作方案（2023—2025年）》，围绕五方面提出16项重点措施，明确到2025年将东莞打造为"新型储能终端之都"，新型储能产业规模不低于800亿元。

12月19日，2023首届全国人工智能应用场景创新挑战赛总决赛暨全国人工智能应用场景创新峰会新闻发布会在东莞举办。该活动于12月28—30日正式在松山湖展开，100余个优胜项目进行成果推荐、落地对接，10个有重点合作意向的产业化项目开展招商对接活动，推动松山湖智能高端装备、生物医药和新材料等产业发展。

12月20日，第23届"虎门杯"国际青年设计（女装）大赛总决赛在东莞虎门会展中心举行。本届大赛共收到来自俄罗斯、马来西亚、泰国、乌克兰、斐济、日本、莱索托、中国共8个国家和地区的2015份参赛作品。

12月20日，广东省工业和信息化厅公示了拟纳入广东省省级制造业冠军企业的名单，其中东莞市22家企业入选，在各地级市里排名第一。

12月21—25日，首届莞港外贸名品嘉年华在东莞市民服务中心广场举行。以"一步穿'粤'香港"为主题，精心打造维多利亚公园家居港、尖沙咀时尚港、中环童趣港、铜锣湾美食港四大经典港风专区，吸引 150+ 优质莞港企业参展，各镇街（园区）商务主管部门、各支持单位和社会团体及参展商代表共 300 余人参加。

12月21—22日，为期2天的"共融湾区 齐创未来"港澳青年松湖行在松山湖举行，旨在搭建莞港澳三地沟通合作桥梁，帮助港澳青年更加深入、全面、客观地了解松山湖，推动更多港澳青年在松山湖扎根发展。活动由松山湖管委会、东莞市人力资源和社会保障局主办，吸引港澳青年代表、东莞市港澳青年创新创业服务先行区代表、松山湖港澳青年创新创业基地及各分站点代表、企业代表、人才代表参加。

人才工作创新篇

# 聚焦"科技创新 + 先进制造"
# 打响"是人才 进莞来"人才工作品牌

2023 年，东莞坚持以习近平新时代中国特色社会主义思想为指导，全面学习贯彻党的二十大精神及习近平总书记关于人才工作的重要论述精神，深入学习贯彻中央人才工作会议精神，认真落实省、市关于人才工作的决策部署，聚焦粤港澳大湾区人才高地建设，立足"科技创新 + 先进制造"城市特色，持续深入调查研究、深化顶层设计、强化市镇联动，全力打响"是人才 进莞来"人才工作品牌。

截至 2023 年，东莞人才总量约 315.7 万人，同比增长 11.6%。其中，高层次人才 23.6 万人，同比增长 15.1%；学历型人才 279.1 万人，同比增长 9.4%；专业技术人才 35.7 万人，同比增长 8.6%；持证技能人才 44.9 万人，同比增长 15.5%。

## 一、吹响"是人才 进莞来"引才号角，集聚天下英才

### （一）依托高能级科技创新平台，集聚高层次人才

东莞举全市之力建设松山湖科学城，支持中国散裂中子源、松山湖材料实验室、广东华中科技大学工业技术研究院等大科学装置、重点

实验室和新型研发机构提质增效，推进东莞理工学院加快建设新型高水平理工科大学示范校，高标准筹建大湾区大学和香港城市大学（东莞），着力构建高能级科技创新平台体系，汇聚一流科技人才。目前，散裂中子源已吸引超过700名科研人才常驻东莞，其中入选国家级人才项目10人、中国科学院重大人才工程17人；松山湖材料实验室已集聚各类科研人才近1000名，包括两院院士7人、国家杰出青年科学基金获得者24人；东莞理工学院2016年以来共引进海内外高层次人才超700人；东莞与清华大学、北京大学、华中科技大学等国内知名高校院所共建的20家新型研发机构，培养各层次人才近8000名。

**（二）举办高水平创新创业大赛，选拔创新创业人才**

2023年，东莞积极举办（承办）各类创新创业大赛，着力集聚一批引领科技自主创新、助力产业转型升级的创新创业人才。比如，成功承办第十八届中国研究生电子设计大赛（简称"研电赛"）全国总决赛，并与中国电子学会合作建立"中国研究生电子设计竞赛创新实践成果孵化基地（东莞）"，构建产学研深度融合新链条，全力推动10个达成初步合作意向的研电赛优秀项目在东莞转化、落地发展。主动承接2023年第八届"创客中国"中小企业创新创业大赛总决赛，为中小企业和创客提供交流展示、项目孵化、产融对接、协同创新的平台，发掘和培育一批优秀项目和优秀团队，为东莞中小企业创新创业注入新的活力和机遇。坚持每年举办"东莞杯"国际工业设计大赛（DiD Award），邀请国内外企业、各大机构、院校、团队或个人参赛，吸引优质资源到东莞开展产业化落地合作。积极举办工业软件创新应用大赛，遴选一批技术先进的优秀国产工业软件应用案例，在我国制造业企业中推广运用，吸收工业软件人才，推动优秀企业落户东莞。举办"众创杯"等创新创业赛事，常态化开展莞港澳青年创业交流路演，助力优质港澳项目对接资源、落地东莞。

### （三）拓展国际化信息交流渠道，精准对接海外人才

联动工信、商务、投促、外事等"五外联动"有关部门，多措并举推动海外引才工作。举办"海外青年才俊聚东莞"活动，吸引了来自30多个国家和地区的100多名优秀青年代表参加，同步向全球60多个国家和地区展示东莞敞开怀抱、拥抱天下英才的诚意。深度挖掘海外人才需求，结合"人才活动周""人才东莞行"等品牌人才活动宣传推介东莞创新创业环境和人才政策，线上＋线下举办高层次人才"东莞行"活动"海外专场"，持续3天共15场推介会靶向对接1100名海外高层次人才，超过3000名海外人才在线参与，促成人岗对接500余人次。举行2023年海外专家南粤行（东莞专场）暨东莞粤港澳大湾区战略人才研修班活动，吸引37名具有海外背景的高层次人才来莞进行实地考察及合作对接，推动智能绿植SoC系统项目等8个项目（企业）与本地企业进行合作对接。全年举办6场港澳青年专场网络招聘会，提供842个岗位，需求港澳青年3282人；开展46场港澳青年就业创业湾区行活动，吸引1469人次港澳青年参与。

### （四）开展高质量招才引智活动，吸引青年人才

1. 开展"2023年名企名校行·校园东莞日"专场活动

活动在哈尔滨工业大学设置主会场，联动北京、长沙、成都、哈尔滨、合肥、南京、南昌、武汉、西安、郑州共10座人才聚集度高的城市共百所高校同步启动，以数千优质岗位吸引万名人才线上线下参加活动，共筑"十城百校千岗万才"参会热潮。活动共有35家东莞重点用人单位现场发布215个职位招聘1265名硕博人才，收到简历并面试人数共2057人次，初步达成意向录用人数405人次；88家东莞知名企业线上参会，发布448个职位招聘2404名硕博人才，线上投递简历数5462人，线上浏览关注人数达32464人次。

2. 举办东莞城市人才品牌推介会

在北京、广州、武汉等地联合当地高校持续开展东莞人才创新创业

环境推介，组织 130 多家企业外出招引高校学子到东莞就业创业。线上线下累计释放岗位近 1 万个，共吸引近 3000 名学生到场、50 万人次线上参与、超 18 万份简历投递到东莞，东莞城市人才品牌多次登上主流媒体热搜，为打造创新人才向往之城、希望之城营造了良好舆论氛围。

3. 举办城市专场招聘会

开展"我在家乡挺好的"2023 春风行动城市专场直播招聘活动，通过"云游东莞潮流街景＋政策解读＋用人单位连麦招聘"的活动形式，吸引超过 10 万人次观看，在线互动 13000 多次，近千人次的求职者在线进行岗位投递。深入实施"百校千人"实习计划暨"展翅计划"行动，共开发实习岗位 1.14 万个，收到简历超 8 万份，有 2195 名国内外高校的大学生来东莞实习，为国家稳定青年大学生就业大局作出了东莞贡献。

4. 上下联动，镇街（园区）合力引才

如松山湖高新区举办"乐业松山湖——2023 松山湖人才双选会"，80 家企业现场提供近 1000 个就业岗位，同步打造交流会、政策宣讲会、青年音乐节等活动，吸引来自广东医科大学、东莞理工学院、东莞职业技术学院、广东科技学院、青软集团约 2000 名青年学生求职应聘。凤岗镇举行"夏日青创企划"青年创业集市，共设置 24 个摊位，吸引大学生创业团队达 260 人，同时现场设立 18 个公益招聘摊位，提供 84 个就业岗位，招聘规模达 469 人，有效拓宽高校毕业生就业渠道，助力东莞高质量发展的"人才引擎"。"就莞用"服务体系建设成功入选 2023 年全国公共就业服务能力提升示范项目。

（五）创新引才体制机制，招引专业技术人才

在机关事业单位专业人才引进方面，东莞积极利用编制和高层次紧缺人才引进计划，招聘一批高素质的"好苗子"。比如，"百名博士专业人才计划"全年引育博士 77 名，2 年来共引进 209 名博士，已

完成引进目标的 69.7％。东莞市教育局在北京、广州、南京、武汉、西安等城市开展 10 场事业编制教师公开招聘活动，共招聘教师 3242 名；并组织开展了 3 场公办中小学高层次人才和短缺专业人才引进工作，共引进教师 265 名，其中研究生学历以上 55 名，新增中级职称 187 名、高级职称（含副高级）70 名。东莞市卫生健康局组织公立医院和社区卫生服务中心开展 2023 年引进高层次人才、短缺专业人才和公开招聘博士工作，拟引进高层次人才 469 人、短缺专业人才 203 人、公开招聘博士 80 人；其中公立医院 2023 年第一期博士公开招聘工作已基本完成，拟引进博士 6 人；第二期博士招聘已发布公告并正在接受报名。

### 二、聚焦科技创新，夯实高水平科技自立自强的人才根基

（一）服务对外开放大局，引进一批国际项目

2023 年 6 月 28 日，中国—拉美和加勒比国家技术转移中心揭牌启动，由东莞市普乐科技创新合作中心进行实体运营，组织架构目前基本完善。目前已与国内外多家院校与机构建立沟通联系，包括与中国社会科学院拉丁美洲研究所、清华大学、南开大学、广东工业大学、华南农业大学、巴西里约大学、墨西哥国立自治大学、厄瓜多尔大学等达成合作意向，与巴西、秘鲁等国科技创新企业达成进驻意向，促成了多个项目签约，成立了拉美研究院及拉美研究院开放基金，正在筹备成立"中拉企业发展促进会"、打造"线上＋线下"拉美国家馆，以东莞为中心向大湾区和更多地区辐射进行科技资源项目招引，推进中外科技、商务项目合作，有效拓展了国际科技交流合作。

（二）着眼产业未来发展，集聚一批战略人才

2023 年，东莞市集成电路创新中心（简称"创新中心"）正式揭牌，作为引领东莞集成电路产业的战略发展平台。依托创新中心，东莞引进了一批集成电路产业优质项目和人才。比如，引进全市第一支

战略科学家团队——"集成电路与半导体器件特色工艺团队",团队成员共有 20 余位国际顶尖人才。预计成果转化产值达 9 亿元；推动 5 个集成电路特色工艺团队来莞创新创业；举办集成电路创新中心进驻项目集中开业仪式，组织 16 个进驻企业集中开业，预计吸引投资超 5 亿元，2023 年有望实现产值达 3 亿元，全力推动东莞建成华南地区第三代半导体材料及应用创新重要基地、打造千亿大湾区"芯"高地。

（三）立足产业发展需求，培育一批科创企业

2021 年年底，东莞提出实施"科技人才创业扶持计划"，建立科技人才创业培育库，支持既懂科技创新又懂市场运营的科技人才携带具有自主知识产权的科技成果，在东莞创办企业或与东莞相关单位合作共同设立项目孵化企业，开展科技成果转化活动。2022 年已纳入 37 个科技人才创业项目进入科技人才创业培育库。2023 年，东莞组织辖区科技企业孵化载体、服务机构参与科技人才创业共同孵化计划，共享服务资源、信息渠道、空间载体等，支持硬科技创业项目落户，并发布科技人才创业入库培育申报指南，通过网络会议、现场宣讲形式向镇街（园区）、孵化器开展政策宣传和申报辅导，年内入库数目有望超过 30 家。

（四）紧扣企业发展实际，培养一批卓越工程师

2023 年，经广东省人力资源和社会保障厅同意，东莞市大湾区高等研究院、东莞市东部中心医院成功设立广东省博士后创新实践基地，26 家重点企业成功设立博士工作站，有效推动东莞高层次科创人才培养工作。同时，东莞主动对接中组部、教育部等国家部委，推动人才联合培养专项，成立东莞国家卓越工程师创新研究院。选定智能制造、工业软件、储能新材料和集成电路为主攻方向，遴选出 120 家重点对接，深入挖掘企业项目需求 121 项，研究生联合培养需求 778 人。依托松山湖国家科学中心先行启动区组织优质莞企携项目赴清华大学等25 所国内一流高校对接匹配，高质量完成联培专项超过 350 名工程硕、

博士的招生、入企联培工作。加入国家卓越工程师培养联合体，与中国科学院大学、浙江大学、华南理工大学等 31 所高校形成招生、课题立项、课程设计等共建机制。

### 三、聚焦先进制造，打造新时代技术技能人才高地

（一）创新专业技术人才评审机制

1. 积极向广东省争取副高级职称评审权限

目前，东莞已成为广东省首个承接人工智能、建筑和卫生序列副高级职称评审权的地级市。结合人工智能产业的发展，积极拓展新兴产业领域职称评审，成为全省唯一获批人工智能专业副高评审权的地市，2023 年首次评审受理申请 31 人，21 人评审通过取得职称证书。

2. 支持用人主体开展职称自主评审

目前，东莞已向东莞市委党校、东莞市技师学院、东莞联合高级技工学校、松山湖材料实验室、广东华中科技大学工业技术研究院、广东省智能机器人研究院等 5 个用人主体下放职称自主评审权限。

3. 继续深化乡村工匠职称评审品牌建设

进一步打造乡村人才培育通道，为乡村人才服务，组织开展中式烹调和荔枝种植、加工等专业的乡村工匠职称评审，共 80 名乡村人才获得乡村工匠职称证书。2023 年新增专业技术人才 5 万人，提前超额完成全年目标，全市在库专业技术人才累计达 39 万人。

4. 鼓励更多优秀人才参加职称申报评审

2023 年，东莞市科学技术局举办 2022 年度东莞市人工智能专业和情报科学专业职称评审及认定政策宣讲会，吸引了超 50 名人才参加。中共东莞市委网络安全和信息化委员会办公室组织开展网络空间安全工程中级职称评审，完成 183 人的评议表决。东莞市人力资源和社会保障局横沥分局开展职称评审政策宣讲进企业活动，吸引数十名企业人才参与。

### （二）深化"技能人才之都"建设

#### 1.支持企业开展"产教评"技能生态链建设

2023 年，东莞共有 5 家链主企业入选为广东省首批"产教评"产业技能生态链链主培育单位。为紧跟广东省步伐，东莞发布《东莞市深入推进"产教评"技能生态链建设夯实产业技能根基工程实施方案》，重点推动首批链主培育单位建设，主动服务培育一批后备"产教评"技能生态链链主企业，并成立专家服务组，辅导培育企业成为后备力量，争取成为下一批"产教评"链主企业。

#### 2.推进技能人才企业自评工作

东莞积极推动企业落实"八级工"职业技能等级制度，在广东省率先探索"定级 + 晋级"并行的评价模式，全市通过审核备案企业累计 564 家，占全省超过 1/4、居全省第一；累计新增技能等级证书 19.7 万人次，技师及高级技师 3000 多名，特级技师 5 名，证书涵盖 200 多个工种，数量居全省前列。

#### 3.办好东莞市技能大赛

2023 年东莞市技能大赛聚焦数字经济、先进制造业等领域，重点围绕产业布局、重点领域职业（工种）和技能岗位需求，设置 46 个比赛项目，是近年来规模最大、工种最多的一次技能大赛。在大赛举办的 4 个月里，1541 名选手参赛各尽所能、各显其才，共同展示了东莞技能人才的高超水平，最终产生获奖选手 337 名、"东莞市技术能手" 141 名。

#### 4.推动技工院校扩容提质

比如，东莞市技师学院东城校区改扩建纳入东莞市教育扩容提质千日攻坚行动；东莞实验技工学校成功升格为广东省重点技工学校；在塘厦新设 1 所民办技工学校——东莞市灏粤技工学校；3 所市属技工院校共 9 个专业入选全国技工院校工学一体化专业开发或建设单位；7 所市属技工院校办学条件达标率提升至 100%，大力推动东莞技工教育高质量发展。

**（三）促进莞港澳深度交流交融发展**

1. 深化莞港交流合作，推动执业资格互认和莞港联合办学

联合中央人民政府驻香港特别行政区联络办公室邀请香港中文大学、香港城市大学等八所香港高校负责人，香港教育局、创科部门负责人多次组团来莞参观考察并深入交流，在疫情之后重新构建港莞学术交流纽带。与香港工业总会深度合作，加快推动执业资格互认和莞港联合办学，推动广东科技学院与香港高等教育科技学院签约开展工程学士联培，在师生互访、联合培养、科研合作、课程交流等方面深度合作，打造莞港高校合作新标杆，培养具有国际视野和专业资格认证的高素质工程人才队伍。

2. 打造粤港澳人才平台，引进一批港澳技术技能人才

东莞是继广州、深圳之后全省第 3 个拥有市级港澳青年创新创业基地的地市，引进了一批战略性新兴产业港澳项目和人才。其中，松山湖港澳青年创新创业基地获评为广东省首批省级"粤港澳大湾区港澳青年创新创业基地"，已累计引进 132 个具有港澳籍或港澳高校教育背景的人才项目，吸引超过 110 名港澳青年到基地创新创业，进驻项目涉及计算机研发、智能制造研发等相关产业，占比达 94%。滨海湾港澳青年创新创业基地累计入驻港澳项目 102 个、吸引 134 位港澳青年到基地创新创业，进驻项目涉及生物科技、新能源、新材料、建筑设计、文化创意等行业。依托滨海湾港澳青年创新创业基地打造"莞职导"职业指导工作室，为港澳青年提供创业指导、职业规划、政策匹配等服务。

## 四、深化产才融合，促进产业链创新链资金链人才链深度融合

**（一）全力推动人才金融工作创新**

东莞科技创新金融集团有限公司、东莞市东财投资控股有限公

司联合发起设立 30 亿元东莞市创新创业投资母基金，聚焦投早、投小、投科技、投创新，以"母基金直投 + 市场化子基金"模式为东莞经济高质量发展注入新动能。中国人民财产保险有限公司东莞分公司联合粤港澳大湾区科技领军人才创新驱动中心（东莞）在广东省首推粤港澳高层次科技人才创新创业保险，有效分解和化解"粤港澳"高层次人才创新创业风险，激发高层次人才来东莞干事创业积极性。在 2022 年成功发行全国首支以人才为主题的知识产权证券化产品的工作基础上进一步创新，结合镇街"人才示范点"建设，成功发行全国首支以镇（街道）特色为主题的知识产权证券化产品，为来自 12 个镇街的 13 家科技型企业低成本融资 1.07 亿元，把知识产权证券化"金融活水"引入镇街基层，对纳入知识产权池的专利发明人和设计人给予现金或产权激励，为知识产权证券化产品全面市场化提供了稳固支撑。

**（二）建立科技成果转化服务平台**

1.建立技术转移人才培养平台

东莞松山湖高新技术产业开发区科技成果转化中心是广东省唯一的国家技术转移人才培养基地（简称"国家基地"），以《国家技术转移专业人员能力等级培训大纲（试行）》为基础，开发具有广东特色的初、中级技术经纪人与高级技术经理人的课程体系和教程，打造由"大纲课程、特色课程、实训课程"组成的立体化课程体系。2023 年，在广东省科技厅的支持下，国家基地开展初级技术经纪人班 5 期、中级技术经纪人班 2 期和高级技术经理人班 1 期，其中首期初级技术经纪人培训班就吸引了来自全省众多地市的 110 多位技术经纪人，在松山湖国际创新创业社区完成了持续 4 天、课程丰富、实务性强、互动性高的初级技术经纪人培训。

2.建立科技成果转化服务平台

中国青年科技工作者协会大湾区科技成果转化服务中心由东莞市

人民政府与中国青年科技工作者协会共同建立，落户在松山湖高新区，面向中国青年科技工作者协会会员及团体会员，以引进高层次人才（团队）、促进科技成果转化服务为主，为青年科技工作者建立集"政策服务、就业创业、产业合作、成果转换、金融对接、学术交流"为一体的深度服务基地，提供包括"引进＋协同＋服务＋提升"的全周期、全链条、一站式服务体系，依托松山湖优质孵化载体和空间资源，立足东莞、辐射湾区，加快青年科技工作者在粤港澳大湾区内的各项成果转移、转化、产业化落地。

**（三）打造科技经济融合活动平台**

1. 开展科技学术活动月系列活动

2023东莞市科技学术活动月内举行院士专题报告会、主题联动、科技赋能等活动，发动了10家所属科技社团及各镇街科协等组织科技工作者开展具有原创性、接地气、实效性的学术交流活动，促进科技人才成长、科学技术创新、产学研用深度融合。

2. 举办高端科学技术交流活动

连续举办国际复合材料科技峰会暨第六届国际复合材料产业创新成果技术展览会，邀请相关国家级人才及全国各地复合材料领域的行业专家、科研机构、企业代表等近1200人齐聚东莞探讨交流，为粤港澳大湾区复合材料产业转型升级输送智力资源和培养复合材料科技人才。以"新形势下微电子技术国际人才合作机遇"为主题的2023大湾区微电子科学家论坛，助力大湾区微电子领域科技创新、产业发展。举办2023松山湖科学会议，聚焦"脑科学与类脑技术"组织全体报告大会和4场专题论坛，邀请6名院士以及60多名专家学者和企业代表参会，并发布了《松山湖科学会议共识》。

3. 持续搭建资源协同融合服务平台

推动企业链接市内外创新资源，帮助破解企业的技术攻关、成果转化等难题。积极对接上级科技资源，接待中国工程院及广东省科学技术协会一行来莞调研核技术医疗应用，并促成中国工程院与东莞市人民医院、东莞市中医院签订院士医疗保障服务协议，对接引进中国生物工程学会、中国通信工业协会的科技项目落地，同时更好地为地方搭建生物工程和通信工程人才培育平台。依托"科创中国"试点园区建设，联络对接复合材料、生物技术、睡眠健康、自动化和机械工程等国家学会及多家省级科技社团，吸引科技服务团队和人才与松山湖高新区对接；指导企业使用科创中国融通平台进行资源对接，推动松山湖科技社团申报科创中国项目。

### 五、优化人才服务，构建全方位人才服务生态圈

#### （一）简化流程，提供更便捷的政务服务

在东莞市民服务中心政务大厅成立"一站式"服务中心，推动各镇街（园区）建成基层优才服务区，构建市镇两级优才服务体系，为经东莞市认定的特色人才、优才卡持卡人以及符合申办优才卡条件的办事人等提供优质的"一站式""一对一"服务。2023年共为6700名高层次人才提供1.4万多次综合政务服务，共核准人才入户资格1.8万人，提供各类档案服务11.3万人次。开发推出东莞市"人才政策雷达2.0"系统，通过算法实现人才和政策的精准匹配，实现人才政策全过程电子化管理。推进落实粤港澳大湾区往来港澳人才签注试点工作，举行"东莞人才签注政策宣讲会暨上门服务活动"，签发全省地级市首例往来港澳人才签注，受理各类人才签注1354人次。出台《东莞市科学技术局关于进一步优化外国人来华工作许可服务机制的通知》，通过精简申报材料、允许境内大学外国留学生直接办理工作许可证等举措来提高外国人来华工作便利程度。推进东莞移民事务服务中心和国际人才"一站式"服务中心的建设，于12月启动建设。推进落实新版外国人永居证适配性改造和便利化应用工作，深度优化永居证应用场景，共走访东莞持A类外国人就业许可的外籍人才2116人，受理首次申请外

国人永居证 95 人。

**（二）实化措施，提供更贴心的生活服务**

建立市镇联动的人才服务体系，成立东莞市优才志愿服务队，队员超 300 名，开启"人才志愿服务人才"新模式。全年市级资金拨付各项人才奖补共约 2.34 亿元。在住房保障方面，筹集保障性租赁住房项目 95 个、房源 30180 套，并依托"莞寓"品牌开辟了创客空间、商务接待区、健身娱乐区、共享厨房等公共空间，为青年人才提供职业规划、就业指导、创业辅导等多方面职业技能公益培训，搭建人才成长增值服务平台，赋能人才安居。在子女入学方面，统筹高端人才和企业人才子女学位 1.1 万个；重点企业实行"一企一案"，以"企业所需，教育所能"为原则，落实专人跟进，突破属地界限、公民办界限、数量上限，积极协调提供市镇公民办优质学位，全力保障人才子女多元化入学需求。在促进消费方面，发放 2023 年广东省首批地级市人才专项消费券，分两轮向东莞市优才卡持卡人发放 500 万元高层次人才专项消费券，累计 19023 人次参与领券，实际核销率 90.66%，有效提升高层次人才在莞工作生活的获得感。

**（三）优化环境，提供更丰富的文体活动**

全年共开展"人才周末"活动 80 场，服务人才超 3000 人次，拓展人才专属朋友圈；开展其他人才活动约 800 场，内容涵盖多个主题、适配多个年龄段，全面提升人才归属感、幸福感。东莞市文化广电旅游体育局积极在公共文化设施和公共服务方面"提品质""出实效"，大力推进集阅读、艺术、文创等多种功能于一体的新型公共文化空间建设；升级"火柴盒"城市艺术 time，举办第七届市合唱节、升级打造"文采四季"等，擦亮"潮流东莞"品牌；推出"如'阅'而至"阅读推广项目，多元融合举办"致敬国漫经典"图书馆音乐之夜活动、组织"枕经籍书心瞻四库——伦明及其文化成就展"湾区巡展、邀请马伯庸等知名作家做客东莞成为"城市阅读合伙人"等多项活动，打响"书香东莞"品牌；高水平举办 2023 年"虎门销烟"纪念月暨"全民禁毒宣传月"系列活动，引进齐白石作品、世界航海五百年、北海翰墨、圆明园兽首等精品展览，推出可园"二居"馆藏精品展、东莞"当家制造"主题展等原创展览，举办"新时代明伦堂"文博讲座、"博物馆进校园""流动博物馆""东莞博物馆之夜"等系列活动，打造"博学东莞"品牌。

（四）树立典型，营造识才爱才敬才氛围

开展"最美工程师"评选，结合发明专利、行业贡献等重要因素，遴选出 100 名工程师并授予奖状及证书，并通过发布"工程师日"系列宣传视频、发出"东莞工程师号"巴士，在全市范围营造致敬工程师的浓厚氛围，增强工程师的归属感和获得感。上线"企业家日"频道，推出东莞民营经济发展历程专题报道，宣传东莞企业及企业家故事；举办东莞民营企业家日启动大会暨民营企业家晚会，发布高质量发展领军企业和优秀民营企业家名单，在全社会形成关爱、尊重企业家的良好氛围。

基层人才工作示范篇

# 道滘镇：是人才、进莞来、到滘来

2023 年，道滘镇坚持以习近平新时代中国特色社会主义思想为引领，深入学习贯彻习近平总书记关于做好新时代人才工作的重要论述，全面落实东莞市新一轮"十百千万百万"人才工程，深入实施人才发展三年行动计划，大力打造以道滘人才日和人才集中活动月为主要内容载体的"是人才、进莞来、到滘来"人才工作品牌，推动人才工作跑出加速度、取得新突破、迈上高质量发展新轨道。根据最新人才资源初步统计，道滘镇人才总量已迈入 4 万人大关，增速接近 20%。其中，高层次人才和本科学历人才实现"双高"增长，增长率分别突破 25% 和 30%。现将道滘镇人才品牌创建工作汇报如下。

## 一、突出规划高度，将党管人才原则贯穿品牌创建全过程

明确党委书记抓"第一资源"原则，镇党委书记高位谋划、系统推进人才工作，亲自部署制定人才发展规划，带头走访联系人才，春节、中秋等重要节日与人才面对面成为"规定动作"，其他时间常态化联系服务人才，形成"党委书记示范引领——分管领导督导落实——职能部门各司其职"自上而下工作体系。完善人才工作领导小组组织架构，镇党委书记和镇党委副书记、镇长分别担任人才工作领导小组组长、

第一副组长，同时增加人才工作领导小组成员单位至 26 个；完善人才工作领导小组运作机制，出台人才工作领导小组工作规则和领导小组成员单位工作职责；发挥党建部门牵头抓总作用，制定《关于设立道滘人才工作日打造人才活动品牌的实施方案》《"是人才、进莞来、到滘来"人才活动品牌建设方案》，明确各单位责任和工作职责，充分整合工青妇和有关职能部门资源，将分散的资源、有限的力量统筹起来，将分散的活动集中起来，形成唱好"连台戏"、下好"一盘棋"的多方共建格局，凝聚起推动人才工作发展的强大合力。

## 二、突出政策力度，将人才政策驱动贯穿品牌创建全过程

构建完善的人才政策体系，在市人才补贴的基础上增设 7 项人才补贴，涉及企业引才补贴、购房住房补贴、能力提升补贴、见习就业补贴等方方面面，充分彰显"是人才、进莞来、到滘来"引才胸怀和诚意。持续加大市镇人才政策宣传力度，组建政策宣传队伍，编印《东莞市镇人才政策选编》6000 余份，开展"一周一企"政策到企服务活动 40 场次。推动《道滘镇人才引进培养补贴暂行办法》《道滘镇企业"人才苗圃"试点建设实施方案》《道滘镇企业实训基地建设实施方案》等道滘本地人才政策奖补兑现，设立"人才苗圃"企业 3 家、实训基地 2 个，发放各类人才奖补约 700 万元。其中，本地人才政策发放补贴约 180 万元，由镇财政全额负担。

## 三、突出服务温度，将人才为本理念贯穿品牌创建全过程

完善人才服务保障机制，深化优才卡服务举措，开设人才专窗，率先建成 1 个优才服务区，与东莞市和乐电子有限公司等 6 家企业签订重大项目代办服务协议。组建高效人才服务队伍，成立镇领导挂点走访重点关注企业工作专班，建立镇党政领导班子定期走访高层次人才制度。成立规上企业督导服务组，每名组员对接约 5 家企业，其间负

责联系相关企业人才，2023 年以来收集处理相关问题和意见建议 50 多件。畅通政企沟通联系渠道，在 18 个重点用人单位设立人才专管员。实行人才工作专员制度，组建一支由 26 个人才工作领导小组成员单位、52 名业务骨干组成的人才工作联络员队伍，不断提升人才服务效率，让人才服务更有温度。贴心服务人才子女入学，新建一所公办小学，新增 3240 个学位，解决 119 名人才子女入读公办小学问题。深入实施"引凤归巢"计划，开展"返家乡"等社会实践活动 27 场次，累计服务青年人才和群众超 1 万人次。

### 四、突出品牌亮度，将人才需求导向贯穿品牌创建全过程

坚持切实呼应人才诉求，以打造精品为目标，突出人才品牌产品的针对性、创新性，围绕人才保障和服务，全力打造"1+N"人才活动品牌。以专属节日礼遇人才，将每年 5 月 27 日（寓意"我爱才"）定为道滘人才日，5 月 27 日—6 月 26 日定为道滘镇人才集中活动月，道滘成为全市首个设立人才日的镇街。2023 年 5 月 27 日，道滘镇邀请各行各业人才代表共约 200 人，高规格举办首个人才日暨人才集中活动月启动仪式。同时，高规格举办道滘镇 2023 年人才之夜，将"人才"和"休闲茶话""音乐节"等流行元素相结合，安排"品茶食畅交流""赏音乐秀表演"等环节，为人才搭建温馨浪漫的交流空间，让人才在星火露营天幕下重温经典影视片段，沉浸式感受管弦乐的艺术魅力，充盈人才的精神世界，惠及各领域人才超 200 人。人才集中活动月期间，举办"凌云有道""就业有道"聘等系列人才活动 15 场次，相关活动获"学习强国"平台、《广州日报》《羊城晚报》《东莞日报》等多家主流媒体报道。

### 五、突出宣传深度，将品牌传播效应贯穿品牌创建全过程

树立酒香也怕巷子深理念，紧紧抓牢品牌传播的口碑效应，深度开

展人才工作及品牌宣传。广泛开展人才表彰活动，讲好人才故事，展现人才风貌，创新开展"道滘功匠"选树及"十大优秀 HR 经理人"评选活动，塑造易于识别、认知度高、富有美感的人才工作形象，以城市的最高礼遇、最大诚意向人才致敬，不断提升人才的认同感、幸福感。大力推介美食文化、龙舟文化、粤剧文化等地方特色，在招商引资、招才引智、城市宣传、文化推广等各类活动中植入"是人才、进莞来、到滘来"等人才元素，在自媒体时代发挥最大化的传播效果，以人才工作的知名度和美誉度，让人才品牌承载尊才重才的独特品质。

# 横沥镇：产教互融 双联贯通

---

2023 年，在东莞市委人才工作领导小组办公室、横沥镇委镇政府的正确领导下，横沥镇以习近平新时代中国特色社会主义思想为指导，全面贯彻落实党的二十大精神，深入贯彻习近平总书记对广东系列重要讲话和重要指示批示精神，按照广东省委、省政府和东莞市委、市政府的部署要求，紧紧围绕新时代人才强市战略、创新驱动发展战略和横沥镇人才兴镇工程，服务高质量发展大局，依托打造最优生态"横沥技谷"工程，全力推进横沥镇技能人才队伍建设。

## 一、聚焦制造业当家，构建"全链条"人才发展体系

建有 1 家省级"粤菜师傅"培训基地，1 家省级"粤菜师傅"示范基地，9 家"横沥镇粤菜师傅培训基地"，1 家省级职业技能等级认定评价组织，2 家"南粤家政"基层服务站，2 家"广东省'产教评'产业技能生态链链主"单位，在共建"产教评"技能生态链，协同开展关键核心技术人才培养、科技创新方面，逐渐形成点线面联通、基础和高端融通发展的良好局面。2023 年以来，精准对接产业发展和人才成长需求，加大力度推进"三项工程"，全年开展内容多样、方式灵活的"项目制"培训技能人才2087人次，全镇培训规模和水平稳步提升。

## 二、推动校企合作，共建"产学研培"合作平台

坚持高质量发展道路，以产业技能为基础支撑发挥技工院校、职业院校基础作用，通过"引进来"和"走出去"的方式，积极推动产业链企业和各大院校深层次合作，全面提升技能人才培养能力。一是立足省域，加强与东莞职业技术学院、东莞技师学院、东莞理工学校、广东科技学院、广东省技师学院开展校企合作，实现优势互补，培养适应制造业转型升级的技能人才。二是辐射外省，通过东西部协作，与贵州铜仁思南县职业技术学校开展校地合作，促进技能型人才培养输送；与广西信息职业技术学院联系对接，为企业拓宽省外引才渠道。2023年，举办5场政校企促就业洽谈会，组织7家企业到东莞职业技术学院、组织11家企业到东莞市技师学院、组织9家企业到东莞理工学院、组织9家企业到广东科技学院、组织4家企业到广东省技师学院（惠州博罗校区）开展校企合作洽谈，推动中泰、众兴、东尚、显赫、华慕、金柄源6家企业与广科院签订了校企合作框架协议，赶在毕业季到来之前为企业"抢"人才。

## 三、贯通人才通道，推进多元化人才评价方式

深化"放管服"改革，支持企业、院校、社会组织作为社会评价组织，提供技能等级认定服务，打通技能人才与专业技术人才职业发展通道，让更多人才"破圈出道"。近年来，不断扩大企业自主评价覆盖面，引导更多规上企业、重点企业开展企业等级认定。目前，横沥镇已备案职业技能等级认定机构17家，其中，企业15家，社会培训评价组织（含考点）2家。2022年以来，新增9026人获得技能等级认定证书，涉及26个职业工种，涵盖数控模具、智能装备、餐饮、包装印刷等多个行业领域，规上先进制造业持证技能人才年增长15%，其中高级工2688人，技师、高级技师320人，人才活力竞相迸发，多层

次人才梯队初步形成，支柱产业集群建设与人才增速基本同步，在新征程中不断塑造高质量发展新优势。稻香中菜厨艺学院作为广东省第一批社会培训评价组织，备案职业涵盖中式面点师、西式面点师、中式烹调师、西式烹调师、茶艺师 5 个工种 5 个等级，已为 3063 人提供技能人才评价服务，2748 人获得等级证书，其中高级工 272 人、技师111 人、高级技师 48 人。

### 四、发挥示范效应，选树表彰优秀人才典型

2023 年，横沥镇 2 名人才入选东莞市技能领军人才。结合"牛镇"竞赛品牌系列宣传，整合部门资源力量，深入挖掘报道各类优秀人才在莞创新创业的事迹，讲好东莞人才故事，推进"人才学习人才"，已陆续推出 4 期，在"文明横沥""横沥党建"等微信公众号平台进行宣发，在线浏览量数千人次。举办 2 场高端装备前沿技术分享会，邀请行业高层次专家人才，青年人才等共话发展，常态化举办各类交流活动。承办 6 个市级职业技能竞赛，举办广东省星级"粤菜师傅"评选活动。

### 五、突出场景赋能，营造优质人才发展环境

建设横沥镇技能公园，为辖区内企业及技能人才搭建起集人才赋能、文化展示、旅游休闲等功能于一体的信息交流平台；健全高层次人才服务保障体系，在横沥镇政务中心建设优才服务区、优才服务专窗，开通人才"绿色通道"，切实提升人才的获得感和幸福感，为各类人才发放优才卡 63 张，推动各类人才"引得进、用得好、留得住、流得动、服务好"，为横沥经济社会发展提供高质量的人才支撑。

# 虎门镇：才智兴业 逐梦虎门

为深入贯彻落实习近平总书记在党的二十大上作出的报告中关于加快建设世界重要人才中心和创新高地的论述精神，根据市委组织部打造一批辨识度高、认可度好、成效显著、值得推广的人才工作示范品牌的工作要求，虎门镇 2023 年开展"才智兴业 逐梦虎门"人才工作品牌创建工作，依托虎门电商产业园打造虎门镇特色产业人才聚集平台。

## 一、提供创业就业"沃土"，让人才"引得进"

电商产业园围绕特色产业人才"引、育、留"环节，以产业链为抓手带动人才引育链，以点带面促进虎门镇人才生态的整体提升。一是打造电商产业配套行业集群。引进电商公共服务中心、直播基地、新阶联基地、数字经济产业学院、服装检测、跨境运营、直播带货、孵化培训等功能机构 60 多家，为 300 余家进驻园区服装电子商务企业提供行业配套服务，形成了以国内外电商服务机构、电商品牌、跨境电商、直播电商、创业孵化等业态齐头并进的生态产业园区特色。二是搭建资源对接平台助力企业发展。举办各类产销对接活动，促进电商企业与淘宝、京东、亚马逊、大鱼跨境等一系列国内外电商平台开展交流合作。提供配套企业联系渠道，联系一批金融、货代、摄影等服务公司，为入驻企业带来更便捷的配套服务。引入多家物流公司，结合园区仓储物流服务，帮助电商企业降低物流成本及时效。为入园企业提供银行贷款对接、第三方担保贷款、项目投融资、股权交易等服务。截至 2023 年 12 月，园区入驻电子商务企业 320 余家，从业人员 3000 余人，新增进驻企业 32 家，吸引特色产业人才 45 名。

## 二、多途径育才"造血"，让人才"育得强"

一是加强校企协同创新推动产学研深度融合，与多家高校建立校企合作，为电商企业提供人才培训、电商人才输送等服务。举办了 2023 虎门数字人才双选会，进一步满足人才就业及企业用人需求。举办了 2023 东莞数字化人才培养论坛暨首届虎门电商人才大集活动，促进数字化人才发展。二是通过"以赛代训"的人才培育方式，加强发掘特色产业人才和技能人才力度。2023 年虎门电商技能大赛，吸引了来自全国 7 个省份 16 座城市的 600 多组选手参赛，其中赛前组织系列培训共 20 场，培训参赛选手 515 人次。组织"虎门电商技能大赛决赛暨颁奖典礼"，75 组选手会师决赛，激烈赛出"电商运营""直播""短视频"三大竞赛项目的桂冠。本次大赛不仅为企业培养更多电商技能人才，也对推动虎门电子商务产业的发展起到了积极的作用。三是组织一系列人才培训交流活动，打造电商人才创业交流乐土。开展"汉荣星樾·同心杯"——虎门镇首届莞港澳台侨青年飞盘运动竞赛。开展"湾区共建，才聚虎门"大学院校高端人才青年考察交流活动，通过开展城市调研行，加深香港青年对湾区的了解与认识，加强两地人才交流合作。全年共开展了各类活动 47 期，内容涵盖人才双选、经验交流、运营培训、招商协调等，累计共吸引 4943 人次参加。

## 三、打造党建人才"朋友圈"，让人才"留得住"

一是坚持党建引领，深切关心关爱人才发展。成立东莞市衣电园实业投资有限公司党支部，建立"1名新就业群体党员+N名新就业人员"党群结对共建共联机制，畅通园区内"群众→党员→党组织"诉求渠道，及时解决电商人才反映的问题和实际困难。建立园区公共法律服务工作室，为园区困难群众提供法律咨询服务425次。同时，积极推动相关职能部门共同开展法律宣传、就业咨询、健康义诊、心理咨询服务等活动28场次。开展2023税法宣传及电商政策宣讲会，由虎门税务分局、虎门经发局和虎门人社分局的工作人员分别就税务筹划、东莞市2023年电子商务政策以及人才创业、就业、社保等政策内容，向电商企业、人才代表进行宣传解读。二是增强人才对虎门的认同感融入感及归属感，让人才感受到"来了虎门就是虎门人"。调动电商人才融入基层治理的积极性，推动新就业群体积极参与文明创建、平安建设等基层治理工作。2023年，已累计动员园区268名电商人才积极参与到文明宣传、社区治理工作中，在直播中宣传文明创建元素等17场次，发现、上报并得以解决的园区日常维护、环保、消防、纠纷等问题37个。

# 寮步镇：聚焦人力人效
# 共享"双万""双机"

松湖智谷产业园是以市镇共建的方式共同打造的人力资源服务产业集聚区，按照"供需精准对接、服务功能优化、区域辐射面广、产业带动力强"的战略定位，采取政府主导、政策扶持、市场运作的模式，全面提升人力资源服务效能，形成由知名品牌人力资源机构提供的外包、培训、咨询、软件等全链条服务产品，已入驻53家人力资源服务机构，其中包含了中智、君润、科锐等多家行业百强机构。2023年5月升格为省级园区，12月由第一资源主办的"2023人力资源先锋发布"活动中，荣膺"2023人力资源服务先锋产业园"称号。

2023年1—11月园区总营收25.3亿元，产业园入驻机构32家，同比增长39.22%，总税收3604万元，同比增长76.2%。园区目前已建立高端电子信息、智能装备制造产业链的聚集，园区从业人员累计上千人，主要以专业技术型人才为主，以综合管理型人才为辅，拥有不同领域的高层次人才，如东莞市领军人才、高级工程师、高级会计师等，其中本科以上占比达70%，研究生以上学历占比约10%。

东莞市人力资源服务产业园先行区落户松湖智谷，深度构建专业化、信息化、产业化的人力资源服务体系，以"五个坚持"打造大湾区人才聚集高地。

## 一、坚持政府引导，制定园区政策体系

东莞市委、市政府高度重视，将人力资源服务产业园建设作为推动东莞市要素市场化配置改革和推动人力资源服务业高质量发展的重要任务，作为实施就业优先战略、人才强市战略和创新驱动发展战略的重要支撑，作为推动生产性服务业融合发展的重要举措进行动员部署。东莞市人民政府办公室出台了《东莞市人民政府办公室关于加快推动东莞市人力资源服务业实现高质量发展的实施意见》（东府办〔2022〕46号），寮步镇人民政府出台了《寮步镇关于东莞市人力资源服务产业园先行区配套奖补方案》（寮人社〔2021〕11号），松山湖管委会出台了《东莞松山湖高新区关于促进人力资源服务业发展的实施办法》（松山湖发〔2018〕51号），围绕促进人力资源服务业发展、人力资源服务产业园建设以及入驻人力资源服务产业园的机构租金补贴、引才奖励、购买服务等方面，建立起了较为完善的政策体系。

## 二、坚持市场管理，优化园区运营模式

产业园实行"领导小组+产业园运营管理办公室+专业运营机构"的组织模式，在发挥市、镇两级建设协调联动机制作用的基础上，也充分利用市场力量，让专业机构实施具体运营，更好地满足园区机构需求。由市人社局、松山湖管委会、寮步镇人民政府共同组建成立东莞市人力资源服务产业园运营管理领导小组，负责产业园重大事项的决策和统筹协调。领导小组下设办公室，统筹两个园区的运营工作，具体负责日常管理事务，办公室成员由市人社局相关科室以及松山湖、寮步镇人社分局派员组成。其中，先行区由东莞博尔捷园区运营管理有限公司运营管理，松山湖园区由东莞市红海企业管理顾问有限公司松山湖分公司运营管理。

### 三、坚持功能多元，完善园区配套服务

人力资源服务产业园实质上是产业带、产业集群，其主体是企业，园区的商务办公环境、研发孵化功能以及服务配套设施等非常重要。在功能布局方面，先行区建设了人力资源综合服务平台、人力资源供需对接平台、人力资源机构合作平台等三大平台。其中，人力资源综合服务平台包括优才服务中心、人力资源服务业主题展厅、粤港澳青年创业创新基地；人力资源供需对接平台是人才市场，发挥人力资源服务机构信息汇聚、专业服务的优势，组织大中专应届毕业生等各类专场招聘会，实现人力资源的市场化配置；人力资源机构合作平台是市人力资源服务行业协会办公区。松山湖园区在首层设立了人力资源综合服务大厅，并量身定制 3 个服务窗口：松山湖市民中心分厅服务岗、人才配套服务岗以及第三方人力资源服务岗，实现"家门口"就能实现政务服务。同时产业园配套有高层次人才俱乐部、智能餐厅、会客区、路演厅、培训室、运动区域等。

### 四、坚持招商标准，保障园区发展质量

制定产业园招商规范和入驻流程，根据产业园建设模式以及园区定位，确定产业园招商对象类型，规范人力资源服务机构入驻园区流程。先行区招商对象是以补全人力资源服务行业全链条为主的不同类型人力资源服务机构，松山湖园区招商对象是以精准服务高新区企业为主的人力资源服务机构。通过运营方初审、当地人社分局复审的形式确定人力资源服务机构入驻。目前已逐步形成了行业集聚发展的产业形式，形成了均由知名品牌人力资源机构提供的外包、培训、咨询、软件等全链条服务产品，提升了对高层次人才创新创业需求的对接和承载能力，满足企业各类人力资源服务需求，成为行业高尖人才聚集区、招贤纳才主阵地。

## 五、坚持精准服务，扩大园区活动影响

产业园充分发挥人力资源服务机构信息汇聚、联通各方、专业服务的优势，精准对接企业和人才需求，为东莞市经济社会高质量发展提供所需要的高层次人才和高技能人才。2023年以来，先行区接待各级政府、部门、协会等考察团76批次，累计举办"莞链计划""毓秀计划""园聘行动"138场活动，其中"园聘行动"为超6800家企业发布4.6万多个岗位，共收到岗位意向需求超15万人次。举办人力资源开发节暨首届莞港澳人力资源博览会系列活动，近10场活动，近2000人次参会。

# 长安镇：长爱才 安心来

为响应"是人才 进莞来"引才口号，长安镇深入实施"人才强镇"战略，吹响"长爱才 安心来"引才号角，全面推进"12345"人才工作品牌，用心做好人才"引育留用"文章，推动人才势能与产业发展同频共振，全力以赴打造粤港澳大湾区创新人才高地。

2023年2月高规格举办长安镇大湾区人才交流活动，发布"长爱才 安心来"引才口号及LOGO，打造长安特色的"12345"人才工作品牌，完善一套人才工作运行机制，建设人才服务中心和人才协会两个载体，重点做好政策落地、政务服务、智慧档案三项工作，开展四季主题交流活动，实施人才培养五大工程等，打响全镇高质量发展系列活动的"第一炮"，将人才工作贯穿始终。

## 一、完善"一套制度"

坚持中国共产党对人才工作的全面领导，完善镇委人才工作领导小组运行机制。将镇委人才办实体化运作，健全组织架构，配强工作力量，提升人才工作质效。

## 二、建设"两个平台"

建设优才服务中心和镇级人才服务专区，打造国际人才一站式服务。成立全市首个人才发展联盟，首批集聚 45 个协会，11 个科研院所、博士工作站，以及 7 个事业单位作为成员单位，立足"加强人才引育""推动交流合作""提供精准服务""推进产研融合"四大职能，以"一体化"人才服务模式，努力提高长安镇人才资源开发的整体水平，为长安镇高质量发展提供有效人才支持和智力支撑。

## 三、抓好"三项服务"

一是抓好政策落地。推动人才安居房、企业引才奖励等政策落地，完成各项人才补贴受理 2972 人共 5000 万元，发布"优才卡"2799 张。二是做好政务服务。将人才政务事项纳入优才服务中心办理事项，实现人才政策"一站宣传"、人才服务"一键通办"、人才创业"一步对接"。三是打造人才智慧地图。对"谁是人才""人才在哪""如何发挥作用"做到心中有数，推动人才数据电子化、智能化，根据产业分布，智能匹配人才地图。

## 四、打造四季主题活动

一是开展引才主题活动，实施"展翅计划"，提供优质的实习岗位，扎实推进长安镇青年发展型城市市级试点建设；与东莞、广州等城市高校对口，开展校园招聘活动 4 场；举办校企合作洽谈会，集聚 8 省 26 家院校及 63 家长安重点企业，提供岗位 259 个，需求人数 1208 人，达成合作意向共计 56 家次；正式启用青年人才驿站、人才公园，提供临时住宿、培训交流、政策咨询、人才活动等服务。二是开展聚才主题活动，开展奉法杯法学生辩论赛，促交流、促成长，增进思想共识；开展企业参访、政策宣讲等，了解产业发展和人才政策，更全面地认识长安镇、扎根长安镇；开展人才之夜、人才嘉年华、网球嘉年华、人才飞盘等活动，拓展人才交流朋友圈。三是开展育才主题活动，承办高层次人才主题研讨、电子信息产业博士后人才论坛，研讨产业领域先进研究成果，提高科技成果转化和产业化水平；成立长安镇技能人才服务协会，目前共有 OPPO、vivo 等 39 个会员单位，提供惠企政策指导、用工招聘服务等，深化"技术进步、员工成长、产业集聚"的"长安技谷"品牌建设。四是开展暖才主题活动，加强高层次人才走访，实行领导干部和重点人才"一对一"服务；开展绿道品荔活动，交流人才工作生活上的需求，及时给出回应；开展科创平台高层次人才调研，了解博士后、博士科研工作平台的建设进程和高层次人才集聚情况，对人才引进、激励、服务等方面需求和问题进行研讨、交流。

## 五、实施"五大工程"

一是实施产教融合工程。深入推进企业人才培养计划，向 100 多家企业输送近 200 名长安户籍大学毕业生，进一步创新校政协同机制，推动工学一体培养模式。二是实施领军企业家培养工程。组织 31 位企业家代表举办中小企业领军人才培训，强化专精特新"小巨人"企业培育，不断提高长安产业发展质量和创新水平，以产业蓬勃发展带来的广阔事业前途吸引人才、留住人才。三是实施青年人才培养工程。实施"智访名校""智访名企""企业人才培养"等计划，造就一批具有开拓精神、前瞻眼光、国际视野的本土青年人才队伍。四是推动技能人才培养工程。承办东莞市近年来规模最大、工种最多的全市技能大赛，深入实施"粤菜师傅""广东技工""南粤家政"三大工程，举办长安镇家政服务员职业技能大赛，充分推动职业技能培训、岗位练兵、技能比武。五是实施基础人才培养工程。开展"以高质量党建引领高质量发展"主题党课，加强镇情教育，开展学习动员。探索为机关、事业单位编外人员学历提升提供政策支持，进一步鼓励机关事业单位、社区工作人员提升学历。加大选拔博士等优秀人才进入党政机关、企事业单位、学校、医疗卫生机构及重点民营企业力度。

目前，长安全镇人才总数达 24 万人次，其中高层次人才达 1.86 万人次。创建 4 个国家博士后科研工作站、1 个博士后创新实践基地、6 个省级博士工作站、2 个东莞市技师工作站。现有规上工业企业 1044 家，高新企业 772 家，省级以上"专精特新"企业 134 家，上市企业 7 家，龙头企业 2 家，先进制造业、高技术制造业占规上工业增加值比重达 71% 和 61%。科创企业梯度培育成效显著，创新能级连年跃升，前三季度有效发明专利总量达 33200 件，占全市的 51.07%。

# 樟木头镇：打造文学人才集聚平台和文学创作综合体

樟木头镇党委、政府高度重视"百舸计划"特色产业类人才工作示范品牌创建工作，将创建工作与"百千万工程"和文化强镇建设工作同步谋划、同步推进，不断发挥以平台聚人才的关键作用，持续夯实文学人才发展根基，努力把作家村打造成为走在全国前列的文学人才集聚平台和文学创作综合体。

## 一、建章立制促发展，推动队伍集聚从"自发"向"有序"转变

一是建立作家准入机制。建立"中国作家第一村管理章程"，明确作家"入村""退村"条件，规定在村作家享受的权利和需履行的义务。调整作家村准入门槛，对作家获得荣誉、作协会员身份等进行综合评审，广泛吸引全国优质作家进驻。二是建立文学顾问机制。聘请王松、陈启文、江子、魏红花、王十月担任作家村名誉顾问，集思广益推动作家村与全国知名文学机构、文学院校、文学协会加强沟通联系，协助镇委、镇政府做好作家村的日常管理工作。三是建立创作激励机制。在省、市、镇共同支持下，设立"金笔杆"文学奖励专项资

金，每年为作家"村氏"优秀作品提供创作激励经费，激发作家创作热情。截至 2023 年，已奖励 3 部荣获鲁迅文学奖的优秀作品，累计支出奖金达 80 万元。

## 二、搭建平台强内力，推动文学创作从"优秀"向"卓越"转变

一是打造高品质活动品牌。与中国作家出版集团，东莞市文联、市作协联合打造"中国文学名家看东莞"、长篇小说创作座谈会等国家级的活动品牌，擦亮"文学论见""作家作品分享交流会"等特色活动，累计投入保障经费 680 万元。开展广东"新时代山乡巨变"暨文学赋能乡村振兴战略"十百千万"工程主题采风活动，助力新时代广东文学高质量发展。二是引进高规格文学项目。在保持现有文学活动品牌的基础上，计划投入专项经费 150 万元，以文学活动推动作家村"破圈出界"，积极促成全国、全省权威文学赛事，文学培训交流活动落户作家村，导入省、市活动资源，以每年一场"国字号"大型文学活动吸引全国作家集聚作家村。三是举办高价值作品分享。大力加强优秀文学作品的宣传工作，提升作家村作家获得感和荣誉感。2023 年，累计举办王松《热雪》、陈启文《血脉》、雪漠《诗说老子》等 12 场"金笔杆"优秀作品交流分享会，为全镇文学爱好者提供学习交流的平台，线上线下观看人数达 10 万会人次，持续宣传和扩大优秀文学作品影响力，营造良好的文学文化氛围。

## 三、用心用情暖人心，推动人才服务从"单一"向"多元"转变

一是用心沟通加强人文关怀。走近作家、理解作家，充当作家的知心人，加强对作家群体的人文关怀。畅通"个人＋集体"双维度线上沟通网络，动态关注作家言论和思想动态，聆听作家群体的诉求，尤其注意特殊时期安抚和疏导作家情绪，及时纠正作家的错误言论，引导其正能量发声。二是汇集资源助推作家创作。不断加强与各类出版

机构的沟通联系，帮作家找订单、找扶持、找题材，先后帮助王松、陈末、唐达天、刘芬、陈剑锋等 30 多位作家解决创作经费问题，累计经费达 600 多万元。三是务实支持完善生活配套。针对部分常驻樟木头的作家，给予作家水电、物业管理等生活补贴，在入籍入户、购房、子女入学等方面给予政策倾斜。累计帮助 5 名作家入户、4 名作家子女入学。

### 四、多级联动聚合力，推动作家村落从"概念"向"实体"转变

一是邀请上级专业指导。邀请广东省作协、东莞市委宣传部、东莞市文联等上级单位，就作家村品牌建设情况开展深入调研，全面梳理当前文学人才规模、创作成果、品牌影响力等情况，为作家村未来发展明确发展思路，指明前进方向。二是镇村联手推动项目。出台《樟木头镇"中国作家第一村"项目建设发展工作方案》，成立由镇党委书记任组长的樟木头镇"中国作家第一村"项目建设领导小组。计划投入经费 1000 万元，结合古村改造项目，盘活客家古韵资源，在官仓社区建设"中国作家第一村"实体村落，进一步提升"中国作家第一村"品牌效应，把作家村打造成为集文学人才创作、研讨、活动、作品改编、版权交易、对外传播及文学惠民、文化产业与乡村振兴战略双向赋能的文学创作综合体。三是优质企业丰富阵地。借助作家村平台资源，每年投入经费 15 万元，选取 10 家优质企业建立"作家村文学驻创基地"，通过定期开展文学采风、学习交流、创作实践、展览培训等活动，鼓励作家立足"广东制造""东莞制造"，记录新时代、书写新时代、讴歌新时代。

### 五、产业"造血"扩成效，推动作品场景从"平面"向"立体"转变

一是推动成果转化。引导作家组成不同的联合体，拓展文学作品版

权交易、文学内容影视化等多元发展方式，推动文学成果向文化产业转变。目前，作家"村民"胡杰《知我心之中国相亲报道》已成功改编成影视作品并上映播出。二是建立扶持机制。设立作家村创作扶持"资金池"，力争推出一批获得省级乃至国家级奖项的精品力作，提升文学作品市场认可度，助力作品版权交易和影视化改编。三是完善产业链条。鼓励网络文学的内容创作团队聚集，大力引进网络文学作家知名度，以流量吸引各地文学爱好者前来作家村参观打卡、参加活动。搭建作家与影视机构、游戏平台、人工智能等交流合作平台，推动文学作品改编电影、电视剧、游戏等，多元延伸文学产业链条，持续增强作家村内生"造血"功能。

基层人才工作调研篇

# 东城街道招商引资
# 与招才引智融合创新研究

## 一、研究背景

招商引资、招才引智（以下简称"双招双引"）是贯穿经济工作的"生命线"，是城市发展的"活力源"。2014 年 8 月 18 日，习近平总书记在中央财经领导小组第七次会议上强调："要学会招商引资、招人聚才并举，择天下英才而用之，广泛吸引各类创新人才特别是最缺的人才。"2022 年 10 月，习近平总书记在党的二十大报告中再次强调，"人才是第一资源"，要"推动创新链产业链资金链人才链深度融合"。2023 年 4 月，习近平总书记在视察广东时指出，"要推进粤港澳大湾区人才高地建设，形成高端科创人才聚集效应"。习近平总书记的这些重要论述为"双招双引"工作指明了融合并举、同轨共进的行动方向。

东城街道作为地区生产总值稳居全市前列的中心城区之一，近年来充分发挥区位优势，打造了雄厚的产业基础和优良的营商环境，积累了丰富的人才资源和良好的人才工作基础，具备招商引资与招才引智融合创新发展的先行先试条件。随着市委、市政府构建大招商工作格局深入推进"是人才，进莞来"引才战略逐步实施，如何实现招商引资与招才引智融合创新"两翼齐飞"，做到以商引才、以才促商，成为街道亟待研究的重要课题。

为此，东城街道党建工作办以问题为导向，聚焦"招商引资与招才引智融合创新"，研究近年来街道促进招商引资与招才引智融合创新的主要举措及成效，分析存在的问题，提出进一步推动东城招商引资与招才引智融合创新发展的对策建议，以发挥"双招双引"在推动东城街道高质量发展中的重要作用。

## 二、研究开展

为全面了解东城街道招商引资与招才引智融合创新举措，深入分析存在不足及影响因素，本调研采用文献分析、问卷调查、深入访谈等方法开展了综合调研。

（一）文献分析

查阅研究了东城街道历年来招商引资、招才引智方面的政策文件、服务配套措施和会议活动等文书材料，系统归纳总结工作成果和经验做法。

（二）问卷调查

设计《东城街道招商引资与招才引智融合创新研究》调查问卷，围绕东城街道招商引资、招才引智的环境氛围、政策措施、服务保障、融合创新等方面设置问题，面向企业和相关职能部门开展网上问卷调查，回收有效问卷 500 余份，为课题研究积累了第一手材料。

（三）实地走访与深入访谈

走访街道经济发展局、投资促进中心、创新驱动办、金融办、卫生健康局、人社医保分局、教育管理中心等招商引资、招才引智相关单位业务骨干，了解东城街道推动招商引资与招才引智融合创新的好经验、好做法，以及存在的困难、障碍和意见建议；访谈东莞东华医院有限公司、东莞市森麦声学科技有限公司、东莞先知大数据有限公司、宏盛皮具（东莞）有限公司、东莞市鼎通精密科技股份有限公司、赛维精密科技（广东）有限公司、东莞徐记食品有限公司等街道多家重点企业的高层次人才和企业高管，了解东城"双招双引"政策落地情况和企业执行过程中存在的困难和问题，广泛征求意见建议。

### 三、东城街道招商引资与招才引智融合创新的主要做法和成效

调研发现，东城街道深入贯彻落实党的二十大精神和省、市高质量发展大会精神，紧紧围绕"科技创新＋先进制造"，以全力创建高质量发展基层改革创新实验区为目标，以"新城市、新产业、新生态"为重点方向，强化系统思维，通过出政策、搭平台、优服务，聚人才、兴产业，不断探索招商引资与招才引智融合创新之路。

#### （一）构建招商引资与招才引智融合创新政策体系

一是以高质量党建引领"双招双引"融合创新发展。坚持党的领导是做好"双招双引"工作的根本保证。东城街道党工委始终将"双招双引"作为实现经济"质的有效提升"和"量的合理增长"的生命线，建立"一把手抓第一资源"机制，党工委主要领导带头示范，以抓顶尖人才引进、重点招商项目落地为重点，进一步完善党工委统一领导、职能部门各司其职的"双招双引"工作局面，不断探索聚人才、兴产业、重提升、强党建的发展之路。充分发挥基层党组织和广大党员在"双招双引"工作中的主力军和先锋队作用，实施社区党建"双创双提升"工程、两新党建"五聚焦五提升"红色赋能工程，创新开展"党建＋优化营商环境""银企红联对接"、社区助企"先锋行"等党建服务项目，整合多方资源为属地企业送政策送项目送服务，形成69个共建项目惠企促发展。

二是以立体化政策体系保障"双招双引"融合创新发展。近年来，

东城街道坚持在政策层面上将招商引资与招才引智一体部署、共同推进，搭建起制度文件、综合政策措施、配套实施办法、具体操作规程等立体化、全方位政策措施体系，出台了《东城街道关于促进街道创新驱动发展的扶持办法（试行）》《东城街道促进就业创业奖励办法》《东城街道创新驱动发展专项资金管理办法（试行）》《东城街道人才发展三年行动方案（2022—2024年）》《东城街道"旗峰英才卡"实施方案》《东城街道新时代创新人才引进培养实施方案》等系列招商引资和人才扶持政策。

三是以持久激励机制助推"双招双引"融合创新发展。2023年年初，东城街道提出以"3+5+N"推动高质量发展的工作思路，将"深入实施'人才东城'战略"纳入"招商引资提升工程"统筹部署，提出构建"大招商、招大商"工作格局，探索打造"技术进步、员工成长、产业集聚"的街道技谷。2023年4月出台的《东城街道推动经济高质量发展若干政策》（东城府〔2023〕1号），投入3亿元奖补资金，围绕六大支持方向推出38项惠企引才举措，其中"扩大招商引资助力高质量发展"举措6项、奖补"高层次科技人才团队携具有自主知识产权的科技成果在东城街道创办企业并实现成果转化"相关举措1项、奖补"带动本地高级产业人才集聚和就业"相关举措1项，鼓励高端人才"带土移植"。据统计，近五年来，街道发放"倍增"企业奖励扶持资金、各项人才补贴、就业创业补贴等超7000万元。以位于东城的东莞市凯格精机股份有限公司为例，该公司近两年获得政府"专精特新重点小巨人专项资金""单项冠军企业省级支持资金""东莞创新型企业研发投入补助"等各类资金扶持累计1090万元。2022年以来，该公司享受研发费用加计扣除等优惠政策，相当于减免企业税款1400多万元，享受增值税软件即征即退政策，获得退税约2000多万元。优厚的奖补资金保证了该公司的研发和创新资源以及快速发展，2022年8月16日，该公司正式上市，成功登陆创业板。

### （二）构建招商引资与招才引智融合创新平台载体

一是筑巢引凤，搭好创新创业平台。建成产学研阵地，街道旗峰英才创业服务中心与东莞国仟科技服务有限公司签订合作协议，共同组建以人才引进、项目开展和创业孵化为核心定位的民办非企业单位海创千人（东莞）创新创业研究院，建成智荟谷1号，大力打造科技创新"孵化器"和产业转型升级发展"加速器"。构建区域交流合作平台，发挥国家跨境电商综合试验区的核心区域作用，推进跨境电商中心园区建设；率先与澳门特别行政区政府合作，设立澳门青年创业中心和澳门葡语国家食品载入中心，打造区域合作的先行区域。打造集中式人才孵化基地，发动和协助优质企业和研发团队申报博士工作站，建成博士工作站7个。强化对创业孵化基地服务，建成东侨智谷等市级创业孵化基地6个。

二是以才引才，形成行业精英人才链。围绕街道重点产业布局，实施街道人才发展三年行动方案（2022—2024年），着力引进国内领先、国际一流的高端人才团队，引进重点行业领军人才。全面打造"智汇旗峰 才聚东城"人才引育特色品牌，建设创新创业人才高地和优质人才生态示范区。通过高端人才的学术圈、朋友圈引进高端人才，实现"以才引才"、团队引入。近年来，促成高层次人才李红深博士、余旸博士、徐永龙博士及其团队落户东城。其中余旸博士及其团队创办的东莞先知大数据有限公司，专注于核心算法、IOT智能设备的应用突破，规模超过100人，海归博硕士高层次人才占比20%，研发工程师占比90%以上，拥有授权发明专利47项，软件著作权122项，2022年总产值1.05亿元，纳税超千万元，是国家高新技术企业、广东省"专精特新"企业，被工信部认定为全国第一批工业互联网平台优秀技术供应商，计划2024年上市。

三是引育结合，厚植人才成长沃土。探索成立东莞市人才示范基地，强化人才全链条创新创业服务支撑。落实新一轮"十百千万百万"

人才工程、"百舸计划"和"莞邑启航 逐梦湾区"高校毕业生就业创业服务行动，组织辖区企业参加校企合作洽谈会、"名企名校行"等各类招聘活动。深入实施"技能人才之都"2.0 版，促进校企合作，积极组建技能大师工作室。指导生益电子创建"百舸计划"人才工作示范点，围绕人才引进力度、加强技术人才储备、完善人才培养机制、健全激励体系建设、营造良好发展环境等 5 个发展目标实施定向培育。广泛开展青年人才"莞训计划"，组织"一镇一品"技能人才培训，共开展培训项目 46 个，培训 3.1 万人次，其中技能素质提升培训 2.5 万人次，特色精品培训 6 万人次，拨付资金 444 万元。动员符合条件的企业员工申报市"首席技师"，自 2016 年政策实施以来，街道共有 47 人被授予东莞市"首席技师"荣誉称号，"首席技师"培养人数连续三年位居全市第一，总人数全市排名第一。

（三）构建招商引资与招才引智融合创新服务体系

一是提供精准服务惠企惠才。建立重点人才服务对象库和重点企业名录，以驻点联系群众工作为抓手，街道领导班子成员率队走访企业人才，围绕宣传惠企政策、推动项目建设、促进企业发展、解决难点问题、优化营商环境、加强党建工作 6 个方面开展联系服务。2022 年走访街道人才超 70 次，及时协调解决企业和人才急难愁盼问题超 26 件。例如，街道向先知大数据有限公司出租 5600 多平方米的办公场地，并自 2021 年起给予 3 年共 150 万元的租金补贴，解决该公司办公场地升级、租金等问题，满足企业扩大发展规模需求；为科视光学有限公司协调解决园区停车难问题，在园区停车空地合理划定车位，保护企业员工人身安全，满足企业员工停车需求。

二是改革商事制度便企便才。改革实行网上注册登记、绿色通道、即来即办等快速审批服务，实施住所申报制、企业集群注册及"三证合一"等商事改革，降低市场准入门槛。率先启动粤港澳银政通暨个体工商户全程化电子改革，深化政银跨界合作和粤港澳便利融合。

　　三是汇集优质资源聚企聚才。优化公共服务资源配置，营造优质基础教育环境，先后建成莞师附小、虎英小学、东城实验小学等公办学校，逐年增加公办学位供给量，2016—2022 年，共安排 1200 多个公办中小学学位，用于企业人才子女教育，有效解决企业和人才的后顾之忧。例如，解决东莞市特色人才子女就读街道重点小学学位问题、帮助东莞市首席技师解决孩子住宿寄读问题。多渠道宣传东莞市优才卡，积极发动引导各类人才申领，目前已发放 877 张优才卡。做好人才入户工作，保质保量完成年度企业自评人才入户工作。深化安居工程，与东莞实业投资控股集团建立创新性合作关系，通过政府投入与社会投资相结合的方式，自 2018 年起陆续推出立新横岭人才公寓、莞温路汇众中心、智荟谷 1 号人才公寓等一系列新兴安居公寓超 4000 套，总体出租率达 84.16%。

　　东城街道招商引资与招才引智融合创新系列举措，赢得了各方认可。问卷调查显示，受访者对东城街道招商引资氛围的评价总体较为正面，其中非常好和比较好的比例合计达 87%；对东城街道招商推介服务的满意度较高，其中非常满意和比较满意的比例分别为 55.33% 和 34%，合计达 89.33%；在东城街道人才扶持力度方面，认为投入大或非常大的超过 75%；在用人单位享受到东城街道提供的人才政策和专项服务容易程度方面，认为容易享受到的占 73.11%，仅有 3.55% 的用人单位认为享受到这些政策和服务是困难的（2.44% 比较困难，1.11% 非常困难）。

　　东城街道招商引资与招才引智融合创新系列举措，也带来产业兴旺、人才集聚的生动局面。据统计，东城街道现有市场主体数超 11 万户，规模居全市前列，其中规上工业企业 493 家、"专精特新"企业 84 家、高新技术企业 538 家；2022 年，地区生产总值达 665.48 亿元，位居全市镇街第四。截至 2023 年 6 月，东城街道登记在东莞人才综合服务平台的基础人才约 27.4 万人，其中，引进高层次人才约 2.52 万人，引进高端人才 46 人次；辖区内有中云智慧产业园、360 互联网产业园等多元化创新平台 4 个，有研发机构的规上工业企业 178 家，省市级重点实验室和企业工程技术研究中心等合计 45 个。

## 四、东城街道招商引资与招才引智融合创新存在的突出问题

东城街道在招商引资和招才引智工作方面，总体上取得一定成效，部分工作在全市处于前列，但招商引资与招才引智的融合创新工作还存在较为突出的问题和困境，主要如下。

### （一）统筹领导机制有待健全

一是统筹组织领导不足。招商引资和招才引智融合发展工作是一项系统性、创新性工程，需要街道强有力的高位统筹，实现对"双招双引"工作的统一领导。目前，招商和招才工作分属不同业务部门，且涉及较多的业务协管部门，归口不同的分管领导，这就对领导机制提出较大挑战，一定程度影响了招引工作的整体推进。

二是提前布局规划不足。调研发现，目前街道的招商引资和招才引智工作提前布局和规划引领工作不充分，没有提前形成明确的产业招引、政策配套、人才招引等工作规划，导致业务部门在面对紧急招商、招才工作任务之时，往往采取应急被动式、运动突击式开展工作，工作局面相当被动，工作成效甚微。

### （二）部门协调联动有待提升

一是部门信息联动不足。从经发、投促、人社等业务主管部门来看，部门之间缺乏招商数据库和人才需求台账的动态联动，各部门之间对于街道当前和未来的产业布局、招商规模、人才需求、服务配套等主要数据信息，缺乏有效的信息沟通交流、互信确认以及嵌套支撑机制，导致多个部门之间信息交流遭遇"中梗阻"，无法实现信息互通有无的理想局面。

二是主题项目联动不足。调研发现，由于人社、经发、投促、教育等业务部门之间对彼此的政策制定、业务信息等方面的工作动态不能有效掌握，各部门之间处于"陌生"状态，导致部门宣传开展的各类招商引资、招才引智等主题项目活动联动不便，一定程度降低了"双招双引"的融合发展效能。

### （三）政策协同制定有待加强

一是政策制定的协同不足。由于工作惯性和路径依赖，市镇两级的招商引资和招才引智工作由产业、人社等不同业务部门推进，因此各类产业政策、招商政策、人才政策均由各部门制定实施，各自为战的现象在全市各镇街都较为普遍。从东城来看，招商和招才业务之间缺乏政策的补充、协调和配合，还没有形成"双招双引"的政策统一"工具箱"，产业与人才的政策联动效应（统一规划、统一制定、统一宣传、统一实施）不足。

二是政策标准的协同不足。由于各部门联动不足，部门之间彼此的政策知晓度尚未做到统一规划部署，因此各部门政策内容难免存在标准模糊、政策太杂不易理解等现象，同时存在政策优惠力度与人才服务吸引力不够的情况。此次调研中，关于"您认为东城街道高层次人才政策目前存在的主要问题有哪些"的问卷调查显示，"政策优惠力度、人才服务吸引力不够"为最突出的问题。此外，"政策落实困难""政策太杂"等问题也较为突出（图1）。

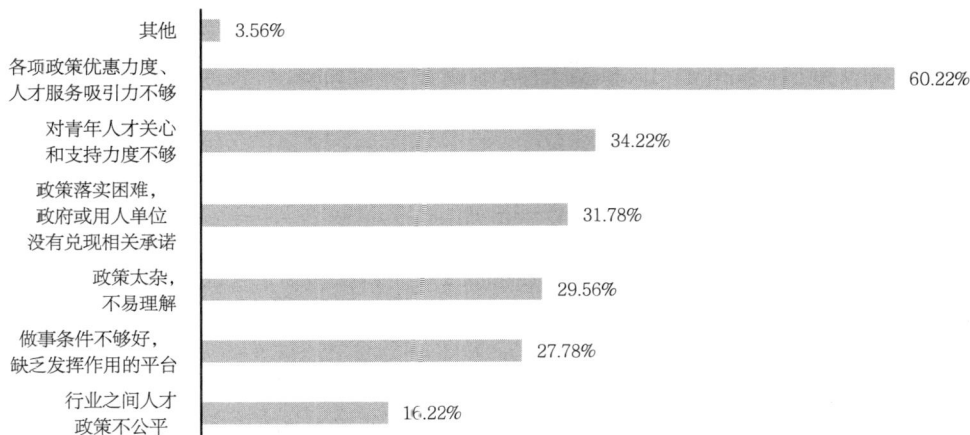

图 1　东城街道高层次人才政策目前存在的主要问题

关于"您认为当前影响用人单位享受到人才政策和相关服务的原因有哪些"的问卷调查显示，"政策宣传不够，对人才政策和服务的了解不够"为最突出的问题，"申办手续烦琐，递交材料多""涉及部门较多""申办时间较长"也是影响政策落地的较为突出的问题（图 2）。

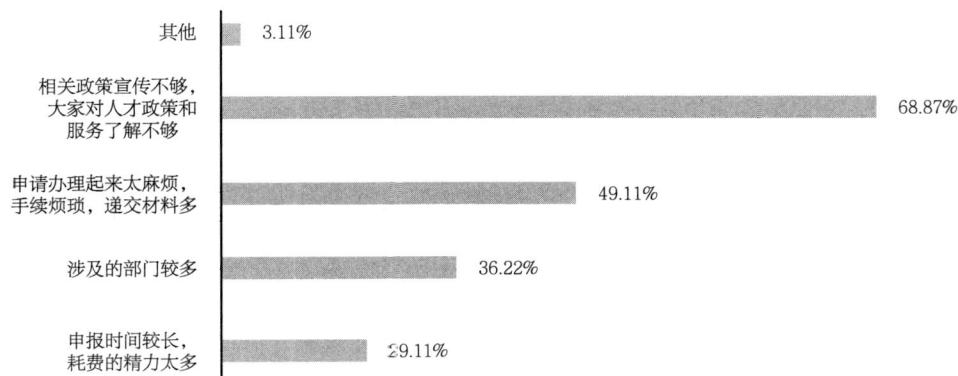

图 2　影响用人单位享受到人才政策和相关服务的原因

### （四）激励保障机制有待健全

一是激励考核机制不足。双招双引涉及较多的业务部门，既涉及产业规划、招商、投促、人社等业务主管部门，也涉及金融、教育、医疗等基础服务协调部门，目前街道尚未建立明确的激励奖惩机制，比如统一的"以商招才"或"以才招商"的项目、人才的激励标准、清单及实施细则；双向招引工作的排名考核、检查督促、回头整改等标准细则等。

二是人财物保障机制不足。要坚持招商和招才工作融合推进，尚需成立相应的工作专班。调研发现，目前镇街一级的各类工作专班名目甚多，部分工作人员身兼多个专班工作身份，导致"人少事多"负荷运转局面异常突出。因此，"双招双引"工作的人手问题成为一大难题。其次，近年来镇街一级普遍经济局面不佳、招商压力困难，各部门的经费都出现了不同程度的紧张状态，而招商引资和招才引智工作对财政资金的需求较大，因此，如何有效整合资金，将"好钢用在刀刃上"，给予较为充分的资金支持成为目前双招双引工作的又一难题。

（五）营商服务环境有待改善

一是政务服务尚存不足。关于"您认为东城街道政务服务急需解决的问题"的问卷调查显示，"简化办事程序，缩短办事周期"的问题最为突出，其次是"推进政务公开""优化服务，提高效率"和"清理不适宜的规章制度"等问题较为突出（图3）。

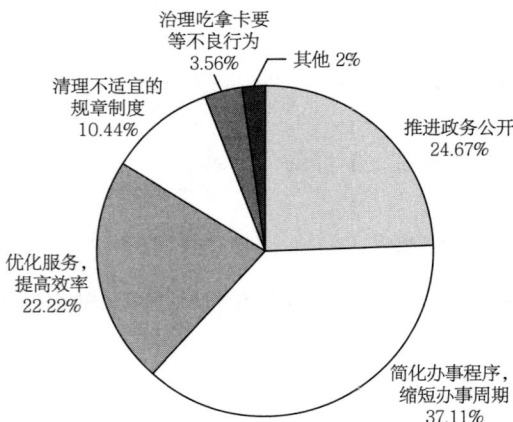

图3 东城街道政务服务急需解决的问题

二是基础配套服务不足。与重点企业的多位代表座谈发现，东城街道部分社区的基础生活设施和配套服务不足，影响了优质企业增资扩产、新项目的快速落地和高层次人才安定生活。在关于"目前东城街道招商引资环境存在的主要问题"的问卷调查中显示，"人才资源缺少"是营商环境中最突出的问题；其次，"运营成本高""审批手续烦琐""产业配套能力不足""交通运输不便"等因素也成为东城街道营商环境较为突出的问题（图4）。

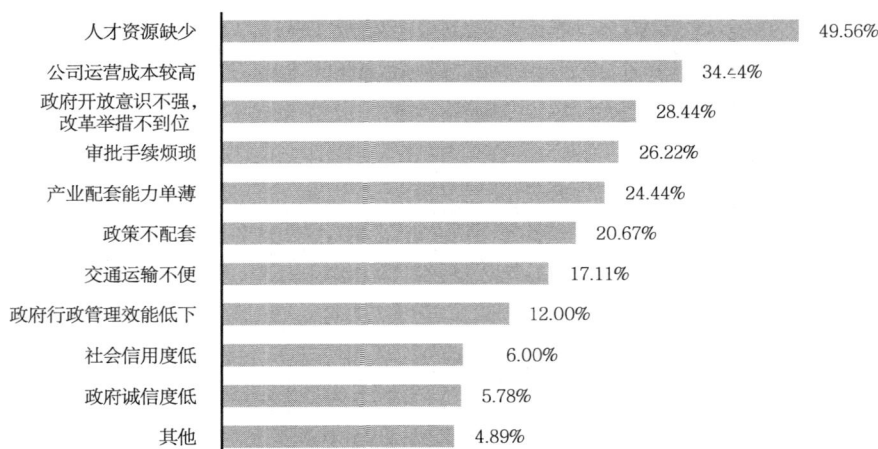

人才资源缺少 49.56%
公司运营成本较高 34.44%
政府开放意识不强，改革举措不到位 28.44%
审批手续烦琐 26.22%
产业配套能力单薄 24.44%
政策不配套 20.67%
交通运输不便 17.11%
政府行政管理效能低下 12.00%
社会信用度低 6.00%
政府诚信度低 5.78%
其他 4.89%

**图 4　东城街道招商引资环境存在的主要问题**

## 五、推动东城街道招商引资与招才引智融合创新的对策建议

为进一步贯彻落实新时代人才强市战略和深入推进创新驱动发展战略，东城街道要以招商引资与招才引智深度融合发展为突破口，以重大项目引进吸引高端人才，以高端人才促进重大项目落地，为东城高质量发展提供有力支撑。

### （一）强化招商引资与招才引智融合工作的高位统筹

一是推动招商引资与招才引智资源的协同整合。建议招商部门和人社部门指定专人全程负责进行信息互通工作对接，实现工作力量、服务资源、项目信息的共享共用。建立组织、人社、经发、投促等部门参与的联席会议制度，推动"双招双引"规划同步制订、任务同步分解、活动同步开展、工作同步推进。

二是强化组织领导。推动成立东城街道招商引资和招才引智工作领导小组，建议由街道党工委主要负责同志任第一组长，街道办主要负责同志任组长，并建议招商引资与招才引智工作由同一名领导分管，统筹协调和督促指导解决招商引资和招才引智工作重大事项和问题。领导小组下设办公室，办公室主任由分管招商引资与招才引智工作的领导兼任，办公室副主任由招商部门、人才部门负责同志担任。

**（二）一体高效推进招商引资和招才引智工作**

一是建议由东城街道招商引资领导小组办公室在牵头主办重大及专题招商活动时，同步开展招才引智活动，将招才引智融入招商推介内容，同步发放人才政策资料，同步开展人才宣传推介，投促部门在招商引资活动后要将涉及人才的相关资料转送人社部门。在洽谈招商项目时，人力资源部门要协助招商部门开展项目落地论证评估。对涉及人才事项较多的在谈、拟谈重点项目，人力资源部门共同参与洽谈。

二是建议由东城街道人才工作领导小组和街道人社医保分局在组织开展专场招聘会、洽谈会、推介会、座谈会等招才引智活动时，同步开展招商引资工作，收集有效项目线索，并及时推荐给投资促进部门，做好项目对接洽谈，推动引才项目转化为引资项目。通过引进项目和资金带动人才与技术引进，通过引进人才和技术推动项目与资金引进，助推东城经济高质量发展。

三是人社部门联合招商部门，在重大招商引资和人才招聘活动中，共同参与、共同策划，发挥重大活动宣传优势，加强与各类媒体合作，推动信息整合、资源共享，同步推介投资优势。招商部门统一归集招商引资重大签约项目人才需求信息，并在签约后第一时间主动与签约项目企业联系对接，收集招商引资签约项目人才需求信息后传递至人社部门，为企业和人社部门搭建沟通渠道，人社部门筛选合适的对口人才后及时反馈至项目建设企业，及时告知企业人才招引情况进展，加快形成"人才＋项目＋产业"深度融合良好局面。

四是推动招商引资和招才引智政策同步宣传。汇总和梳理现有招商引资和招才引智政策，统一印制"招商＋招才"政策汇编，形成全面、便捷、高效"政策包"。以各类会展平台、区域合作平台、招商推介会、招才引智活动和信息网络等，宣介投资环境、创新创业扶持政策和人才激励政策，发挥政策聚合效应，提高竞争力和吸引力。

**（三）联合编制招商引资项目库和招才引智目录**

一是建议东城街道招商引资领导小组办公室在策划、包装重点产业招商项目的同时，同步收集和编制重点产业、行业、领域急需紧缺人才需求清单，增强项目与人才协同引进匹配度和衔接性。建议东城经发部门和投促部门动态开展对重点企业、重点产业领域走访调研和摸底调查，及时收集企业产业人才需求，编制形成人才需求目录，人社部门负责梳理汇总后动态发布东城招才引智目录。

二是精准靶向招商引资，激发东城产业新动能。依托东城传统优势产业，科学合理做好招商规划，研究组建战略咨询决策小组，为东城新产业发展掌舵把向。将智能机器人、新能源电池、新能源汽车电子、储能、工业软件、可见光通信与光计算等处于发展期、工业软件、可见光通信与光计算等处于发展"风口"、东城具备良好发展基础和较大市场规模的产业，确定为当下重点发展的新产业，集中招商引资资源重点突破，推动1~3个行业快速做大做强，组织知名产业战略咨询机构做好发展规划，持续优化发展措施，形成以产聚才的发展态势。

三是树立"抢""挖"意识，增强东城人才新优势。建议街道开展"企业家、创新团队、领军人才、研发人才、技能人才"五类人才的大型招才引智活动。学习无锡通过引进领军人才施正荣而带动光伏产业振兴的经验，建议东城把领军人才建设摆上重要战略位置，启动实施创新创业领军人才引进工程，通过资金和政策支持，把东城打造为东莞创新创业第一方阵。依托东莞驻外经贸代表处、东莞国际商会境外经贸办事处等机构，在海外省外建立人才办事处，选择武汉、成都、南京、西安、上海、北京、广州等高校和高职院校聚集城市举办专场招聘活动，着重招引五类人才，聚焦新兴产业领域，推动形成以才兴产、产才互融的良好格局。

**（四）优化"双招双引"的营商环境**

一是进一步提升政策支持和服务力度，以政策招才。目前，东城的招商引资和招才引智政策还限定在市的政策体制框架内。建议市里以东城为招商引资与招才引智融合创新试点，授权东城探索推出一些创新政策，突破现有政策束缚，灵活用好招商引资、"三旧"改造、技改奖励等优惠政策，进一步简化办事手续，对项目投资洽谈、论证、签约、立项审批、注册登记等工作推行"一站式"服务。强化亲商意识，推行代办服务，对重大项目实行全程跟踪服务，提供重大项目全程免费代办服务，直至办完所有审批手续为止，并组建东城街道、工业园区重大项目代办服务中心，配齐配强代办服务队伍。推行园区综合评估机制，由工业园区统一编制水土保持评价、地质灾害评估、节能评估等方面中介评估文件，统一报送水务、国土规划、安监、发改等部门提前审查，实行"同一园区一次评估、结果共用"。

二是加强新兴产业平台建设，以平台引才。发挥规划作用，大手笔谋划，推进中集国际数科城基础设施建设，科学规划沿运河片区数字产业创新集聚区、牛山数字信息产业集聚区、东部智造集聚区，打造一批规划布局合理、产业协同集聚、质量效益一流、绿色低碳循环、功能配套完善的现代化产业园，明确各类园区定位，提供道路、给排水、电力、通信、供热等优质服务，为创业者提供最优越、最安全、最具潜在优势的发展空间，达到"筑巢引凤"目的。

三是强化"双招双引"激励保障机制，以激励用才。推动将技术先进性、人才集聚度纳入招商项目评价范围，对有高端人才支撑的产业项目优先供地，对引进行业领军人才创业的给予考核加分，对新引进项目包含各类高层次人才的对招商部门加分。每年召开"双招双引"奖励大会，既奖项目、奖人才，又奖招引典型，建立招商有奖、引智有功的激励机制，及时总结和宣传推广双招联动工作的经验和成果，营造双招联动良好氛围，真正把双招联动各项工作落到实处。强化经费保障，将"双招双引"专项工作经费列入财政预算，突出支持"双招双引"重点工作。

四是提供更优质的公共服务环境，以环境留才。充分发挥财政杠杆作用，同步规划标准工业厂房和人才安居社区，持续完善人才安居、医疗、落户等政策，充分发挥东城优质资源作用，营造高品质的基础教育环境。借鉴苏州工业园经验，建设企业服务中心，为企业和高端人才搭建技术、项目、资本"一站式"对接平台。建立镇、村（社区）二级服务企业服务人才的联络员制度，做到标准服务有保障、特别情况有跟进。探索建设科创街区，强化运行效能，营造尊重企业、尊重人才的浓厚氛围，让人才引得进、留得住、干得好。

千帆竞逐，不进则退。在全省全市深入学习贯彻党的二十大精神和习近平总书记视察广东重要讲话、重要指示精神，加快推动高质量发展的当下，东城街道亟须用好用活"双招双引"这把拼经济、促发展的"金钥匙"，继续在招商引资与招才引智融合创新上下功夫，坚持"招商与招才并举、引资与引智并重"，高位统筹、一体推进，引进新变量、培植新优势，为东城街道高质量发展增添新动力。

# 高埗镇全面推进人才强镇
# 建设专题调研报告

为深入贯彻落实习近平总书记关于做好新时代人才工作的重要指示精神以及党中央、省委、市委关于人才工作的部署要求，全面了解高埗镇人才队伍建设情况，更好把握人才工作存在的不足和影响因素，高质量推进人才强镇建设，为高埗镇建设东莞北部先进制造业强镇、城区片区高品质江滨新城提供人才支撑，按照东莞市委人才工作领导小组办公室关于开展 2023 年基层人才工作调研的相关部署要求，镇党委委员黄慧敏积极组织党建工作办、镇委人才办牵头组成调研组，通过查阅资料、问卷调查、实地走访和深入访谈等多种形式相结合，围绕高埗镇当前人才队伍状况、工作运行机制、政策效能释放、服务保障落实、存在问题及成因等展开调研。现将全面推进人才强镇建设情况报告如下。

## 一、人才工作的背景和意义

党的二十大报告提出人才强国战略，强调人才是全面建设社会主义现代化国家的基础性、战略性支撑之一，要完善人才战略布局，加快建设世界重要人才中心和创新高地。在中央人才工作会议上，习近平总书记明确提出在粤港澳大湾区建设高水平人才高地。省委十三届三次全会将人才高地建设纳入省委"1310"的具体工作。东莞作为粤港澳大湾区的重要节点城市，聚焦"科技创新＋先进制造"加快打造科创制造强市，进一步加强人才工作不仅是新时代新征程的使命任务，也是东莞"双万之城'实现高质量发展的核心要素。此外，过去东莞的人才活动周都是由市组织举办，镇街配合参与，自2022年起转变为市镇联动，全方位、多层次、多形式组织开展，镇街从过去被动配合，到现在主动出击，从中央到地方党委无不体现了对人才工作的高度重视。东莞打造科创制造强市的背后是科技竞争、创新竞争，归根结底是人才竞争，在这样的大背景下，为促进东莞聚焦高质量发展推进现代化建设作出高埗贡献，也为高埗打造成东莞北部先进制造业强镇、城区片区高品质江滨新城抢占发展先机，高埗镇加强顶层谋划，实施人才强镇战略，开展"才聚高埗"行动，以创新人才政策、提升服务保障能力、优化人才发展环境，积极构建起多层次、全域化的人才政策服务体系，努力打造以产业聚集人才、以人才壮大产业，产业与人才良性互动的良好局面。

## 二、高埗镇人才队伍现状及人才工作经验做法

### （一）人才队伍现状

截至2022年年底，高埗镇人才总量约4.9万人，同比增长10.2%，其中高层次人才3832人，同比增长28%；基础人才约4.5万人，同比增长8.9%；本科人才1.4万人，同比增长18.4%；高技能人才2913人，同比增长41.3%。从人才队伍类型来看，高埗镇人才总人次为55727人，其中，大专及以上学历型人才37087人，同比增长5%；职称型人才5063人，同比增长8.2%；技能等级型人才13577人，同比增长14.6%。从行业分布看，高埗镇人才主要集中在制造业，为25452人，

占人才总量 52.5%，同比增长 0.18%（图 1）。

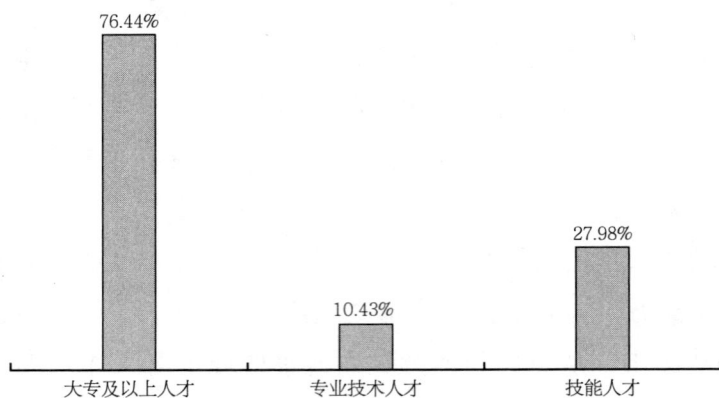

**图 1　高埗镇各类人才占人才总量的比例**

1. 与全市各镇街（园区）对比

截至 2022 年年底，高埗人才总量在全市 34 个镇街（园区）中排第 25 位。其中，高层次人才排全市第 19 位，基础人才排第 27 位，本科人才排第 28 位，高技能人才排第 13 位。高埗镇人才总量处于全市中等偏下水平，与高埗镇经济发展水平相匹配［2022 年 GDP 在 33 个镇街（园区）中排第 25 位］，科技创新型高层次人才偏少，基础人才及本科人才等中坚力量相对薄弱。近年来，高埗镇进一步加大高技能人才培育力度，高技能人才队伍迅速扩大，为高埗镇加快推动先进制造业强镇建设提供坚实人才基础（图 2~图 6）。

| 镇街 | 数值 |
|---|---|
| 南城 | 298512　单位：人 |
| 东城 | 273228 |
| 长安 | 227503 |
| 松山湖 | 203925 |
| 虎门 | 180458 |
| 厚街 | 154317 |
| 塘厦 | 150833 |
| 寮步 | 145483 |
| 常平 | 108720 |
| 大朗 | 106147 |
| 莞城 | 100420 |
| 大岭山 | 95981 |
| 万江 | 92005 |
| 清溪 | 85319 |
| 凤岗 | 85013 |
| 黄江 | 68195 |
| 石碣 | 66769 |
| 横沥 | 62237 |
| 麻涌 | 61309 |
| 东坑 | 51888 |
| 沙田 | 50990 |
| 石排 | 50429 |
| 石龙 | 50224 |
| 樟木头 | 49320 |
| 高埗 | 48520 |
| 桥头 | 48516 |
| 茶山 | 48322 |
| 道滘 | 41062 |
| 企石 | 40452 |
| 中堂 | 39378 |
| 谢岗 | 25418 |
| 望牛墩 | 23904 |
| 洪梅 | 20508 |
| 滨海湾 | 1732 |

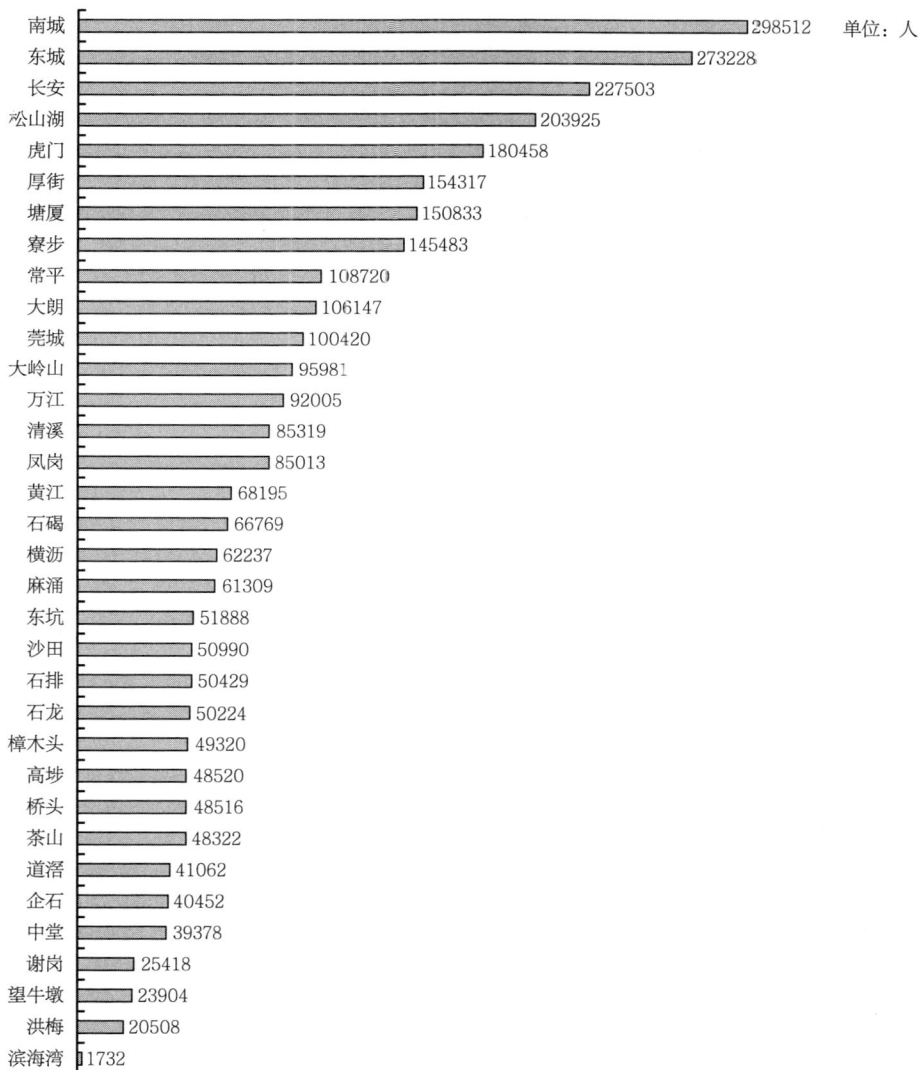

**图 2　全市各镇街（园区）人才资源情况**

| 镇街（园区） | 高层次人才（人） |
|---|---|
| 松山湖 | 28126　单位：人 |
| 东城 | 25231 |
| 南城 | 23278 |
| 长安 | 18432 |
| 虎门 | 10958 |
| 寮步 | 10577 |
| 厚街 | 9454 |
| 万江 | 8994 |
| 莞城 | 8888 |
| 塘厦 | 8592 |
| 大朗 | 8272 |
| 常平 | 8190 |
| 大岭山 | 6056 |
| 凤岗 | 5782 |
| 清溪 | 5304 |
| 黄江 | 4367 |
| 麻涌 | 3891 |
| 樟木头 | 3839 |
| 高埗 | 3823 |
| 石龙 | 3710 |
| 横沥 | 3515 |
| 石碣 | 3408 |
| 沙田 | 2767 |
| 东坑 | 2685 |
| 石排 | 2609 |
| 茶山 | 2605 |
| 道滘 | 2420 |
| 中堂 | 2138 |
| 桥头 | 2137 |
| 企石 | 1810 |
| 谢岗 | 1385 |
| 望牛墩 | 1300 |
| 洪梅 | 1045 |
| 滨海湾 | 241 |

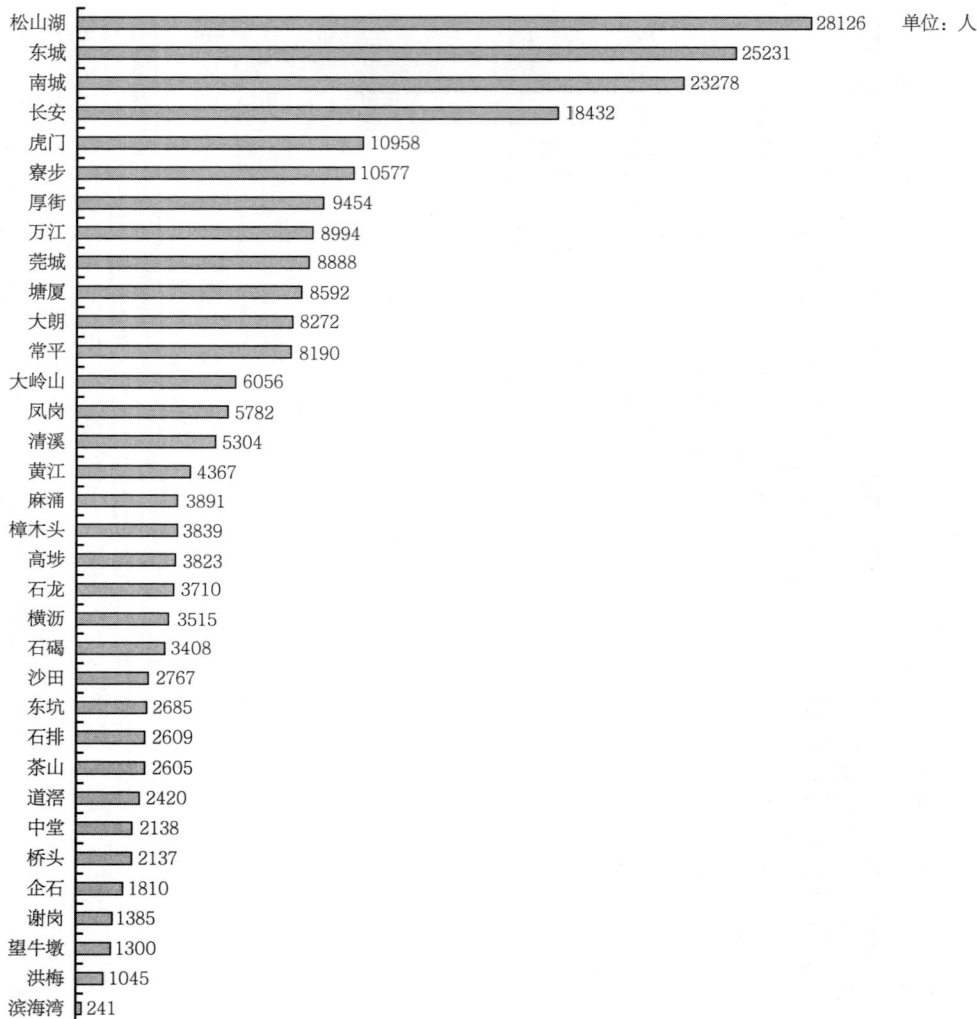

**图 3　全市各镇街（园区）高层次人才资源情况**

| 南城 | 275234　　单位：人 |
|---|---|
| 东城 | 247997 |
| 长安 | 209071 |
| 松山湖 | 175799 |
| 虎门 | 169500 |
| 厚街 | 144863 |
| 塘厦 | 142241 |
| 寮步 | 134906 |
| 常平 | 100530 |
| 大朗 | 97875 |
| 莞城 | 91532 |
| 大岭山 | 89925 |
| 万江 | 83011 |
| 清溪 | 80015 |
| 凤岗 | 79231 |
| 黄江 | 63828 |
| 石碣 | 63361 |
| 横沥 | 58722 |
| 麻涌 | 57418 |
| 东坑 | 49203 |
| 沙田 | 48223 |
| 石排 | 47820 |
| 石龙 | 46514 |
| 桥头 | 46379 |
| 茶山 | 45717 |
| 樟木头 | 45481 |
| 高埗 | 44697 |
| 企石 | 38642 |
| 道滘 | 38642 |
| 中堂 | 37240 |
| 谢岗 | 24033 |
| 望牛墩 | 22604 |
| 洪梅 | 19463 |
| 滨海湾 | 1491 |

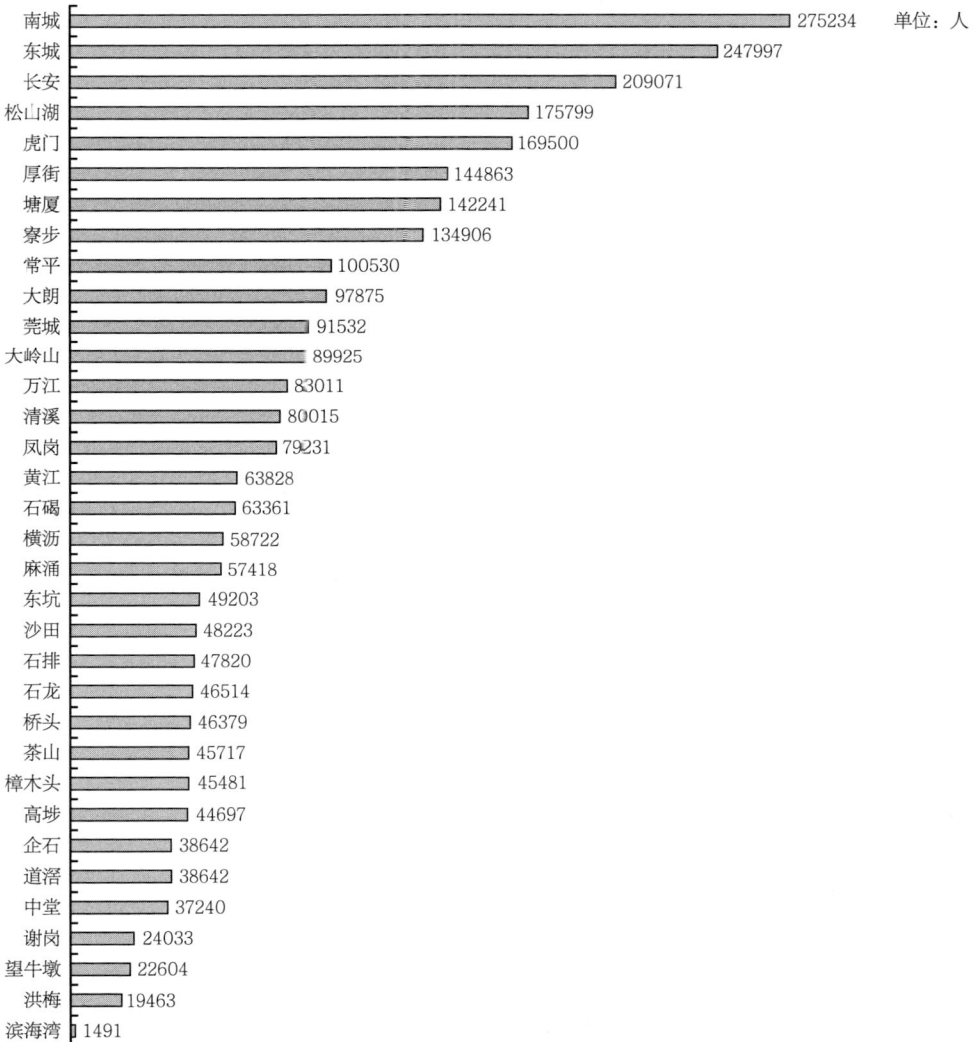

**图 4　全市各镇街（园区）基础人才资源情况**

| 镇街 | 本科人才资源（人） |
|---|---|
| 南城 | 137770　单位：人 |
| 东城 | 118446 |
| 松山湖 | 97047 |
| 长安 | 72886 |
| 虎门 | 54001 |
| 厚街 | 51567 |
| 塘厦 | 51394 |
| 寮步 | 49917 |
| 莞城 | 45791 |
| 大朗 | 37206 |
| 万江 | 33905 |
| 常平 | 33134 |
| 凤岗 | 31483 |
| 大岭山 | 30444 |
| 清溪 | 24436 |
| 麻涌 | 23502 |
| 黄江 | 23282 |
| 石碣 | 19636 |
| 横沥 | 18688 |
| 石龙 | 18412 |
| 沙田 | 16993 |
| 东坑 | 15842 |
| 樟木头 | 15609 |
| 茶山 | 15512 |
| 石排 | 15425 |
| 桥头 | 15192 |
| 道滘 | 14472 |
| 高埗 | 14031 |
| 企石 | 13409 |
| 中堂 | 13155 |
| 望牛墩 | 7872 |
| 谢岗 | 7661 |
| 洪梅 | 7389 |
| 滨海湾 | 890 |

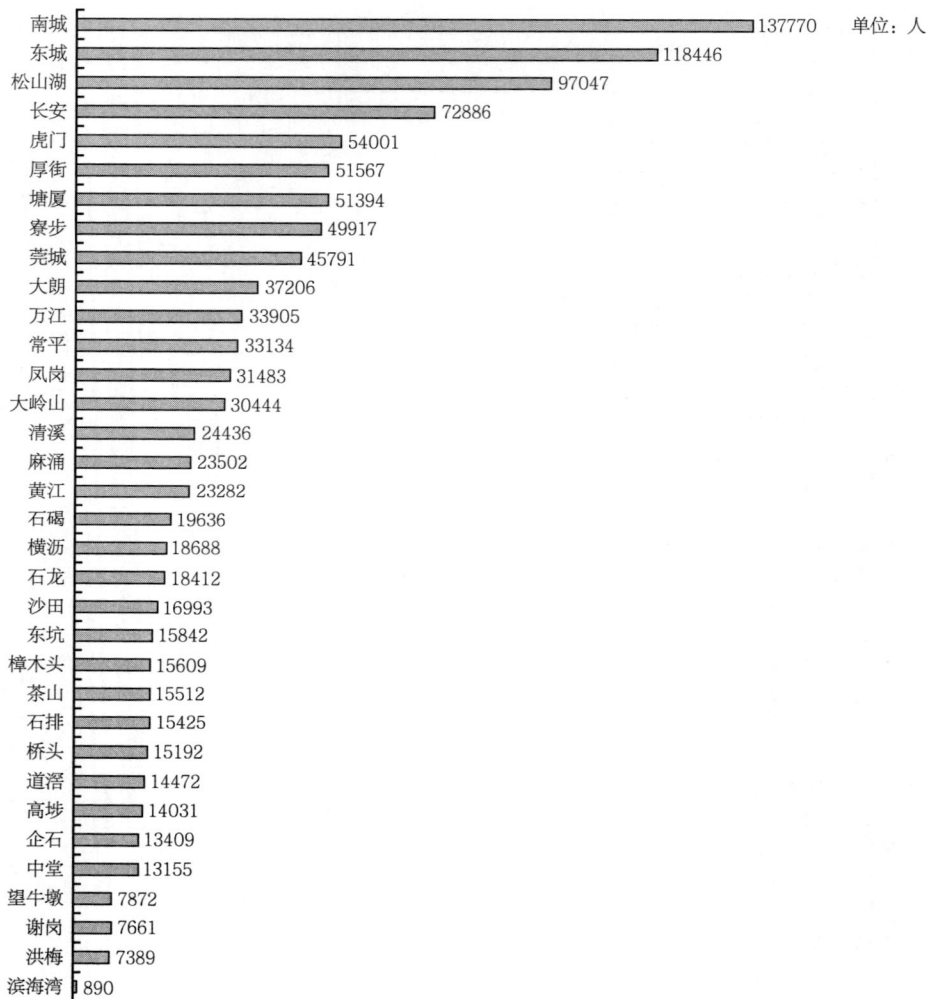

**图5　全市各镇街（园区）本科人才资源情况**

| | | | 单位：人 |
|---|---|---|---|
南城 — 10083
东城 — 9759
长安 — 7877
寮步 — 6256
虎门 — 5552
常平 — 4602
万江 — 4598
厚街 — 4522
塘厦 — 4283
莞城 — 4161
松山湖 — 3635
大朗 — 3055
高埗 — 2913
清溪 — 2716
樟木头 — 2452
大岭山 — 2432
凤岗 — 2394
黄江 — 2356
横沥 — 2051
石碣 — 1903
麻涌 — 1739
石龙 — 1716
东坑 — 1541
茶山 — 1514
沙田 — 1432
石排 — 1379
道滘 — 1310
中堂 — 1269
桥头 — 974
企石 — 948
谢岗 — 924
望牛墩 — 762
洪梅 — 508
滨海湾 — 52

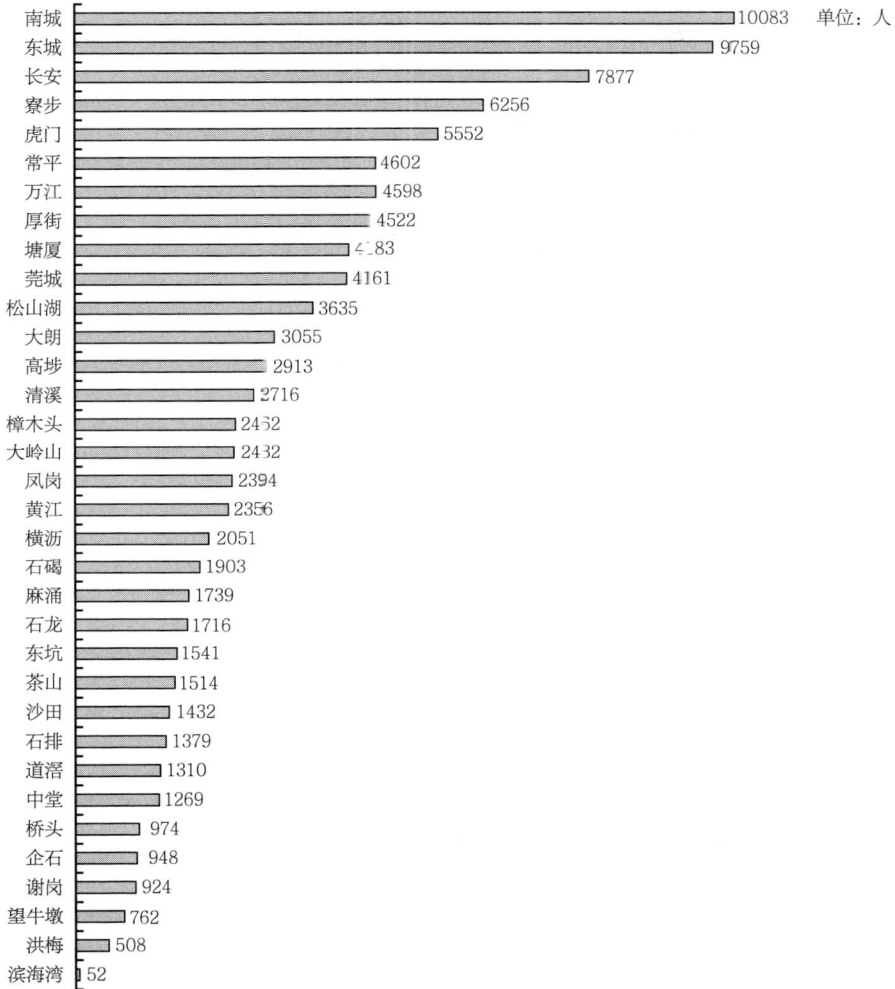

**图6　全市各镇街（园区）高技能人才资源情况**

## 2. 与城区片区镇街对比

截至 2022 年年底，南城人才总量（29.9 万人，增长 3.9%）居城区片区镇街第一。其次是东城（27.3 万人，增长 6.4%）、莞城（10 万人，增长 11.5%）、万江（9.2 万人，增长 15.3%）、石碣（6.7 万人，增长 7.3%）、石龙（5 万人，增长 22.8%）、高埗（4.9 万人，增长 10.2%）。高埗镇人才总量在城区片区镇街排位最后，相对来说高埗的人才基础和资源禀赋较薄弱，但是近年来人才增长势头和工作发展较快速，预期人才总量和人才工作将不断实现新进步新提升。

3. 高层次人才结构

截至 2022 年年底，高埗镇高层次人才有 3823 人。从性别结构看，男性高层次人才占比 52.4%，女性高层次人才占比 47.6%。与 2021 年相比，女性高层次人才占比上升 0.6 个百分点（2021 年女性高层次人才占比 47.1%）。从年龄结构看，60 岁及以上的高层次人才占比 0.9%，51～60 岁的高层次人才占比 9.4%，41～50 岁的高层次人才占比 39.7%，31～40 岁的高层次人才占比 35.5%，30 岁以下的高层次人才占比 14.5%。与 2021 年相比，40 岁以下的高层次人才占比（50%）下降 10.7 个百分点。高埗镇高层次人才男女比例为近五年来最均衡的一年，高层次青年人才的占比有较大下降。

**（二）高埗镇人才工作经验做法**

1. 抓组织领导，优化党管人才工作格局

牢固树立"人才是第一资源"理念，坚持"一把手"亲自抓，镇党委书记主持召开党委会议听取专题工作汇报，研究部署人才工作。镇党建工作办牵头抓总，组织召开镇委人才工作领导小组会议、全镇人才工作会议，及时研究推进各项人才具体工作。近三年来，领导干部走访联系高层次人才 282 人，协调解决困难问题 122 个。建立完善人才工作考核激励机制，明确年度全镇人才工作的各项目标任务和责任分工，并将人才工作纳入各级各单位和领导干部年度工作考核和各级党组织书记述职评议的重要内容。强化人才工作体系，选优配强覆盖村（社区）、行政事业单位、企业、金融机构百人人才工作者队伍。组织多期人才工作培训班，其中邀请市委组织部副部长姚家庆作专题辅导，全镇领导干部抓人才工作责任意识和能力水平得到有效提升。

2. 抓政策创新，优化多层次全覆盖的人才引育体系

持续强化人才政策支持，制定实施《高埗镇新时代创新人才引进

实施方案》《高埗镇新时代创新人才培养实施方案》《高埗镇"项目制"技能培训实施办法》《高埗镇扶持产业发展奖励办法》《高埗镇党政人才优才计划》以及高层次人才购车补贴、消费补贴等"一揽子"人才政策，在全市首创推出高层次人才消费补贴，对全镇所有优才卡持有者定向发放 500 元电子消费券。不断加强人才资金保障力度，2022 年人才工作经费投入达 2470 万元。扎实落实各项人才补贴政策，2022 年协助尼得科电机等 9 家企业 59 人申办境外高端人才补贴 811.83 万元；发放人才职业技能提升补贴 918.57 万元；发放高校毕业生基层就业补贴、新时代新引进创新人才综合补贴、新时代创新人才能力提升扶持补贴等其他专项人才补贴 238.95 万元。拓宽人才引育渠道，深化校企合作和产教融合，推动陆逊梯卡华宏眼镜、马可波罗控股等一批企业与国内多所高校特别是东莞理工学院等本地高校，签订校企合作框架协议，在人才培养、科技研究、产学研合作等方面开展全方位合作。畅通技能人才职业发展通道，发挥企业在技能人才评价中的主体地位，全镇累计完成职业技能等级认定评价备案企业达到 8 家，通过企业自主评价取得技能证书 8457 人，为高技能人才发展厚植成长土壤。

3. 抓服务保障，优化近悦远来的人才发展环境

健全完善"线下＋线上""一站式"人才服务体系，提升人才综合服务效能。在镇政务服务中心、村（社区）党群服务中心设立优才服务专窗 21 个、优才服务区 1 个。分别建立全镇高层次人才和人才工作者线上工作群，畅通人才诉求反映、跟踪服务、反馈落实渠道。推动 154 套人才安居房和青年人才驿站建设，为人才提供住房保障。2022 年为镇内 155 名高层次人才办理优才卡，提供医疗保障、出入境等多项便利服务，受理职称评审和职称考核认定 14 人，办理人才入户准入资格 170 人，为人才子女提供义务教育公办学位 560 个。优化宜居宜业发展环境，牢牢把握粤港澳大湾区建设和融入东莞城区片区发展优势，到市政府仅 20 分钟车程，区位优势日益彰显。积极推进镇新中心

区与市"三江六岸"高品质滨水空间的互联互通,提速镇新中心区15分钟优质生活圈建设,大力推进城镇园林绿化,依托12公里碧道建设,串联生态资源、文化资源、红色遗址、休闲旅游路线,打造人文、生态、产业融合的滨水空间,全力打造生态宜居城镇,成功创建全国文明镇、国家卫生镇、省生态乡镇,有效打造了宜居宜业的发展环境,城镇"软实力"显著增强,大大提升了对人才的吸引力。积极打造人才交流成长聚合空间,以"才聚高埗,创享未来"为主题,组织开展高层次人才沙龙、青年人才联谊、人才茶会、人才政策宣讲会、高质量发展联学共建主题沙龙等系列人才交流活动,常态化组织人才参与火柴盒音乐会、端午粽子制作体验、美食节、龙舟文化节等丰富纷呈活动,成功承办市人才活动周高层次人才同心行活动,营造了尊才爱才的浓厚氛围,受到海内外高层次人才的肯定和好评。

4.抓示范引领,优化人才平台载体成效

实施"人才强镇"战略,截至2022年,全镇有国家级技能大师工作室1个,市级技能大师工作室2个,市级技师工作站2个;国家级博士后科研工作站1个,省级工程技术研究中心9个,市级工程技术研究中心16个;国家专精特新"小巨人"企业2家,高新技术企业151家,R&D占GDP比重达3.03%,以广阔的发展平台留住人才。加快培育建设一批重点人才基地,立足本镇特色,聚焦先进制造业发展方向,2022年以来,重点选取了马可波罗控股(中国工业企业500强、中国建筑陶瓷制造十强企业)、广东顺力智能物流装备股份有限公司(国家"专精特新""小巨人"企业、高企)创建人才工作示范点,以点带面、辐射全镇。其中,马可波罗控股以人才工作示范点、"'科技+文化'双创新 打造高技能人才强镇"人才工作示范品牌创建为契机,进一步发挥"国家级技能大师工作室""技师工作站"平台载体作用,深化技能人才培育模式,推进新型学徒制改革,新增技师人才32人,并获得东莞市首批技能大师工作室等多项荣誉。顺力智能物流加大研发投入,成功获批"四向穿梭车"发明专利，并与清华大学深圳国际研究生院签订 2 项技术开发项目合作协议。打造企业人才联学共建品牌，深化龙头企业联学共建中小微企业"1+N"模式，组织镇内 50 多家企业走进马可波罗控股、华宏眼镜等龙头企业，深化人才交流合作，同步链接产业链、创新链、电商直播等多方资源，构建"资源共享、优势互补、相互促进、共同提升"的人才工作新局面。高埗镇《"行进中的党课"助力企业高质量发展》获市委组织部"东莞市学习贯彻党的二十大精神创新案例"。

5.抓宣传引导，优化尊才爱才社会氛围

创新制作发布具有高埗特色的人才工作宣传片、宣传小册子、文创产品等，依托"高埗步步高""高埗党建"等微信公众号，积极整合市、镇人才政策向社会广泛宣传，及时发布人才工作动态；广泛开展"是人才 进莞来"人才口号系列宣传，强化人才口号宣传，努力营造全社会尊才爱才的良好氛围。新华网、《南方日报》《东莞日报》等 20 多家中央、省、市媒体报道高埗镇人才工作，全面展现高埗镇人才工作新形象。

## 三、存在问题及原因分析

### （一）工作机制有待健全完善，人才工作队伍有待加强

高埗镇人才工作者队伍现有成员约 100 名，包括人才工作领导小组成员单位联络员，党建工作办工作人员，村（社区）组织委员、党建组织员，金融机构、企业人事专员等。全镇现有企业和个体工商户 8674 家，其中规上企业 256 家，人才总量达 4.9 万人，受企业、人才体量大、工作力量较弱、企业配合度不高等因素叠加影响，人才信息收集工作难以实现全覆盖目标，使工作处于较被动的局面，难以为精准服务人才提供坚实的数据保障。据了解，已有部分村（社区）完成企业人才工作微信群组建工作，但仍有部分至今尚未完成。经调

研，高埗镇人才对政策知晓度"了解"的占 25.8%，"一知半解"的占 49.2%，"不了解"的占 25%，可见高埗镇人才对于市、镇出台的有关人才政策知晓度偏低，这部分人对相关政策内容、办理方式以及人才服务网络渠道的了解并不多，反映出高埗镇在人才政策宣传力度、政策覆盖面等方面还有待提升。同时，人才工作队伍能力水平有待提高，个别人才工作者对政策理解把握不准，主动沟通协调不够，解读政策不够到位，导致人才服务保障水平有所折扣（图7）。

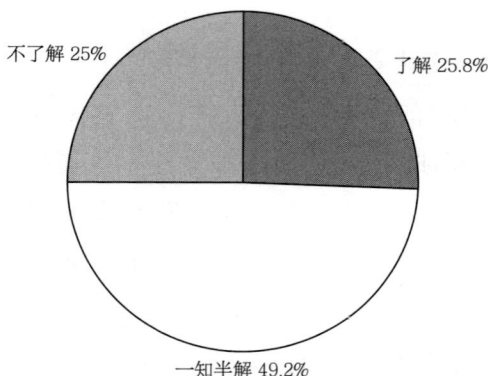

**图 7　人才对政策知晓度分析**

（二）人才政策有待创新完善，前瞻性、系统性和吸引力有待提升

近年来，虽然高埗镇相继出台了系列人才政策，但由于受到财力等约束，现阶段高埗镇本地人才政策补贴力度较低。2022 年，全镇人才奖补政策 2329.85 万元，其中配套落实市人才政策补贴 1860.42 万元，占 79.9%；镇自身人才政策支出 469.43 万元，占 20.1%。还有个别单位认为既然已经有市政策，镇的财力比较薄弱，本镇就没必要配套"加码"，即按市政策文件落实有关奖补范围和标准，没有另行叠加镇级奖补，从而导致区域政策优势不明显，削弱了对人才的吸引力，成为制约高埗镇引进人才的因素之一。同时，加快填补引进专业技术人才、产业紧缺人才、海外人才等政策空白，同样成为高埗镇加强人才工作亟须解决的问题之一（图 8）。

单位：万元

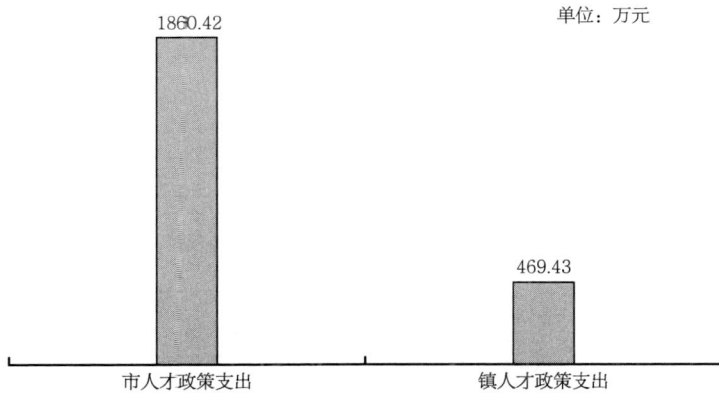

**图 8　配套落实 2022 年市、镇人才奖补政策支出分析**

### （三）人才结构不平衡，产业科研创新水平偏低

产业与人才的集聚是区域经济发展的重要推手，"人随产走"与"产随人动"的模式使产业集聚和人才集聚二者相互促进，高科技人才集聚和高技术产业集聚相互影响，两者互为因果关系。高埗镇现有国家高新技术企业 151 家，数量位列全市第五个梯队（共六个梯队），拥有省级工程技术研究中心 9 个，占全市省级工程技术研究中心数量的 1.9%，在一定程度上反映了高埗镇创新水平相对较低。截至 2022 年年底，全镇硕士以上学历、副高级以上职称、高级工以上技能等级的高层次人才数量分别为 704 人、243 人、2913 人，数量比为 1.8：0.6：7.6，显示了高埗镇人才结构不平衡的问题依然较为突出。引进海外高端人才乏力，2022 年以来，东莞进一步加大海外人才引进工作力度，尤其引进海外博士人才，市分配高埗镇 2023 年引进海外博士指标任务数为 6 个，由于高埗镇产业结构以制造业为主，且又以劳动密集型工业企业为主，全镇具有科研机构和有研发能力的大型龙头企业较少，加之缺少针对引过高学历、高技术海外人才有吸引力的扶持政策，截至 3 月底，高埗镇完成海外博士人才申报 1 个（图 9）。

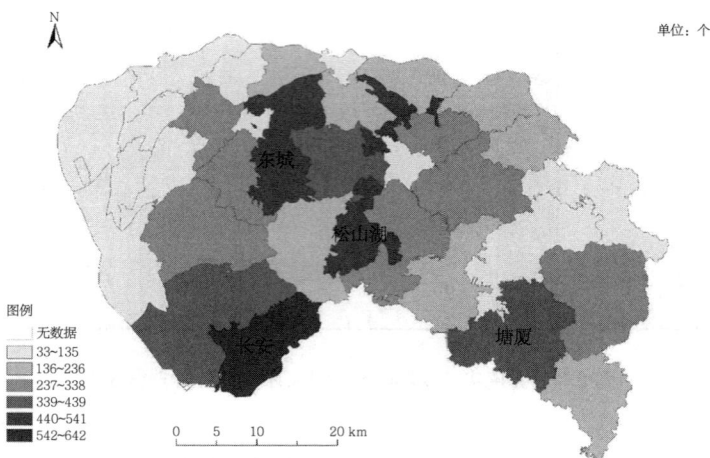

**图9 全市各镇街（园区）国家高新技术企业分布**

### （四）人才发展环境仍需优化提升，综合竞争力有待加强

高埗镇经济发展水平在全市处于中下游梯队，虽然近年来不断强化城镇综合环境建设，但对比城区片其他镇街，如东城、南城等，高埗镇的教育、医疗、住房、基础设施、生活配套服务、金融消费环境等方面显得较为薄弱，在人才竞争日趋激烈的形势下，吸引人才的能力稍显不足，人才招引难、流失现象较为突出，特别是留不住优秀人才。比如，近年来，由于经济、住房等条件的影响，公卫、教育体系人才流失问题突出。经统计，近五年来，高埗医院共有17名专业技术人员在试用期离职，9名公办学校教师在入职前弃岗，据不完全了解，里面大部分医务人员及公办教师的离职，多是由于薪酬待遇低和居住条件差导致。在人才住房保障方面，虽然高埗镇已配建154套人才安居房，但暂未配建人才公寓或人才租赁性住房，目前全市已有不少镇街已经推出人才公寓，人才公寓是一个地区为人才而提供的短期居住周转房，能有效吸引、凝聚青年人才，在城市之间抢夺优秀高校毕业生资源竞争越发激烈的背景下，缺少短期租赁和过渡性的人才用房亦是高埗镇

人才工作需要解决的问题之一（图10）。

部分镇街人才住房情况　　　　　　单位：套

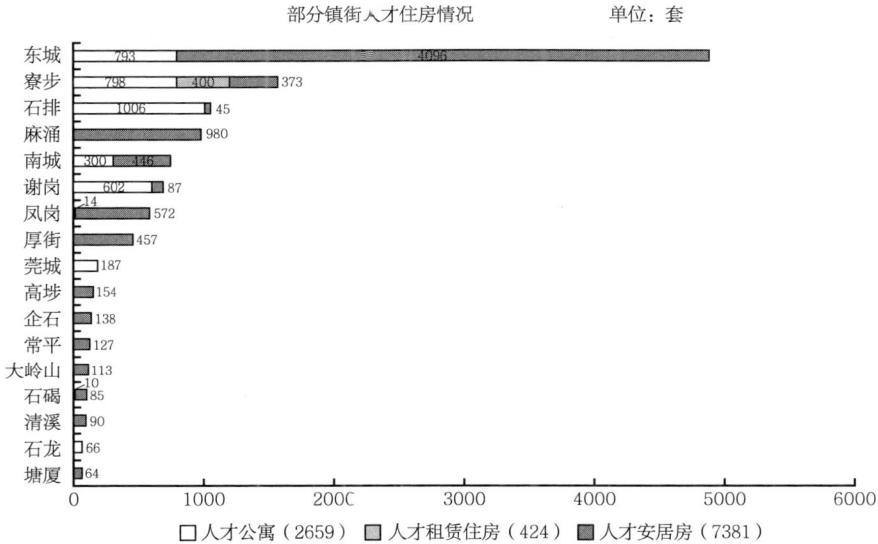

图10　全市部分镇街人才住房建设情况

## 四、做好人才工作的思路与对策

### （一）健全党管人才工作体系，推动人才工作提质增效

人才工作是一项长期性复杂性系统性工程，特别是对于镇街基层来说更是处于起步阶段，必须强化顶层设计、系统谋划、形成合力、久久为功。一是构建大人才工作格局。进一步加强党对人才工作领导，由镇党委层面统一领导、高位推进，一把手亲自抓，发挥好镇领导干部走访联系高层次人才机制作用，党建组织工作部门要注重发挥牵头抓总作用，主动靠前指挥，统筹人才工作领导小组成员和社会力量，找准工作切入点、结合点、着力点，协调联动，密切配合，实现工作力量的有机整合和工作资源的有效利用。具体而言，要进一步健全全方位、多层次的激励约束机制，完善人才工作责任考核评估、年度人才工作述职评议等制度建设，同时把抓人才工作落实情况作为有关单

位及个人评先评优、选拔任用的依据。二是加强对人才的政治引领和政治吸纳。加大团结凝聚、教育引导、联系服务力度，加强优秀党员人才与非党高层次人才联系交流，拓宽人才参政议政渠道，引导人才自觉弘扬科学家精神，坚定不移听党话、跟党走，心怀"国之大者"，爱党报国、敬业奉献、服务人民。

**（二）优化升级人才政策体系，建设更具吸引力的人才高地**

抓住精准引才、系统育才、科学用才、用心留才四个环节，打造"1+N"人才政策体系，有针对性地制定就业创业、子女教育、健康医疗、消费优惠、住房保障等方面的引才优惠政策，切实提升高埗镇人才政策的实效性和吸引力，不断提高高埗镇人才竞争软实力。一是加快出台具有竞争优势的产业人才引进政策。紧扣人才发展的需求导向，瞄准制造业高质量发展，发展战略性新兴产业（新材料、先进装备制造等），鼓励引进更多科技创新人才、高技能人才，充分提升人才政策在"精准引才""科学育才"和"有效留才"等方面作用。二是积极推行"以人才带项目"模式。鼓励高新技术企业、"倍增"企业、瞪羚企业、"专精特新"企业，通过实施"人才＋项目＋资金"的模式，实现战略转型和提升发展，对新引进高层次海外人才，尤其是引进海外博士的企业给予补贴扶持。同时，不断优化招商引资奖励政策，对符合高埗镇产业规划的产业项目，如新材料、智能装备制造等实施重点帮扶。三是加大人才住房保障力度。探索出台高埗镇人才住房补贴政策，切实发挥住房在吸引集聚人才的积极作用，吸引一批优秀的专业人才聚居高埗。此外，相关激励政策的实行离不开经费保障，可适度扩大政策奖励补贴的支出规模，提升政策吸引力，把各方面的优秀人才和优质项目聚集到高埗经济社会高质量发展的实践中来。

**（三）完善人才服务保障机制，激发人才创新创业活力**

一是创新高层次人才服务模式。探索建立"人才服务线上直通车"，即：人才提出问题诉求 → 人才办分解交办 → 部门落实 → 反馈人才（同步报人才办），同时不断优化高层次人才、人才工作者等工作群组分类管理。二是推进高层次人才数字化管理。加快建立高层次人才数据库，对高层次人才进行动态管理。用好人才供求信息平台，每年向不少于100家企业征集人才岗位需求。同时建立供需信息采集台账，重点打通"订单式"海外人才输送通道，为企业精准输送海外高层次人才。三是建立健全专家人才服务机制。结合集中走访、重点走访、日常走访、主题走访等线下服务形式，组织领导干部与专家人才进行"一对一、点对点"直接联系，力促解决一批人才关心的突出问题。四是加强人才工作者队伍建设。把村（社区）储备干部，经济发展、人社等部门分管同志及业务骨干，大型企业（规上、高新、"专精特新"企业）人力资源专员纳入人才工作者队伍，构建"线上＋线下"立体化、反应快、覆盖广的组织服务体系，为高层次人才提供优质精准的服务和保障，全力推动人才服务从"有没有"向"好不好""优不优"转变。

**（四）强化引才平台载体建设，打造人才集聚新高地**

聚焦"科技创新＋先进制造"，围绕高埗镇重点布局的产业需求，引进培养战略性新兴产业，提升平台发展能级，推动产才深度融合。一是抓好创新平台载体建设。充分发挥创新平台在引进高层次人才、集聚创新要素深度融合的作用，围绕新兴产业和未来产业落地建设孵化器，推动博士后工作站、国家级实验室、工程技术研究中心等平台建设，不断扩大创新人才特别是高层次创新人才流入规模，持续提升关键核心技术供给水平，推动创新链、产业链、人才链深度融合。二是加强技能平台载体建设。鼓励和支持技能领军人才组建技能大师工作室、技师工作站，充分发挥高技能领军人才在带徒传技、技能攻关、技艺传承、技能推广等方面的重要作用，加快培养技师人才、工匠人才，推动企业与技能人才高效协同发展，促进技能人才和资源在高埗加速集聚。三是推动产学研战略平台建设。围绕企业发展的人才需要，通过建立"政、校、企"联动机制，有效整合"产、学、研"创新资源与要素，搭建项目、基地、人才为一体的"三位一体"架构，积极推行企业新型学徒制、学习型工厂等人才培养方式，使学校、机构目标和企业需求紧密对接，形成"以产聚才、以才兴产"的良好局面。探索在"专精特新"企业设立职业培训学院，精准对接企业紧缺技术岗位，就地打通"订单式"人才输送通道，为企业精准输送技术技能人才，真正在互惠互利的合作中赢得发展先机。

### （五）优化人才集聚综合环境，营造尊才爱才良好氛围

社会生活环境是直接关系到生活质量水平的关键因素，良好的社会环境有利于提升人才的满意度与幸福感，从而有效吸引和留住人才。一是打造人才"零距离"交流空间。推行在高品质室内公共空间设立"人才之家""人才印象展示空间"，宣传高埗人才引进落地政策，为人才提供创业、休闲、生活服务空间等，同时植入人才文化元素，全面展示高埗人才队伍精神面貌和人才工作成效，营造尊才爱才的良好氛围，增强人才对高埗的认同感、融入感和归属感。二是建设"职住一体"青年人才社区。参考寮步镇、谢岗镇做法，探索统筹辖区闲置厂房宿舍资源，动员社会力量对空间升级建设人才公寓，建设融合社交、分享、众创等服务功能的青年人才社区，打造青年人才聚集交流空间，吸引更多的青年人才来高埗就业创业，让人才不但来得了，还能留得下、过得好，推动人才与城市共生共荣。三是优化城市综合环境。城市环境是引进人才最直观因素之一，要充分发挥融入城区片区以及与市"三江六岸"高品质滨水空间互联互通的区位优势，积极通过优化城镇规划布局，完善生态绿地系统，美化城镇生态景观，加强人居环境建设等方面，全力推动高埗镇城市形象品质双提升。要持续优化教育、医疗等公共服务资源配置，为高埗镇人才提供优质公共服务供给。四是加强公共文化服务体系建设。高埗是一个文化资源丰富的城镇，除了大力提升文化硬环境外，也要提升文化软环境，宣传、文化等部门要继续深挖利用本土红色、非遗、文博、潮流等文化资源，加大宣

传力度；投促部门要多举措加大招商宣传力度，升级制作城市宣传片，广泛宣传城市形象，扩大城市影响力，吸引更多的人才留在高埗发展。五是举办高品质人才交流活动。持续深化"打好人才活动'三张牌'汇聚人才发展新活力"人才工作示范品牌建设，聚焦品质生活，精心组织人才喜闻乐见的文化活动和交流活动，如人才会客厅、人才音乐会、人才沙龙、人才茶会、青年人才联谊、人才创新创业分享会等，切实满足高层次人才、青年人才的文化和消费需求，在全社会营造尊重人才、关心人才、爱护人才的良好氛围，努力把高埗打造成人才集聚新高地，让广大人才与城市共同成长、共生共荣，为高埗加快打造东莞北部先进制造业强镇、城区片区高品质滨江新城，推动东莞在"双万"新起点上聚焦科技创新和先进制造加快高质量发展贡献力量。

# 桥头镇环保包装印刷产业
# 人才队伍建设研究

党的二十大报告提出"建设现代化产业体系"等系列重要战略部署，并强调"人才是第一资源"，将加强产业人才工作提升到前所未有的高度。东莞是制造之都，也是技能人才之都。当前，东莞已进入"双万"规模下的高质量发展模式，随着"十百千万百万"工程、人才强市战略全面推进实施，各领域各行业对人才的需求达到新量级。面对发展新趋势，作为东莞现代化产业体系的重要构成部分，环保包装印刷产业加速进入升级阶段，绿色化、智能化的转型导向对进一步增强环保包装产业人才与产业的契合度，优化提升环保包装产业人才体制机制建设提出了新的现实需要。但随着转型步伐加大、竞争加剧，环保包装产业人才政策力度不够大、吸引力不够高、人才增量不足，以及高技能人才引进难、培育弱等痛点问题逐渐凸显。本课题以桥头镇环保包装产业人才队伍作为研究对象，综合运用文献分析、企业走访、专家座谈及小组研讨等多种形式，深入分析镇域内环保包装产业人才队伍的结构现状、人才作用发挥情况、人才需求情况，就目前桥头镇环保包装产业人才队伍进行研究分析，并从人才供给途径、政府政策制定、环保包装企业引才用才策略、环保包装产业人才自身发展等角度着手，为环保包装产业中各层级的人才引育留用提供更为精准、实用的解决方案。

## 一、绪论

### （一）研究背景

《印刷业"十四五"时期发展专项规划》将"人才兴业"列为"十四五"时期印刷行业发展六大战略之一。环保包装印刷则是印刷产业重要组成部分。作为全国知名的环保包装印刷产业重镇，"印在东莞"已逐步成为东莞重要的城市产业名片。近年来，东莞正加快以创新驱动产业转型升级，推动产业从制造迈向智造，探索走出了一条绿色化、智能化、数字化的产业进阶之路，成为全国环保包装印刷产业转型升级的样本和标杆。据统计，目前东莞共有相关企业 3618 家，2022年实现工业总产值 757.91 亿元，工业增加值 229.43 亿元，从业人员 17.38 万人。其中，工业总产值 5000 万元（含）规模以上企业 256 家，涌现出多家获批国家印刷复制示范企业，年产值超亿元的企业 144 家。环保包装印刷企业总量、工业总产值、外贸出口等多项指标连续多年蝉联全省乃至全国首位。2023 年上半年，包装印刷业是东莞"五支四特"产业中实现正增长的行业，增速达 10% 以上。

桥头镇环保包装印刷产业的发展模式与全市方向一致、步伐一致，发展同频共振紧密相连。近年来，桥头镇立足于"中国环保包装名镇""中国包装优秀产业基地"等品牌优势，积极融入全市创新驱动印刷产业转型升级的浪潮之中。经统计，截至 2022 年年底，桥头镇共有环保包装及其上下游企业达 400 家以上，其中有规模以上工业企业的环保包装企业 157 家，拥有专利 366 个，规模以上环保包装工业产值达 190 亿元以上，占全镇规模以上工业企业总产值的 31.11%。环保包装印刷产业企业基本覆盖环保包装各环节全链条，涉及包装机械制造、包装材料生产、包装产品设计和生产等领域，已经形成了以美盈森、力嘉（嘉颐）、汇林、凯成、至美、润信等一批知名包装企业为代表的超百亿元产值的环保包装产业集群，产业集聚效能渐显。

（二）研究意义

东莞包装业需求旺盛，为国内产品和出口产品提供重要的配套包装服务。在当前东莞市高质量发展的背景下，绿色环保包装将成为包装行业的重要发展趋势。在东莞包装行业从制造迈向"智造"过程中，人才成为转型升级的关键要素，行业间的竞争已经转变为人才的竞争，拥有更多优秀专业人才的企业，将掌握更有竞争力的主动权。然而，环保包装印刷权威分析平台指出，在产业同构、创新同求、人才同质的城市人才争夺态势中，环保包装产业人才队伍建设面临多重挑战。

本次调研通过实证方式对环保包装行业人才引育管用全链条管理工作模式进行分析研究。全面了解桥头镇环保包装产业人才队伍建设基本情况，掌握现阶段环保包装领域人才链与产业链、创新链、技术链之间，联动协调工作模式主要经验做法、亮点成效以及亟待研究解决的有关问题。并尝试提出推动新时代环保包装行业创新型、应用型、技能型、复合型人才队伍建设的工作思路，为桥头镇下一步有的放矢加强环保包装重点行业领域的人才工作服务提供支持和依据，为全市环保包装产业人才建设提供有益的参考和借鉴，实现理论应用，实践转化成果。

（三）关于环保包装印刷的概念界定

当前，在包装行业内，环保包装印刷与绿色包装印刷内涵一致，环保包装印刷在行业企业内使用更为频繁，因此本文使用环保包装印刷这一概念。系统来看，环保包装印刷大概念共涉及环保生产、环保交通、环保仓储、环保营销等多个环节，涵盖包装机械制造、包装材料生产、包装产品设计和生产等领域，最终目的是要生产出环保产品。细分来看，环保包装印刷要求相关产品在六方面做出优化：一是加强绿色环保材料在包装设计中的应用；二是进一步加大环保材料研发力度；三是推动包装简洁化发展；四是推动包装容器再利用；五是以视觉元素替代包装材料的营销价值；六是加强环保教育。

## 二、桥头镇环保包装印刷产业人才队伍概况

为着力提高数据的精度，确保各项数据的科学性和质量可靠性，课题组采取分层随机抽样的工作策略对桥头镇环保包装产业人才队伍建设情况进行综合统计分析。实际操作过程中，课题组聚焦企业规模、产值、所处产业链具体环节等重点，将557家行业企业细致划分为Ⅰ类、Ⅱ类、Ⅲ类、Ⅳ类、Ⅴ类共5个类别，各类别企业数量分别是75家、98家、126家、173家、85家，并按照一定的比例进行分层抽样，最终抽取出样本企业46家。

从学历层次上分析，调研的46家企业共有员工10005人，其中，有研究生学历/学位（博士、硕士）的22人，占员工总数的0.22%，其中有博士学历/学位的5人，占比0.05%，硕士学历/学位的17人，占比0.17%；有本科学历的641人，占比6.41%；有专科学历的1253人，占比12.52%。有大学专科及以上学历/学位的总人数为1916人，占员工总人数的19.15%。大学专科以下学历的员工为8089人，占员工总人数的80.85%。从工作经验上分析，具有工程与管理系列职称的总人数为221人，占比仅为2.21%。其中，具有正高职称的6人，副高职称的3人，中级职称的64人，初级职称的139人，分别占企业员工总数的0.06%、0.03%、0.64%、1.39%。同时，从企业填报的数据看，有16家企业没有一名员工拥有专业技术职称，其中既有小微企业，也有中小企业。

## 三、当前桥头镇环保包装印刷产业人才队伍建设主要做法及成效

桥头镇坚持党管人才原则，聚焦环保包装印刷产业转型发展需求，坚持"以产业聚人才、以人才兴产业"工作思路，建机制、搭平

台、出政策、强保障，着力打造"才悦桥头"品牌，吸引人才集聚桥头、扎根桥头，为推动产业结构优化、转型升级调整奠定坚实的人才保障。

**（一）着力搭建党管人才载体，深化制度管人才**

镇党委高度重视人才队伍建设，将环保包装产业人才引育管用留全链条管理列入重要议事日程之一。充实镇委人才工作领导小组成员单位，由 8 个增加到 18 个，并将服务环保包装印刷产业人才成长发展作为一大工作主线。优化小组工作规则，在理顺成员单位职责基础上，统筹建立月联席会议制度，以"一月一议"的形式完善"领导小组 + 人才办 + 成员单位"协同运行机制。实施人才工作考核，每年制定《桥头镇人才目标任务清单》，分级分类细化考核任务，将环保包装产业人才建设年度任务目标作为其中一项重点考核内容。常态摸排人才底数，统筹建立《桥头镇人才库人员信息明细表》，对环保包装印刷产业人才进行单列管理，并实现滚动更新。常态化推进领导干部联系服务高层次人才工作机制，近三年累计联系服务环保包装印刷产业人才 168 人次，听取问题建议 133 项，解决 132 项，落实跟踪 1 项。加强政治引领和政治吸纳，创新打造"百名干部讲党课"人才政治课堂，特色精品课程"画说桥头"广受欢迎，48 家企业刻录成光盘作为人才入职培训首课。吸收 375 名各类人才向党组织靠拢，其中高层次人才 15 名。推动美盈森环保科技有限公司党支部创建市五星党组织。

**（二）着力搭建人才引进载体，千方百计引人才**

加强人才平台载体建设，立足"中国环保包装名镇"优势，打造全国第一个市级环保包装行业协会——东莞市环保包装行业协会。依托镇环保包装龙头企业力嘉环保包装印刷产业园资源优势，成功打造桥头镇人才驿站。推动美盈森环保科技有限公司创建市首批"百舸计划"人才工作示范点，实现筑巢引凤。立足"中国环保包装名镇"品牌优势，以 400 多家行业企业、157 家规模以上包装企业组成的环保包装制造矩阵打造"人才链",通过定期发布特色产业和细分项目人才需求"双目录"以及举办专场对接活动等方式,实现靶向聚才。深化以赛聚才,每年定期举办华南地区环保包装应用技术交流会暨环保包装高峰论坛等活动。特别是2023年成功举办第五届中国绿色环保包装与安全设计创意大赛,吸引177家单位、2016份优秀作品参赛,10余件优秀作品现场与企业达成初步合作意向,助力企业招引一批优秀青年创意设计人才。推动汇林包装科技集团有限公司成功申请博士工作站。

**(三)着力搭建人才培育载体,多措并举出人才**

深化"产教融合",镇领导亲自抓镇校企合作,推动中南林业科技大学、湖南工业大学产学研合作发展平台成功搭建,创新实施联合培养、联动发展、联用共享"三联"工作机制,推动镇校合作向更高层次更广领域拓展。依托全国首个以"包装"为主的产业学院"力嘉包装产业学院"以及湖南工业大学东莞包装学院教育阵地,创新实施"项目制"、企业新型学徒制技能人才培养计划,覆盖环保包装全产业链,2022年以来累计培训专业人才1210人。以上海理工大学、江南大学、东莞华中科技大学制造工程研究院等高校师资和技术作为支撑,打造东莞市桥头镇环保包装产业协同创新中心等产业发展与技术创新服务平台,下设10个子中心,覆盖环保包装全产业链。聚焦环保包装印刷产业转型发展需求,创新组建全市首个新阶联人才俱乐部,首轮共与东莞市环保包装办会等3个协会签订合作协议,打造跨区域跨行业跨领域人才交流机制。截至2023年8月,累计组织开展相关人才峰会、创新创业大赛、研学走访交流等活动138场次,为各类人才提供多维度立体化多层次交流平台。指导环保包装龙头企业美盈森环保科技有限公司实施"金种子"人才培训工程,累计培育出262名具有海外分公司管理工作经验的管理型专业人才,为企业管理人员后备人才库引入"源头活水"。

（四）着力搭建人才服务载体，涵养留才"生态圈"

依托力嘉环保包装孵化基地，建成集实验基地、培训中心以及生活设施于一体的桥头镇人才驿站，科学设置2个"一站式"人才服务窗口，配备专门人才管家。自上线以来，开展政策宣讲、座谈交流、项目推介等各类活动80余场次，惠及人才3600多人次，床位平均使用率达40%以上。在政务服务中心专门开辟设立优才服务专区，为人才量身定制提供政务服务"绿色通道""一站式"代办等953项服务，以优质贴心便捷的政务服务助力人才创业发展。打造人才政策矩阵，根据上级政策文件，配套出台《关于桥头镇高层次人才引进激励奖励的工作方案》《桥头镇公办学校招生办法》等政策，并结合环保包装产业人才特点，制定了《桥头镇人才入户指南》等4项本地人才政策。组建人才政策宣传专队，开展"政策讲堂"等系列活动79场次，惠及人才5898人次。加大人才安居保障力度，擦亮"安居桥头"品牌，以需求为导向，全镇推出260套人才安居房，并协调开发公司，将玖珑山花园安居房交付条件调整为精装交付，作为共有产权房定向配售，同步加快其他安居项目建设。持续擦亮"中国荷花名镇"知名度美誉度，成功举办第二十届荷花节，邀请各类人才积极广泛参与，推出荷花文学奖、《莫家拳》微电影等28项特色活动，并在荷花产业园开设人才专场交流活动，满足人才精神文化需求。

## 四、桥头镇环保包装印刷产业人才队伍建设面临的困难与挑战

### （一）环保包装人才引进难度相对较大

1.外部竞争持续加剧

目前我国包装印刷行业已形成完整工业体系，覆盖并服务国民经济各个领域，近年来包装印刷行业的生产总量显著上升，在"十三五"期间年均增速达6.8%，企业超5万家，"十四五"规划和2035年远景目标明确指出，预计到2026年，市场规模将达1.43亿元左右。整体

而言包装印刷产业呈现出健康、稳定、可持续的发展局面。作为包装印刷产业的重要板块，随着绿色发展的思想深入人心以及国家政策扶持，环保包装产业在全国各地市多点开花，除了珠三角外，长三角等多个区域涌现出市场规模大、产业链完备、企业高度集中的环保包装产业集群。且各地政府都使出浑身解数，通过落户、住房、补贴等激励措施对人才政策再加码，以此提升自身对环保包装人才的吸引力。虽然东莞深入实施人才强市战略，大力吹响"是人才 进莞来"的引才号角，通过实施"十百千万百万"人才工程，推动东莞环保包装印刷人才结构不断优化。但是对标新阶段高质量发展需求和先进地区经验做法，还存在一定短板与不足。当前，环保包装人才尤其是中高级人才供不应求，市场人才供需矛盾越来越凸显。招才引智工作竞争压力持续增大。

2. 自身吸引力不足

一方面，客观条件所限，桥头镇交通、技术、信息相对不够发达，工作、生活、学习待遇还不够好，文化、医疗、教育、科研环境相对滞后，加之桥头镇环保包装产业发展速度与引才效率不契合，特别是作为专业人才承接载体的行业企业流失率提高，导致在引进高层次人才中吸引力相较不足，人才引进的总量、素质、层次还不能适应现实发展需要，特别是高层次、创新型、复合型人才（团队）"引才难"问题较为突出。数据显示，桥头镇环保包装产业企业近3年流动性较大，仅2022年以来就有三家环保包装科技公司迁出桥头镇，三家企业年累计总产值超1.2亿元人民币，企业的外流降低了桥头镇环保包装人才承载能力。另一方面，配套措施有待加强。近年来，桥头镇相继开展研究生以上学历人才引进工作，较好地缓解高层次人才不足的状况。但桥头镇引进人才后，对于人才后续开发培养，有时出现前期有政策、有待遇、有保障，后期缺制度、缺管理、缺使用的现象，难以最大限度地发挥引进人才的智慧才能。由于桥头镇对于高层次人才吸引力不足，多家大型环保包装企业均灵活采用"人才飞地"模式满足研发需要，比如美盈森环保科技有限公司推动 2 名就职落户于深圳分公司博士人才到桥头工作。

**（二）人才结构相对不合理**

1. 学历人才占比相对偏低

根据数据显示，分类抽样 46 家样本企业中，具有大学专科以下学历的人才占比超八成，本科及以上学历仅占 6.63%。在 157 家规模以上企业中，具有本科以上学历的人数仅有 435 人，占总人数的 2.03%；甚至有 82 家企业没有本科以上学历的员工。这一问题在桥头镇环保包装龙头企业中更为凸显，比如，美盈森环保科技有限公司方面，截至 2023 年 8 月，共有在职职工 994 人，硕士生仅有 1 人（占比 0.1%），本科以下学历人才占比超九成；又如，力嘉包装（东莞）有限公司依托自身科研平台优势，打造了广东省小型微型企业创业创新示范基地，吸纳了 35 家环保包装生产企业抱团发展，带动就业 2186 人，但是博士仅有 3 人（占比 0.13%）、本科学历人才仅有 22 人（占比仅 1%），本科及以上学历人才占比仅 1.13%，本科以下学历人才占比超 98%。值得注意的是，人才学历结构的不均衡，随之而来的是个人发展动力缺乏，进而一定程度上影响工作积极性。经与本科及以下学历的产业人才访谈，他们均认为，不考虑其他影响因素，学历层次较低造成他们自身缺乏对于个人具体的发展目标和规划，职业发展方向并不明确，缺乏发展内生动力。

2. 复合型创新人才相对较为匮乏

对于环保包装产业而言，人工智能以及数字经济的发展与应用，推动企业转变所需的专业人才类型，人才跨界知识储备、专业技术能力、实践创新能力及综合素养等方面的要求均较以往有显著的提升。经调研发现，桥头镇环保包装产业人才复合型人才数量少、分布不均，特别是掌握材料学、包装工程、绿色包装与安全、图像传播工程、控制科学等至少2门学科的复合型创新人才缺口较大，对企业生产经营及转型升级造成一定影响。在访谈中，创新打造全国首个"包装"产业学院的力嘉包装（东莞）有限公司总经理助理表示，"随着包装印刷行业的绿色环保、低碳节能、智能制造转型升级需求，需要更多具有跨学科专业知识的复合型技能人才。目前包装印刷专业院校毕业生专业性较强，但跨学科知识储备不足，造成行业内复合型人才较为匮乏。"作为推动东莞印刷业加快创新智造转型发展代表性企业之一的美盈森环保科技有限公司负责人指出，复合型人才的匮乏是目前影响公司智慧型工厂项目取得进一步成效的其中一个关键因素。

### （三）人才培养机制不够完善

**1. 产学研协同创新机制有待进一步优化**

一是产学研协同平台覆盖面不够广。突出表现在平台建设覆盖面及平台教育培训覆盖面"两个不够广"。截至2023年8月，仅力嘉包装（东莞）有限公司、美盈森环保科技有限公司等5家龙头企业分别组建产学研合作基地，其余552家企业均未建立基地，产学研合作基地覆盖率仅0.89%。与此同时，有关产学研合作基地相关的优质教育资源未惠及抱团发展的合作企业，而仅仅为企业自身内部人才开展有针对性的培训课程，产学研合作基地先锋引领以及示范带动作用发挥不够突出。二是深度融合度不足。理论界普遍认为，产学研融合是紧密结合高校自身的专业建设、科研工作，以及产业发展的客观需要，通过轮流交替、相互嵌入的理论学习与实践授课，实现专业与产业的互促共进，培训出符合实际需要的专业技术人才。目前，桥头镇产学研人才培养主要是采取结构化的"合作教育"工作模式，学生第一及第二学年在产学研合作高等职业院校开展理论学习，第三学年则在企业进行实践学习。在这种"2+1"教学模式中，高等职业院校与企业之间职责定位以时间为标尺，分工明确，但二者各行其是，对于教学思路设计、课程体系融合、课程设置等方面沟通交流不够多，造成理论教学内容与企业生产需求之间，在一定程度上存在适用性不足的问题。

2.企业自主培养人才质量有待进一步提高

一方面，经调研发现，桥头镇环保包装企业人才培养方式较为单一，多采用"以老带新"的模式，时间一般3个月到1年不等，且培训管理系统性较低、有关知识结构不统一，具体教学培训模式与老师的个人能力、教学素质、教学意愿以及工作背景有很大关系。此外，也有少数几家企业尝试把项目制培养工作模式与"以老带新""传帮带"工作模式融合推进，但受限于暂时没有一套行之有效的系统培训管理流程以及科学合理的教学体系作为支撑，收效甚微。另一方面，产业人才参加技能或学历提升项目的积极性有待加强。参与调研的产业人才中，93%的人才认为当前政府、企业提供的激励举措不够有力，68.3%的人才指出对于相关的激励政策不了解，72.4%的人才建议政府指导和督促企业，进一步健全完善学历技能提升鼓励激励措施。此外，有5家规模以上企业人事经理均表示，限制产业人才参加技能提升积极性的一大原因还有企业不具备技能认定资格，导致有相关需求的产业人才只能求助于第三方机构，大大增加了技能提升成本。

## 五、关于进一步加强环保包装印刷产业人才队伍建设的对策探究

### （一）把握引才用才主攻点，让人才立住脚、留住心、扎下根

充分发挥政府引导作用，广泛搭建引才平台，激发环保包装行业企业引才用才主观能动性，强化人才集聚效应，着力让广大人才落地桥头、扎根桥头、奉献桥头。一是强化用人主体"潮汐效应"。依托环保包装产业协同创新中心，以美盈森、力嘉、凯成环保等知名包装龙头企业为核心，大力引导企业转型升级，向新材料、高端装备转移、潮玩产品设计等转移，建设智能包装及上下游配套产业集聚区。以力嘉环保包装现代产业园为示范园区，打造具有产品设计、生产加工、印刷包装等交易市场功能的现代环保包装产业园区。紧盯企业的发展规

划和投资计划，抢抓"双碳""限塑"等政策风口，推动企业全力向绿色化、个性化、定制化方向迈进，持续做优环保包装特色产业。依托协同创新中心下设 10 个子中心，搭建好产业内部沟通平台，通过定期组织行业互动、考察学习、高峰论坛等活动，引导全产业链企业抱团发展，实现资源共享、合作共荣。二是释放惠才政策"磁场效应"。深入实施"人才强镇"战略，通盘考虑全镇人才工作形势，进一步优化调整桥头镇人才政策体系。围绕安置补助、岗位津贴、个税奖励、创新奖励、安居保障、家属安置、健康体检、学术交流、提升奖励等 9 个方面，对现有政策全面梳理、整合，加快形成涵盖引进、使用、培养、激励、保障等人才开发全过程的政策体系，系统解决人才入户、子女教育等方面问题。探索制定环保包装领域人才专项政策，不断提升引进人才的待遇水平。三是发挥平台载体"聚众效应"。立足"中国环保包装名镇"品牌优势，推动全国首个市级环保包装行业协会——东莞市环保包装行业协会扩容提质，支持会员灵活采取载体整体引进、团队集体引进、核心人才带动引进等方式，以才引才集聚人才。巩固提升市首批"百舸计划"人才工作示范点美盈森环保科技有限公司创建成效，争取力嘉包装有限公司成功打造 2023 年人才工作示范品牌，辐射带动龙头企业积极创新人才引育工作体系，打造特色工作品牌。积极支持和推动有条件的企业创建技能大师工作室及博士工作站，全面提升高层次人才承载力。

（二）牢牢紧盯重点领域关键点，推动环保包装产业人才量质齐升

从人才本领提升、技能强化等方面着手，结合本地特色产业发展优势，下好整体谋划、技能培训、正向激励"三步棋"，释放人才引擎的澎湃动力。一是深化产学研育深度融合工作机制。依托环保包装协同创新中心，搭建具有桥头特色的环保包装产学研对接转化平台，以每年定期举办的华南地区环保包装应用技术交流会暨环保包装高峰论坛以及中国绿色环保包装与安全设计创意大赛等活动为契机，开展"面

对面"专场对接会，吸引更多的高等院校与科研院所与企业牵手合作。探索出台促进环保包装科技创新和成果转化的若干政策、"揭榜挂帅"政策和升级版的产学研合作政策，加强企业主导的产学研深度融合，转变"短、平、快"项目合作工作模式。探索推进"交替式"培训模式，通过将具有双重身份的培养对象（学生或学徒），在双主体——即职业院校（主要进行理论教学）和培训企业（主要进行实践教学）之间交替进行学习和培训，在双主管（政府和教育部门）的配合下，通过双课程（即理论学习和实训课程）的学习，培养出双优人才。加强复合型人才锻造，探索以力嘉环保包装产业学院为试点，以"基础教学平台＋学产对接实践教学平台"为支撑，进行跨专业间课程融合、"理论＋实践＋创新创业"紧密融合、"专业培养＋创新创业＋企业需求"紧密结合的三融合课程交叉渗透，培养一批多专多能的技术人才。二是持续实施"十百千万百万"人才工程。纵深推进"项目制"、企业新型学徒制技能人才培养计划，推动桥头镇环保包装类企业结合自身产业转型升级需求自主开展符合自身需求的精品培训课程，培养本镇急需的高技能人才。全面支持企业开展职业技能等级认定，鼓励有条件的企业申报职业技能认定资格。全面统筹桥头镇各类培训资源，推动培训教育机构、行业组织和企业积极组织技能培训，为桥头镇引进更多优质培训资源。鼓励有条件的企业、行业协会（商会）和职业技术学院合作建立工作站，强化高技能人才培养。深入推进"求学圆梦行动"，推动产业人才积极主动参加学历提升教育。三是强化人才培养激励。大力宣传省、市政府补贴性就业技能培训政策，通过在新闻媒体发布、召开政策宣讲会、微信公众号推送信息等多种方式渠道，全方位开展职业技能提升政策宣传。认真指导、积极协助符合条件的相关人员申请新时代创新人才综合补贴、特色人才补贴等各类补贴。持而不懈抓好《桥头镇新时代创新人才引进实施方案》《桥头镇机关事业单位引进和培养人才方案》《关于桥头镇新引进高层次人才享受生活补贴暂行规定》等各类人才引进激励办法贯彻落实。适时制定出台镇级激励保障措施。

**（三）筑牢优化人才服务体系支撑点，持续打造最优人才生态圈**

深化人才服务体系建设，优化人才发展环境，构建聚才兴才"强磁场"，实现人才干事创业活力持续迸发，"近悦远来"良好人才氛围更加浓厚。一是健全领导干部联系高层次人才制度。突出"关键少数"加强结对联系，坚持领导率先垂范，以上率下，深入开展领导干部联系高层次人才活动，通过面对面交流、走访调研、电话沟通、慰问等多种方式，联系服务高层次人才，听取意见建议，研究解决问题，打通领导干部走访联系人才"最后一公里"。大力宣传和表彰优秀人才典型，系牢与人才的"红色纽带"，加强党对人才的政治引领，打好尊才、爱才的"服务牌"。二是着力提升人才综合服务内涵。加大人才安居保障力度，加大玖珑山花园项目、保利城央花园项目等安居房项目建设力度，加快完善人才安居房配建、移交、分配、运营管理等各项配套制度的制定。活用人才服务窗口，发挥镇人才驿站功能，进一步健全实验基地、培训中心以及生活设施"三位一体"服务矩阵，探索打造集成式的人才服务数字化应用场景，推行人社、房管等部门高效的跨部门、跨层级联办模式。盘活用好"百舸计划"人才工作示范点阵地资源，高标准完善相关配套服务建设，定期组织开展技能培训、交流研讨、红色教育、竞赛体验等形式各样、主题鲜明的人才交流活动。用好政务服务中心优才服务专区，进一步丰富服务内容及事项，着力打造优质高效的人才综合服务体系。根据环保包装企业产业人才及其子女通勤通学出行需求，争取东莞市巴士有限公司支持，开通"桥头人才公交专线"。三是为人才提供丰富多样的文娱服务。加快推动水岸新城开发建设，串联东江、东深供水工程、虎尾岭等优质资源，着力开展跨网提质、环境提升、文体建设等品质提升工程。深度链接以莫家拳为代表的特色IP资源，推动荷花节、露营节、新春赏花行等品牌活动出新出彩，丰富食、宿、游、娱、购等消费元素，打造集露营休闲、时尚潮玩、生态人文为一体的大湾区生态旅游新高地。以百亩莲湖、千亩七彩花田为点，以小海河、东太湖排渠碧道为线，以其他林地、湿地、耕地等生态基质为面，加快谋划建设一批水岸花廊、口袋公园等休闲景观点。传承好迳联、邓屋两大省级古村落的珍贵历史文化遗存，深入挖掘国家非遗莫家拳、东深供水工程旧址等文化内涵，支持打造东江纵队铁东大队大队部旧址陈列馆，进一步擦亮中国荷花名镇等文化品牌。依托中国环保包装名镇资源，支持力嘉包装印刷产业园创建广东省文化产业示范园区，探索开发一批乡村旅游、研学旅游、工业旅游精品线路，积极培育"文旅+"消费新业态。

# 石碣镇电子信息产业
# 人才队伍建设调研报告

## 一、调研背景

石碣镇是全国首个"中国电子信息产业名镇"。全镇现有台达、东聚、五株、盈聚等电子企业600多家，生产的电子、电脑产品达110多种，电子信息产业配套率在90%以上，2022年全镇规上企业R&D经费支出12.92亿元，占全镇GDP比重5.5%。2005年被中国电子商会授予全国首个"中国电子信息产业名镇"称号，2010年被认定为"广东省产业集群升级示范区"，2012年被确定为"东莞市高端新型电子元器件产业基地"，2018年获得全市首批创新镇创建资格。现有广东省质量监督电子信息配件检验站（东莞）、华科城智谷加速器、石碣科创中心等创新平台，大力打造独具电子产业特色和优势的"智能制造零配件供应链"。

随着产业持续转型升级，企业对技术创新发展提出更高要求，也必然需要大量人才支撑。根据人才服务管理信息系统统计，2022年石碣镇人才资源总量为75759人次，其中，户籍人才总量占比33.63%，外来人才总量占比66.37%。人才类型方面，本科人才为19636人次，占人才资源总量的25.92%；高层次人才（博士、硕士、高级职称、高级工以上人才）为3471人次，占人才资源总量的4.58%。近三年，石碣镇高层次人才群体逐渐增多，年均增幅为10%～15%，并以中青年居多，其中41～50岁的高层次人才占比最大，达32.86%；其次为31～40岁的高层次人才，占比32.21%；30岁以下人才占比21.98%。

近年来石碣镇在引进和培养人才方面不断加大力度，持续优化引才育才机制，先后出台多项人才政策，进一步优化人才服务机制，营造激发人才创新创造活力的良好环境，发展壮大石碣镇新时代创新人才队伍。与此同时，也出现与产业发展新形势、新任务不适应的现象，如企业对高技能人才的需求量大，但市场供给不足；人才吸引力偏弱导致人才流失等。人才引育方面存在的短板在一定程度上影响了企业技术创新和持续发展。因此，进一步加强电子信息产业人才队伍建设势在必行。

本次调研是根据石碣镇电子信息产业发展的需要，结合电子信息产业人才特点，系统掌握电子信息产业人才队伍建设现状和人才需求，了解人才队伍建设面临的突出问题和困难，分析具体原因，并提出进一步加强电子信息产业人才队伍建设的对策措施。

## 二、调研开展情况

### （一）加强组织部署，部门协同推进调研

根据前期制定的《石碣镇人才调研方案》，确定以"石碣镇电子信息产业人才队伍建设"为调研主题。由镇人才工作领导小组办公室统筹开展此次人才调研工作，结合领导小组成员单位的职能，做好部署安排，明确具体分工。党建工作办、人社分局、经济发展局联合各村（社区）和石碣发展集团开展问卷调查、走访座谈、调研结果分析及报告撰写等工作，协同推进调研。

（二）多形式开展调研，扩大范围增强实效

本次调研采取文献资料分析、问卷调查、访问座谈等多种方式进行。通过查阅政策文献资料梳理本镇人才工作情况，总结经验做法；结合本镇人才发展实际及调研方向，设计面向企业和人才的两类调查问卷，并选取100家以上不同规模、不同类型的电子企业及200名以上不同专业、不同岗位的电子企业人才代表，以微信扫码填问卷方式开展问卷调查；通过实地或电话访问、座谈交流等方式，与镇内具有代表性的电子企业和人才代表进行深入交流，掌握人才有关情况，听取意见建议。

（三）采集调研数据，深入分析反馈结果

本次人才调研工作历时3个月。通过人才服务管理信息系统调取本镇人才资源数据并进行统计分析；通过问卷调查方式，共采集122家电子信息类企业（包括高新技术企业、"倍增"企业、"专精特新"企业等）及311名相关人才代表（包括经营管理类、科技研发类、专业技术类以及高技能类等四类人才）的调查问卷样本。同时，协同镇人才工作领导小组成员单位，对20家企业和50名企业人才进行访问座谈交流。最终，根据前期收集的调研数据、文献资料、案例、意见建议进行综合分析，梳理本镇人才发展情况，剖析电子信息企业人才队伍建设过程中存在的问题及原因，并有针对性地提出对策建议，并制订工作计划，进一步完善石碣镇人才工作机制，优化人才服务体系。

## 三、调研成果

（一）电子信息产业人才队伍基本情况

1.企业调查情况

（1）企业类型及用工规模

在企业调查样本中，高新技术企业占比40.98%，"倍增"企业占比

4.9%，"专精特新"企业占比 11.48%，其余为规上企业、大型骨干企业等。在用工规模方面，500 人以上的企业占比 9.02%，100～500 人的企业占比 28.69%，100 人以下的企业占比 62.29%。

（2）企业人才队伍主要年龄结构

在企业调查样本中，人才队伍主要年龄分布在 31～40 岁的企业占 73.77%；分布在 23～30 岁的企业占 14.75%，分布在 41～50 岁的企业占 11.48%。这反映出石碣镇电子信息企业引进的人才一般处于中青年阶段，是人才创新发展的最佳年龄期。

（3）企业人才队伍主要学历结构

在企业调查样本中，39.34% 的企业人才队伍以中专、高中学历为主，37.7% 的企业人才队伍以大专学历为主，22.13% 的企业人才队伍以本科学历为主，仅有 0.82% 的企业人才队伍以硕士及以上学历为主。从学历结构来看，目前企业人才队伍的学历以本科、专科为主。

（4）企业人才紧缺程度

在企业调查样本中，62.29% 的企业表示目前对人才的需求处于较为紧缺和十分紧缺的状态。企业目前最紧缺的人才类型为研发等专业技术类人才（占比 40.98%），其次为解决生产操作难题的高技能类人才（占比 25.41%），最后为营销、管理类人才（占比 19.68%）。另外，企业对人才学历的需求程度依次是本科、大专、中专、硕士、博士。由调研结果可见，随着产业转型升级，企业对中高层次人才的需求日益增加，对科技研发人才、高技能人才的需求不断扩大。

（5）企业引进人才方式

在企业调查样本中，企业主要通过网络招聘、员工介绍推荐、人才主动求职、中介机构介绍等方式引进人才；通过高校招聘会、人才交流会等方式引进的人才较少，仅有 11.48% 的企业与高校建立了长期的联系或合作关系。在调查企业中，有 75.6% 的企业参加过镇内外举办的人才招聘会、校企合作洽谈会和人才交流会等招才引智活动。在招聘效果方面，22.13%的企业表示能够招到人才，31.97%的企业表示只能招到一部分人才，45.9%的企业表示很难招到人才。

（6）企业培养和激励人才方式

企业在人才培养培训方面，主要通过"师带徒"实操培训、内部讲师培训等方式进行，部分企业通过与培训机构合作、聘请外部专业人士为人才进行培训。通过培训，促使人才了解本行业发展趋势，熟练技术操作，提高生产效率，同时也为企业培养一批技术型和管理型人才，提高员工积极性和归属感。在激励人才方面，企业主要采取提高工资待遇、职位职级晋升等方式，也有部分企业通过分红方式激励人才工作积极性。

（7）企业人才流失率

经调查，71.31%的企业年均流失人才量为1~10人，19.67%的企业年均流失人才量为10~30人，4.1%的企业年均流失人才量为30~50人，4.92%的企业年均流失人才量为50人以上。人才流失的主要原因有：32.8%的企业因薪酬待遇无法满足人才需求而导致人才流失，19.7%的企业因无法满足人才职业发展需求而导致人才流失，9%的企业因订单不足、经济效益下降导致人才流失，另有部分人才由于不胜任工作岗位、不适应工作环境、回乡就业创业等原因而流失。

2. 人才调查情况

（1）人才类型

在人才调查样本中，经营管理人才占总量的44.05%，研发等专业技术类占20.62%，生产技能类人才占20.58%，其他普通岗位如财务、人事、文员等人才占15.11%。在这批调查样本中，42.44%的人才为中、高层管理人员；14.79%的人才为中层及核心技术骨干，38.91%的人才为普通职员、技术人员。

（2）工作年限

在人才调查样本中，39.55%的企业人才在石碣工作10年以上，

26.05% 的工作 5～10 年，15.76% 的工作 3～5 年，18.64% 的工作 3 年及以下。

（3）来石碣工作原因

在人才调查样本中，61.74% 的由于家庭因素选择来石碣工作，35.69% 的因为职业发展前景好选择来石碣，另有部分因为社会人文环境良好、生活成本低选择来石碣。

（4）人才就业途径

在人才调查样本中，47.91% 的通过朋友亲戚介绍入职，35.37% 的通过网络求职进入现单位，12.86% 的通过人才市场招聘会入职，1.93% 的通过猎头公司入职。

（5）工作满意度

在调查人才对现有工作状态的满意度方面，38.91% 的表示满意，27.97% 的表示比较满意，30.23% 的表示一般，2.89% 的表示不满意现有工作状态。

（6）人才关注的重点问题

在调查人才目前最关注的问题中，个人发展问题位居首位，其次是子女教育问题，再者依次是社会福利待遇、住房问题、医疗问题、配偶工作和户籍问题。

**（二）石碣镇人才服务基本情况**

1. 建立健全人才机制，为人才引育提供保障

坚持"党管人才"原则，由石碣镇人才工作领导小组办公室（设在石碣镇党建工作办）牵头抓总、统筹协调，各职能部门协同推进各项人才工作，工会、共青团、妇联等群团组织主动对接，行业协会、工商联、商会等社会组织积极配合支持，形成上下贯通、各方协同的人才工作服务矩阵，打通人才服务"最后一公里"。近年来，石碣镇先后出台了《石碣镇企业自评人才入户工作方案》《东莞市石碣镇引进硕士博士人才生活补贴暂行办法》《石碣镇新时代创新人才引进培养实施方

案》《石碣镇项目制培训实施办法》等，为人才引育提供政策保障。近年来，石碣镇共有 7 人获评东莞市"首席技师"荣誉称号、1 人获评东莞市"莞邑工匠"荣誉称号。为 3981 名企业技能人才认定职业技能等级，其中初级工 1719 人，中级工 1299 人，高级工 963 人。

2. 建设多元化平台载体，激发人才创新创业活力

各职能部门主动作为，加强服务指导，推动优质企业或园区建设多元化的创新创业平台。目前全镇建有 1 个国家级科技企业孵化器、1 个省级院士专家工作站、1 个省级博士后创新实践基地、1 个省级博士工作站、1 个省级科技专家工作站、26 个省市级工程研发（技术）中心、1 个市重点实验室、5 个市级"技师工作站"、3 个市级"技能大师工作室"、2 个市级创业孵化基地、1 个石碣技能公园。通过建设一批创新创业平台载体，实现以平台聚人才，以环境激活力，扶持人才创新创业，孵化科技项目，助力科技研发攻关，带动技术创新。

3. 聚焦多点发力，拓宽招才引智新渠道

围绕"人才链"赋能"产业链"，全面盘活人才存量、激活人才流量，吸引、聚集各类高层次人才带动石碣产业发展。开展校企洽谈交流，探索订单式人才培养合作机制，为企业引入优质人才资源牵线搭桥。每年组织 30～50 家企业参加东莞校企合作洽谈会，并实地组织多家企业与市内外多家大中专院校开展洽谈合作。引导企业与高校扩大产学研合作，并选送优秀人才到高校深造，提高创新驱动能力。采用"互联网＋就业"服务新模式，创新开展"直播带货"活动，借助网络实现人才与用人单位"云端洽谈"，提高双方沟通效率，使人才队伍构建更快、更高效、更畅通。整合资源，开展"百校千人"实习计划暨"展翅计划"行动，发动机关企事业单位开发实习见习岗位。近三年，石碣镇高层次人才群体逐渐增多，年均增幅为 10%～15%。截至 2022 年年底，石碣镇人才资源总量为 75759 人次（根据人才服务管理信息系统统计），其中本科人才为 19636 人次，高层次人才（博士、硕士、

高级职称、高级工以上人才）为 3471 人次。

4. 优化人才服务体系，营造尊才爱才氛围

开展系列人才交流活动，通过举办"才聚石碣 智汇高新"石碣镇高层次创新人才赋能交流会、"人才周末""青年创业交流会""石碣镇大学生创意集市""港澳青年看祖国"等多元化人才交流活动，进一步加强人才聚集、交流，激发人才创新创业活力。讲好人才故事，挖掘石碣镇各类优秀人才在石碣就业创业的事迹，开展"劳模工匠人才风采展"主题和"首席技师人才展"主题的人才故事宣传展，宣传优秀人才成长事迹，弘扬工匠精神。优化人才生活圈，完善石碣优才服务专区功能建设，为优才卡持卡人才提供"一站式"贴心服务。积极宣传推广人才政策，善用优质服务和政策留住人才。打造"碣赋才能·安居筑梦"石碣镇人才安居计划，目前已配建人才安居房 85 套，总建筑面积约 8500 平方米，计划 2023 年年底前交房。

**（三）人才引进培养过程中存在问题及原因分析**

电子信息产业人才队伍的发展壮大对石碣镇产业转型升级有着至关重要的作用。近年来，石碣镇不断优化人才政策措施，为人才引育提供坚实保障。但人才的"引育用留"仍面临着如下几个主要问题。

1. 引才需求扩大，技术型人才紧缺

经调查，62.29% 的企业表示目前对人才的需求处于较为紧缺和十分紧缺的状态。其中，最紧缺的人才类型为研发等专业技术类人才（占比 40.98%）、为解决生产操作难题的高技能类人才（占比 25.41%）。由调研结果可见，随着产业转型升级，电子信息类企业不断加大技术创新投入，推动生产发展，其对中高层次人才的需求持续增加，尤其对科技研发人才、高技能人才的需求也不断扩大，但目前人才市场上技术型人才供不应求，也造成企业在技术型人才方面的紧缺。

2. 人才来源渠道单一，引才成效欠佳

目前电子信息企业在引进高层次人才方面存在短板：一是人才招聘

方式单一。目前企业主要采取网络招聘、员工介绍推荐等方式。通过高校招聘会、人才交流会等方式引才效果欠佳，引进的人才数量不多。经调查，有75.6%的企业参加过镇内外举办的人才招聘会、校企合作洽谈会和人才交流会等招才引智活动；但是，31.97%的企业表示只能招到一部分人才，45.9%的企业表示很难招到人才。可见，通过传统的招聘渠道已经无法满足企业对人才的需求。二是缺乏专业人才机构。目前本镇尚未建有人力资源市场，人才猎头服务不够成熟，高层次高技能人才的信息资源相对匮乏。三是未充分利用校企合作机制。高校学生具有较强的发展潜力和学习能力，调查中仅有11.48%的企业与高校建立了长期的联系或合作关系。企业认为校企合作投入成本大，培养周期长，且毕业生生源不稳定、容易流失，在一定程度上降低了企业参与校企合作的积极性。

3. 留才吸引力不足，人才容易流失

企业和人才之间是双向选择，企业要想留住优质人才，也必须要得到人才的认可，否则也将面临人才流失。根据调查，19.67%的企业年均流失人才量为10~30人，4.1%的企业年均流失人才量为30~50人，4.92%的企业年均流失人才量为50人以上。主要原因有以下几点。

一是工资及福利待遇不具备吸引力。薪酬待遇是直接关乎人才能否安心干好工作的前提，根据调查数据显示，31.83%的人才认为目前的薪酬待遇较低。当前石碣镇电子信息行业平均薪资水平对比广州深圳甚至市内同行业发达的镇街没有明显优势，当工资水平及福利待遇达不到人才的期望，甚至达不到同行业的平均水平时，就容易流失人才。

二是缺乏晋升和发展的空间。根据调查显示，30.87%的人才认为职业发展空间小、提升机会少。部分企业引进人才后，忽视或轻视人才后续开发培养，不能为高层次人才提供相应的科研工作设备和场所，导致高层次人才作用发挥不能达到最大化，导致人才流失和浪费。

三是家庭因素影响人才扎根发展。调查中16.4%的人才表示家庭因素在一定程度上影响他们留在石碣发展。各年龄阶段的人才都有着不同的社会角色，在职业发展起步阶段，部分青年人才一方面要面临不小的工作起步压力，另一方面承担起组建家庭、夫妻两地分居、抚养下一代的压力，使他们很难平衡工作与生活。部分35～45岁的中青年人才，虽然在工作岗位上已经有了一定的职务和地位，但面临上有老下有小的家庭负担，更倾向于选择返乡就业或者去生活成本更低、子女能就近入学的地区。

四是公共配套服务不够完善。从调研情况看，子女入学、住房保障、医疗保障、配偶就业、入户等因素是人才关注的重点。石碣镇的公共配套服务持续建设完善中，但仍需进一步优化：医疗资源方面，企业人才反映本镇社区卫生服务中心、社区卫生服务站及公立医院主要以就医看小病为主，排队就诊花费时间长，外出到市级公立医院看病的转诊手续复杂；交通出行方面，公交线路覆盖不全面，距离最近的地铁口为几公里外的榴花公园站点，部分村道的路况比较复杂，靠近企业、商圈和小区密集的和早期企业（厂区）建筑的停车配建标准已无法满足当前的停车泊位需求，常出现停车难和交通拥堵；商业配套方面，有不少企业人才反映，周边以工业园和农民自建房为主，购物文化健身等休闲娱乐需乘车前往镇中心的合信广场或者周边镇街的商业综合体，部分人才刚入职企业后感觉生活体验感不佳而选择离职。

4. 人才服务机制不够健全，服务效能有待提升

实施人才政策是推进人才服务的重要抓手。目前，企业人才主要通过网络电视、政府宣传和用人单位宣传等方式了解相关人才政策。调查显示，人才政策关注度方面，22.83%的人才表示持续关注政策，65.27%的人才表示偶尔关注政策，11.9%的人才表示不关注政策。数据表明，人才对现行的人才政策关注度并不高。其中，15.11%的人才认为政策对自身发展很有帮助，57.56%的调查对象认为了解到的人才政策对个人发展价值有帮助但不明显，27.33%的调查对象表示没什么

帮助。当前的人才政策主要以资金补助为主，侧重学历、技术职称、研发数量和工作经验等硬性条件，受众群体不多，难以普及适用电子信息行业的人才类型。关于对石碣镇目前的人才服务工作成效的评价，调查显示，50.81%的人才表示满意，46.95%的人才表示一般，有2.25%的人才认为需进一步改善服务，希望在子女教育、医疗保障、住房、职业培训、生活环境和文化服务等方面进一步优化。

## 四、促进电子信息产业人才队伍发展的对策建议

### （一）聚焦行业发展需求，精准引进产业人才

技术型人才的紧缺在很大程度上制约了产业发展和转型升级，因此要根据产业发展定位和实际需求统筹好人才工作整体布局，从人才队伍规模、质量等方面入手为电子信息产业发展打好人才基础。聚焦石碣电子信息产业发展需要，摸清企业引才需求，明确招才引智的重点，有的放矢引进高层次科研人才和团队、领军型科技创业人才和团队，以及各类高技能产业人才。也可采用"柔性引才"方式，企业通过聘请、讲学、技术合作、兼职、短期聘用、承担项目与课题研究等灵活方式招才引智，从而优化电子信息产业人才队伍结构，强化企业创新能力，创造更多科研成果，实实在在地推动产业和经济发展。

### （二）深化校企合作，强化人才供给保障

石碣镇电子类企业对于技术型、技能型人才需求量大、质量要求高，要实现较大规模、较高质量吸纳产业人才，可探索"校企合作、产教融合"模式，积极"请进来、走出去"，与相关专业的大中专院校建立"订单式"人才培养合作关系，为企业输送青年人才：一方面，加强理论教学的深度合作，学校根据企业实际岗位需求确定专业课程，企业可派出资深专业人员参与课程制定，实现专业教学与岗位需求无缝对接；另一方面实践教学的深度合作，合作建立实习基地，让有经验的老员工进行实操辅导，让学生更高效地掌握工作内容，毕业后即

实现学生转换为产业人才的精准输送。

（三）整合人才引育渠道，充实人才"蓄水池"

一是用好政府资源，借助市级层面的海内外高层次人才交流会、镇级人才赋能交流活动，推动各类人才集聚石碣。二是拓展中介渠道，与功能强、容量大、辐射广的人才数据库、专业的猎头、招聘服务机构加强合作，广泛挖掘联络在外人才，精准摸排统计，收集梳理人才基本情况，推送符合人才条件的岗位信息，提高招聘效率。三是发掘内推渠道，充分利用在碣的各类行业协会、地方商会和校友会等组织机构加强沟通联系，拓宽高端人才寻访路径、推进人才工作。四是加强储备人才培养。对镇内的高学历、高技能的优秀企业人才进行跟踪管理、重点培育，引导和支持企业培育优秀人才苗子，建立专门的后备人才库，保持企业人才培养的连续性。五是大力发展职业培训，结合石碣镇电子产业特色，围绕人才发展需求，大力开展"项目制"产业人才培训活动，与优质培训机构、高校合作，联合培养符合石碣企业生产和发展所需的技术型人才。

（四）用足激励手段，创新留才举措

一是健全人才政策体系，出台符合石碣发展、接地气的人才引育奖补政策，着力构建"五有"人才政策体系，即人才到碣工作有补助、人才创新提升有奖励、人才安居购房有优惠、人才子女落户入学有保障、人才就医有优先。二是鼓励企业积极探索对优秀人才进行股权、期权、生产要素入股的新路子。引导企业采取多种措施对企业优秀人才进行长期激励，努力使企业所有者与人才的利益趋同，真正体现出"一流的人才一流的报酬"。通过利益捆绑机制，引进和培养后续人才，用未来的收益激励现在的奋斗，用长远的发展来约束短期行为，达到激励与制约同步的目的，促进人才和企业共同成长。

（五）完善公共配套服务，打造招才引智软实力

打造人才聚集高地，须在优化人才发展环境方面下功夫，持续完

善公共配套服务，增强人才吸引力。加大学位供给力度，扩充公办学校学位，扶持民办学校，从多种渠道解决人才子女入学需求。优化医疗资源，引进高水平医疗人员及先进医疗技术设备，提升群众对本镇公办医疗机构的信任度。完善交通服务体系，缓解群众停车难、公交车站点覆盖不足等问题。推出人才安居房，为人才购房提供优惠政策。完善商业配套，满足企业人才在镇内购物、餐饮、休闲、文体娱乐等方面的生活需求，提升生活便利度。深入发掘本镇在历史、人文、产业等方面可能拥有的潜在独特资源，通过报刊、电视、网络、短视频等加大对本镇人文特色宣传力度，提升软实力。

## 五、下一步工作计划

### （一）进一步完善人才工作协调联动机制

一是人才工作共抓。镇党委发挥统筹协调作用，发挥把方向、谋大局、管大事的核心领导作用；政府部门发挥引导服务作用，为人才政策落实和人才服务水平提升提供保障。二是人才工作共推。行业协会、工商联、商会社会组织积极配合政府部门为人才提供配套服务与专业支持；各级工会、共青团、妇联、科协等人民团体和各类协会的力量，发挥联络联谊作用，积极为企业联系人才、团结人才、服务人才；各村、各部门要定期开展"进企业、解难题"活动，为企业解决人才工作难题提供指导和帮助。三是人才服务共管。不断完善机制，针对不同时期的要求，将人才工作纳入相关职能部门的重点工作中去，形成党委、政府、各职能部门齐抓共管的良好工作态势。

### （二）进一步加强人才引育力度

精准了解企业人才需求，有针对性开展专项招才引智活动，积极发挥镇村"就莞用广场"的作用，为企业提供人才需求发布的有力途径。积极开展"直播带岗"等新型线上招聘活动，引导企业参与各类招才引智活动，开拓多渠道人才引进模式。加强企业对人才政策的知晓率利用率，鼓励企业借助政策吸引人才。强化校企合作机制，鼓励企业与学校开展订单班、定制班，签订实习协议或人才引进协议，为企业输送毕业生资源。充分发挥人才培养平台作用，对现有博士工作站、院士工作站、技师工作站、技能大师工作室等人才培养平台加强业务指导，强化平台对人才培育作用，同时鼓励更多的企业申报各类人才平台。继续开展"项目制"培训，结合"粤菜师傅""南粤家政""广东技工"三大工程，为技能人才队伍培养提供支持。推进企业技能等级认定工作，鼓励企业认定和培养更多的技能人才。

（三）进一步优化人才服务质量

强化精准服务理念，变"人找政策"为"政策找人"，通过"进村进企送政策"、政策宣讲会、微信推广等线上线下宣传渠道，开展覆盖面更广的政策宣传活动。完善本镇优才服务专区建设，持续优化专区服务功能，为人才提供更便捷高效的服务。袁崇焕阳光小学投入使用，加强协调人才子女义务教育学位。加快推进石碣医院新住院大楼建改扩建项目，强化医疗保障服务。加快推进"碣赋才能·安居筑梦"人才工作示范品牌建设，建立健全人才安居服务机制，为人才提供住房保障。

人才是支撑创新发展的第一资源。通过实施更加积极的人才引进政策，构建更具人文关怀的服务体系，营造安居乐业的良好环境，加快推动人才在石碣引聚生根、厚植创新创业沃土，跑出石碣经济社会高质量发展加速度。

# 经济欠发达地区制造业人才集聚路径研究
## ——以望牛墩镇为例

2023 年年初，东莞市召开全市高质量发展大会，强调要坚持实体经济为本、制造业当家。望牛墩镇以"制造业立镇"，2022 年规上工业增加值占全年生产总值一半以上。为加速实现制造业转型升级，必须要全面了解镇制造业人才队伍建设情况，尤其是技能人才建设中存在的问题。对此，望牛墩镇党建工作办通过查阅资料、座谈会、人才访谈、企业走访、问卷调查（企业问卷收到 209 份，个人问卷收到 1883 份）等多种方式，深入调查研究，形成调研报告如下。

### 一、望牛墩镇产业发展现状和制造业人才队伍情况

#### （一）望牛墩镇产业发展现状

望牛墩镇位于东莞市西部，地属水乡，2023 年上半年地区生产总值为 53.3 亿元，同比增长 7.1%，增速镇街排名第 3。近年来，望牛墩镇虽然在不断加快产业转型升级，整体经济形势向好发展，但镇内劳动密集型企业居多，在科技创新引领制造业高质量发展方面存在不足，高新技术企业数量相对较少，整体科技实力相对较弱（图 1~图 4）。

望牛墩镇
1.55%

其他镇街
98.45%

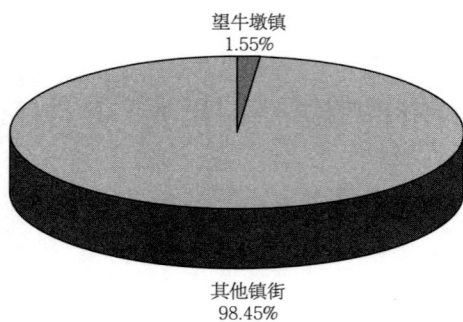

图 1    望牛墩镇规模以上工业企业数量占全市比重

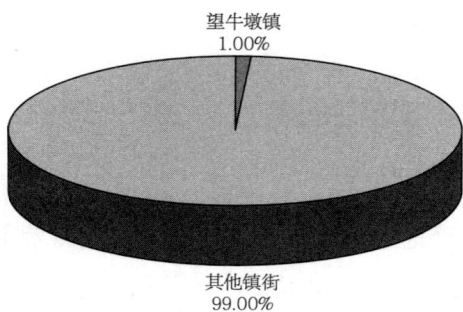

望牛墩镇
1.00%

其他镇街
99.00%

图 2    望牛墩镇国家级高新技术企业数量占全市比重

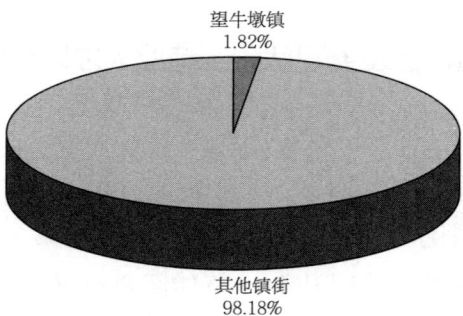

望牛墩镇
1.82%

其他镇街
98.18%

图 3    望牛墩镇国家级专精特新"小巨人"企业数量占全市比重

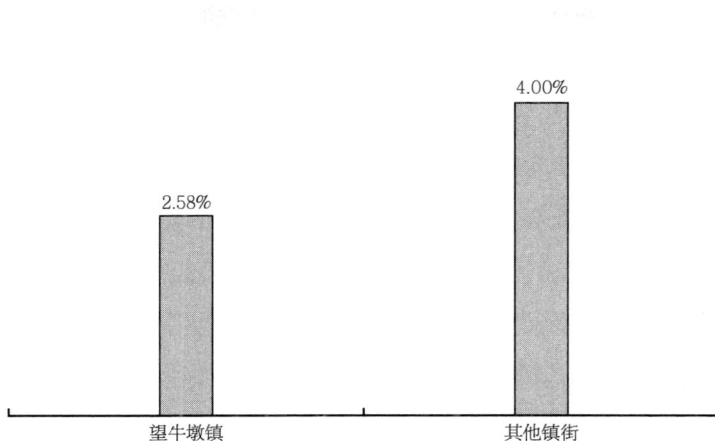

图 4　R&D 投入强度对比

## （二）望牛墩镇制造业人才队伍情况

根据 2022 年全市人才资源统计数据，望牛墩镇共有制造业人才9875 人，同比增长 1.97%，占全镇人才总数的 41.11%。其中专科5886 人，占专科及以上学历人才的 70%；助理级职称 465 人，占所有获得职称人才的 66%；初级工 1017 人，占所有技能人员的 48.27%。由此可见，望牛墩镇制造业人才数量虽有一定提升，但人才整体结构以基层人才为主，中层人才尤其是高层次人才较少（图 5～图 7）。

单位：人

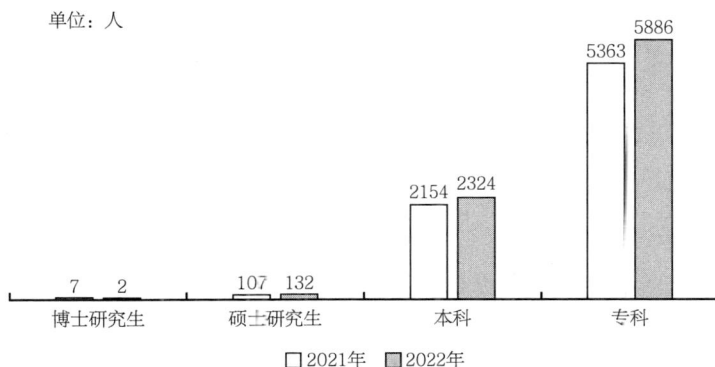

图 5　2021—2022 年望牛墩镇制造业人才学历结构

单位：人

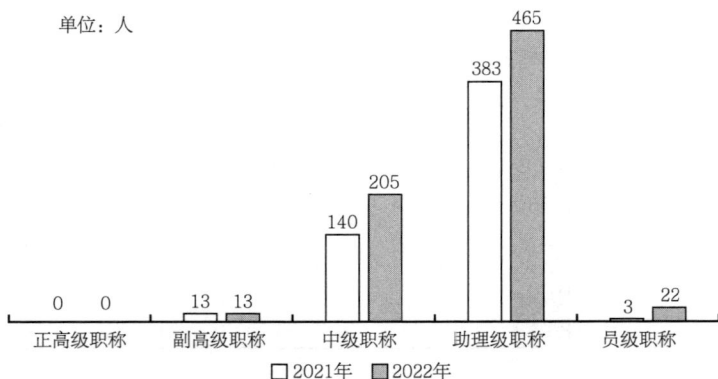

图 6　2021—2022 年望牛墩镇制造业人才职称结构

单位：人

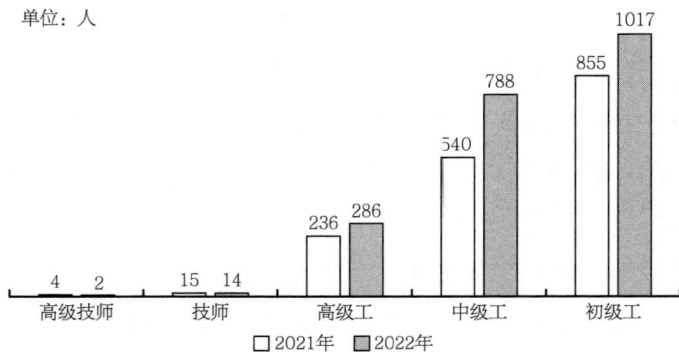

图 7　2021—2022 年望牛墩镇制造业人才技能等级结构

## 二、望牛墩镇制造业人才工作做法

### （一）政策引才，构建人才集聚强磁场

坚持需求导向，结合经济社会发展实际，实施更加积极、更加开放的人才政策，让人才资源为推动高质量发展赋能增质。完善人才政策体系。围绕人才"引用育留"先后出台一系列优惠政策，如《望牛墩镇企业职业技能等级认定奖补办法》《望牛墩镇"项目制"技能培训实施办法》《关于印发〈望牛墩镇领导干部开展"一对一"挂点服务企业工作方案〉的通知》等。2023 年上半年，为确保政策落地落实，望牛墩镇累计发放各类就业补助约 268 万元。加大人才政策宣传。针对企

业反映人才政策碎片化、阅读查找费时费力等现实困难，推动相关部门整理实现"一本式"政策实体宣传，提高企业获取人才政策的精准性。2023年上半年来，共开展6场职业指导下基层宣传活动，派发《促进就业创业系列政策宣传册》等宣传资料，为高层次人才在创业、医疗、教育、落户等方面提供配套政策保障。

（二）产业引才，激活创新发展新动能

近年来，望牛墩镇围绕打造先进制造产业集群，打造人才链、创新链，引育吸纳制造业人才9875人，实现以产业聚人才，以人才促发展的良性循环。对接发展需求，推动精准引才。摸清全镇新能源、新材料、电子元件器件制造等10余个主寻领域的人才缺口，建立行业紧缺专业目录，梳理出行业急需紧缺指标，为产业人才精准引育提供支撑。开拓多元渠道，推动高效引才。通过"线下＋线上"引才模式，以2个"就莞用"广场线下招聘点为平台支撑，开展"就业服务日""春风行动"直播带岗招聘会等活动，助力企业引入产业高端和急需紧缺人才69名。2022年望牛墩镇制造业高层次人才同比增长18.25%，南方宏明、科力线材等2家企业在科技创新人才支撑下成长为国家级专精特新"小巨人"企业，卓蓝等26家企业入选省级专精特新"小巨人"名单。

（三）服务留才，打造人才向往魅力镇

全方位配备服务企业专员148名，对辖区内222家企业实行"点对点"全程对接服务。强化人才服务保障。通过举办港澳青年就业创业交流会、创业专场培训等系列活动，累计服务高层次人才238人次。由党建、经发、人社等部门组成人才招引服务组，主动走进企业梳理需求，2023年以来共解决人才关心关注的住房保障、配偶安置、子女教育等问题共118件。突出重点统筹技能人才培养。围绕"科技创新＋先进制造"，充分发挥镇内技师工作站、产业人才培训基地以及"一镇一品""新型学徒制"等项目的培训作用，2022年以来陆续开展了"南粤家政""粤菜师傅""广东技工""乡村工匠"等各类项目培训班共

15 期，培训人数近 800 人。此外，望牛墩镇还与东莞理工学院签订结对共建协议，定期开展宣讲培训，服务指导企业开展技术创新，助力优势产业快速发展。营造浓厚爱才氛围。打造"人才兴望、共创未来"人才活动工作品牌，2023 年，策划开展了"火柴盒"人才之夜高层次人才音乐鉴赏会、青年人才交友活动、"与企有约思享汇"高层次人才对话沙龙、潮绣项目非遗文化体验活动等 10 余场系列活动，在全镇营造了尊才爱才的浓厚氛围。

### 三、望牛墩镇制造业人才队伍存在问题以及原因分析

虽然望牛墩镇在制造业人才队伍建设方面取得了一定成效，但与经济社会高质量发展的要求相比，还有诸多差距和不足，主要体现在以下方面。

（一）人才总量不足

根据 2022 年全市人才资源统计数据，望牛墩镇人才总数为 2.4 万人，仅占全市人才总量（315.7 万人）的 0.76%，甚至比邻镇麻涌（6 万人左右）也低出不少。一是高层次人才比重偏低。望牛墩镇共有制造业人才 9875 人，占全镇人才总数的 41.11%，制造业高层次人才共 447 人，占制造业人才总量的 4.5%，与东城（制造业高层次人才占制造业人才总数的 7.4%）相比偏低。从人才类型上来看，望牛墩镇 2022 年制造业高层次人才总数的增长更多是由硕士研究生和高级工带来的，而博士研究生、高级技师、技师等高端类型的人才却出现负增长，这表明高端人才总量不足趋势愈发严重。二是技能人才存在结构性短缺。由于望牛墩镇以劳动密集型企业居多，这些企业对人才的使用更多地局限于技术技能人才，在调研中发现，有 72.73% 的被调查企业表示存在技术技能人才缺口，其中 63.64% 的被调查企业表示存在 10%～30% 的技术技能人才缺口，9.09% 的被调查企业表示存在 30%～50% 的技术技能人才缺口。就产业来看，目前电子元件器件制造、橡胶和塑料制品生产等产业技能型人才较为短缺，如美都塑胶五金制品有限公司反映，鉴于成熟技能人才

缺乏，目前使用的一线技工部分是学徒出身，他们缺乏系统的理论知识指导，也不太愿意自主提升，技术水平和层次有限。

原因分析：一是周边地区"虹吸效应"影响较大。望牛墩镇地处水乡片区，有广深高速、环城路及多条城际轨道等交通线路在此交汇。但与东莞市区及发达镇街相比，望牛墩镇存在住房医疗等生活保障水平有待提升、城市功能配套不够完善等问题，这些直接制约人才留在望牛墩镇的意愿。通过与企业座谈，我们了解到，一些企业从发达镇街引进到望牛墩镇，发现在招引人才时提到工作地点在望牛墩镇，人才就不愿来；工作地点在南城，就非常好招人。二是整体薪酬待遇偏低。民以生为计，工资薪酬在很大的程度上会影响员工对就业的选择。根据南方人才市场调查，2020 年度深圳平均月薪 9890 元，东莞市为 6636 元，望牛墩镇则为 5000 元左右（生产岗位月薪普遍在 3500 ~ 4500 元，管理岗位月薪在 4500 ~ 5500 元，技术岗位月薪在五六千元以上），相对偏低。在调研中发现，有 58.33% 的被调查的技能人才，明确表示对工资不满意，希望提高待遇。

**（二）人才引进难留住难**

一是技术技能人才引进难。望牛墩镇企业常使用的引才渠道依次为内部员工推荐、网络招聘、人才市场招聘会、政府引才渠道、校园招聘等方式。员工推荐是多数工厂常常使用的方法，即鼓励员工介绍老乡、亲人、朋友来厂工作，被介绍者入职 5 ~ 6 个月后，介绍人可以得到 300 ~ 1500 元的奖金，方法直接且有效，但该方法引进的人才更多的是初级工、专科等类型的基础人才，无法吸引高层次人才。虽然当前的引才渠道多元化，但在调研中发现，43.18% 的受访企业仍存在引才难题，其中工程师、研发人员、成熟的技术工人是引进难度最大的。比如望牛墩镇大型高科技企业东莞中集专用车有限公司在座谈会中表示，高技能人才最为紧缺，在引才环节存在难度，目前在通过与院校共建人才培养基地缓解难题。二是高层次人才稳定性差。2022

年，全镇制造业企业有 5 名博士因个人原因离开望牛墩镇，流失率高达 71%，另有 2 名高级技师离开，流失率达 50%。多家企业也普遍反映，近年来高素质技能人才流失最为严重，直接影响了企业转型升级。调研问卷结果可以看出，人才离职的主要原因分别为地理交通环境较差（53.57%）、企业周边配套公共服务较差（50%）、薪酬福利待遇较低（39.29%）等，具体原因见图 8。

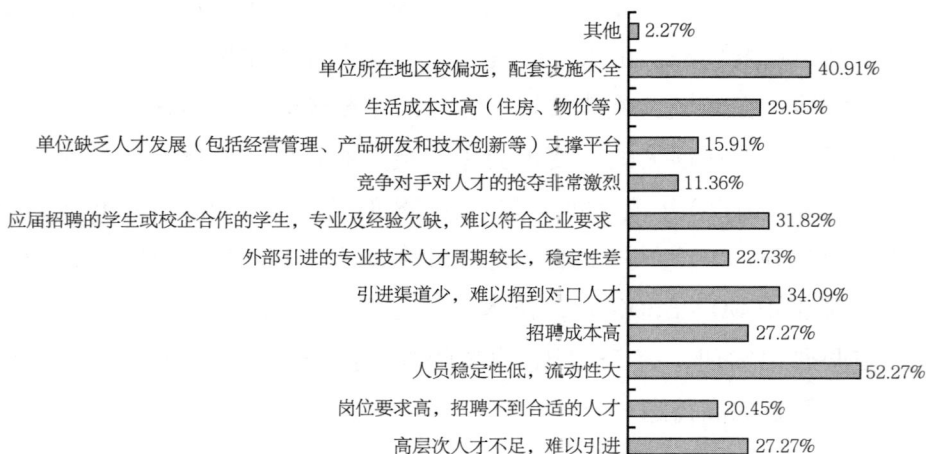

| 原因 | 百分比 |
|---|---|
| 其他 | 2.27% |
| 单位所在地区较偏远，配套设施不全 | 40.91% |
| 生活成本过高（住房、物价等） | 29.55% |
| 单位缺乏人才发展（包括经营管理、产品研发和技术创新等）支撑平台 | 15.91% |
| 竞争对手对人才的抢夺非常激烈 | 11.36% |
| 应届招聘的学生或校企合作的学生，专业及经验欠缺，难以符合企业要求 | 31.82% |
| 外部引进的专业技术人才周期较长，稳定性差 | 22.73% |
| 引进渠道少，难以招到对口人才 | 34.09% |
| 招聘成本高 | 27.27% |
| 人员稳定性低，流动性大 | 52.27% |
| 岗位要求高，招聘不到合适的人才 | 20.45% |
| 高层次人才不足，难以引进 | 27.27% |

**图 8　技能人才离职的主要原因**

原因分析：一是"人才航母"级大型企业数量较少。望牛墩镇规上工业企业 198 家，仅占全市规上工业企业总量的 1.56%，大型国企、名牌民企不多，尤其缺乏像华为、OPPO、vivo 这样的"人才大户"，引进人才能力有限。二是先进制造业比重偏低，对高层次人才吸附力不强。近年来，望牛墩镇一直锲而不舍紧抓产业转型升级，先进制造业工业增加值占比从 2017 年的 26% 增加到 2022 年的 36%，产业转型取得了一定成效，但比全市平均占比 45.9% 低了将近 10%，同时缺乏行业领军企业，对高层次人才吸附力较弱。[全市 5 个镇街先进制造业占比超 60%（长安 70.4%、沙田 66.5%、石碣 65.7%、黄江 62%、寮步 60.8%）]。三是科研实力较弱，尚未形成一流科研平台。望牛墩镇有研发机构的企业 114 家，占规上工业企业（198 家）总量的 59.57%。但研发机构规模小实力弱，在国家级和省级新型研发机构、国家级和省级制造业创新中心、国家级企业技术中心创建方面均为空白，难以吸引到高端科研人才。另外，2022 年望牛墩镇高技术制造业增加值仅占规模以上工业增加值的 11.7%，在全市排名第 29，相比长安、大朗等科研实力强劲的镇街而言，望牛墩镇尚未形成有效的"创新生态圈"。四是人才市场的配置作用不明显。望牛墩镇民营人才市场服务项目较低端，数据库更新长期滞后，人才猎头在望牛墩无法立足。政府人力资源市场未能有力促进人才和企业之间的有效对接，人才资源配置不够高效合理，无法满足企业需求。五是企业引才留才成本较高。现行的人才政策和人才评价体系覆盖人群不全面。当前，东莞人才政策主要是面向高层次人才，对中基层人才关注较少。由于望牛墩镇大部分企业均为中小型企业，这使得多数企业难以从中受惠，隐形中增加了企业引才留才成本。此外，在调研中发现，一些有经验的技能人才，常常因为不符合相关的规定，既没有职称，也没有持有任何资格证书，但他们的技术和经验，却正是企业所急需。这导致人才评价体系与企业需求存在错位情况，无法更好发挥人才评价体系的作用和价值。

### （三）企业自主人才培训效果较差

一是企业开展培训困难多。就目前企业培训现状来看，企业面临不少问题和困难，比如生产负荷重难以实行脱产培训、员工参与培训热情不高、培训经费不足、缺乏师资力量等，导致企业人才培训难以长期开展。二是企业人才培训缺乏实用性和吸引力。在培训方式上，课堂教学是望牛墩镇制造业企业职业技能培训的主要模式。大多数培训班采用单一的"灌输式"培训方法，没有考虑不同岗位、不同类别、不同层次的劳动者对培训的差异化需求。在培训内容上，企业组织的培训大多停留在职业安全知识、企业制度文化等领域，对技术理论知识、一线操作技能等方面培训相对较少，无法真正满足人才对培训的需求。

原因分析：一是培训短期投入大回报低，企业积极性不高。企业普遍认为人才培训很重要，但由于技能人才的培训需要企业投入大量的资金和时间成本，但培养成才之后，人才的流失又会使企业的培训投入付诸东流。因此，从短期收益角度考虑，企业不会下大力气克服培训中遇到的问题，导致人才培训未能充分发挥作用。二是社会培训资源缺乏有效整合。由于技能人才的培训涉及各行业、企业及劳动者自身，具有显著的外部性，需要全社会各个部门的合力推进。但是目前政府、企业、职业院校及社会各类培训资源的整合还不完善，整合力度不够大，在技能人才培训方面尚未建立系统、高效的社会联动机制，制约了技能人才队伍培养建设的可持续发展。

## 四、促进望牛墩镇制造业人才队伍建设的对策建议

东莞市市委十五届六次全会提出，要把握东莞作为大湾区人才高地"三极九支点"重要节点城市的重大政策机遇，深化新一轮"十百千万百万"人才工程。目前，望牛墩镇制造业高技能人才的整体素质还不能满足产业转型升级的需求，在未来相当长一段时间内高素质技能人才的缺口依然较大。因此，必须培养造就一支数量充足、结构合理、技术精湛、专业齐全、素质优良的高素质技能人才队伍。

（一）聚焦高质量发展，增强人才吸附力

"栽下梧桐树，引来金凤凰"。要从根本上解决一个地方的人才数量和质量问题，最有效的措施是做大做强产业，建设一流城镇。

1.加速构建新兴产业集群，推动经济发展实现新突破

把工业投资作为生命线来抓，将战略性新兴产业基地打造成引领全镇发展新引擎，瞄准新型储能、新能源汽车核心零部件、半导体及集成电路、新材料等重点领域，积极争取上级各项政策资源支持，对接专业招商团队，加强与行业协会、商会、投行等机构平台交流，组织精准招商。强化产业链，采取产业链招商、以商招商等方式，通过已落户重

大项目推荐上下游企业落户望牛墩镇，以龙头企业带动产业链上下游集聚，精准引进补链强链企业，促进产业全链条发展。加快提升项目转化率，在谈项目抓签约、签约项目抓建设、建设项目抓达产，全力推动项目建设提质提速；加快推进企业建设，主动跟进、加强服务，努力形成开工建设一批、加快推进一批、建成投产一批的良好局面。

2. 持续优化空间布局，推动城市更新实现新发展

一方面聚力破解土地资源瓶颈，全面盘点用地效率，对于占据大量土地、利用效率低下的老旧园区，以"工改工"为主攻方向，充分发挥"政府 + 市场"双轮驱动效应，破解土地整合和拆迁难题。重点打造环鸡心岛和东兴路等 2 个现代化产业园区，力争三年内完成 2000 亩产业空间整备，五年内形成面向优质企业的高品质、低成本、快供给的 3000 亩连片产业空间，真正将空间腾挪出来，促进望牛墩镇制造业高质量发展。另一方面优化土地规划管理，科学编制镇级国土空间总体规划，全力绘制镇域片区统筹专项"中圈规划"，精细化雕琢单元改造"小圈规划"，示范性编制"百千万工程"村级建设规划。大力盘活存量用地，加强对批而未供、闲置土地的统筹开发利用，"一地一策"确定盘活方案，加快精准对接产业项目落地。

3. 优化城市配套，推动城市品质实现新提升

进一步优化交通路网结构，启动中心区慢行系统改造工程，对镇内慢行系统进行升级。推进高水平中小学、医院建设，帮助更多人才解决后顾之忧，使人才引得进留得下。

**（二）完善引才聚才方式，扩大人才总量**

1. 突出灵活，做好高层次人才招引

一方面根据望牛墩镇产业布局、重大项目、"倍增"企业发展需要，大力引进高层次人才，探索通过项目合作、短期聘用、技术顾问、人才租赁等多种灵活有效的方式"借脑引智"；同时，抓住重点企业挖潜，突出以"倍增"企业和设有研发机构的企业为重点，由相关职能

部门业务骨干组成人才招引服务组定期拜访，在企业人才招引方面适时给予引导。另一方面要加强校企合作，联合省内外高校和职业院校，如华南理工、东莞理工学院等，合作攻克研发难题；定期举行科研交流沙龙活动，就新能源、新材料、数控系统等方面开展学术交流，提升镇内科研氛围，增强对研发人才的吸引力。

2.盯准需求，做好技术技能人才引进

在全镇开展制造业行业重点企业人才需求的专项调研与市场分析，形成并发布制造业重点领域急需紧缺人才目录，帮助制造业企业制订符合本单位实际所需的引才聚才工作计划，扶持企业定期开展才企供需对接活动。

3.强化扶持，做好本土人才培育

高度重视高校毕业生本地就业率和本地创业创新质量的提升，设立本土人才培育资金，积极有效引导与支持望牛墩籍青年人才扎根望牛墩，择优评选一批望牛墩籍的科技创新人才、发展创业人才、技能创优人才、农村创富人才、优秀企业家，进行重点扶持和培育，打造一批本土高素质人才。摸清大学生职业发展定位、回乡考察、创业就业等各类需求，定期向大学生提供人才引进政策、就业政策等咨询服务，全方位、多渠道推荐望牛墩制造业发展概况、人才需求情况、人才事业空间，助推在外青年学子回乡创业创新。

4.深化合作，做好技能人才区域对接

在市委、市政府的指导下，广泛搭建与省内外高校的联系平台，吸引更多高校高技能人才来望牛墩镇工作。积极与望牛墩镇对口帮扶区、与内地劳动力输出大市（县），建立长期劳务合作关系和就业援助工作长效机制，深挖"蓄才之池"。

**（三）完善机制制度，提升人才稳定性**

1.完善技能人才劳动力市场工资指导价位制度

目前，望牛墩镇各个企业都是根据自身的经营发展需要来确定技能人才的薪酬待遇，导致技能人才的整体薪酬待遇相对较低。为吸引更多优秀技能人才，望牛墩镇需尽快完善技能人才市场工资指导价位，引导企业建立合理科学的技能人才薪酬待遇制度。

2. 完善高技能人才扶持机制

每年在全镇选拔一批有突出贡献的高技能人才，享受政府津贴。鼓励企业设立技能大师工作室和企业首席技师，对成效显著的技能大师工作室和企业首席技师提供一定的资助、奖励。鼓励用人单位建立完善职工技能水平与工资分配、技能培训、住房补贴等福利待遇相挂钩的机制，对具有高级技师资格的职工给予相应津贴。对参加科技攻关和技术革新并作出突出贡献的高技能人才，可从成果转化所得收益中，通过奖金、股权等多种形式给予相应奖励。

3. 健全企业技能人才评价机制

坚持以用为本，尊重企业用才主体地位，实现政府主导评价、社会认可向企业自主评价、政府备案服务转变。支持企业根据自身发展实际，制定"一企一策、一企一案"的技能人才评价模式，评价出最符合企业、员工需求，最具含金量的技能等级证书。

（四）加强技能人才培训，激发人才"潜动力"

1. 加大扶持力度，整合行业资源

一方面通过增加专项补贴，设立专款等方式鼓励和扶持相关部门、社会培训机构及企业自身面向企业技能人才与劳动者进行职业技能培训服务，进一步扩大职业技能培训的覆盖面。另一方面通过政府主导，与东莞理工学院、重点企业合作共建一批生产性实习实训基地，力求在满足在校学生实践教学需要的基础上，面向社会劳动者提供职业技能培训服务。

2. 推动才企对接，提高培训精准性

针对望牛墩镇企业急需的技能人才，开展相应工种项目的培训班，对通过培训考核，取得结业证书的学员，由培训机构向企业进行推荐就业。通过校企合作、"订单"培训、组织企业与外省市技校、职校对接等服务活动，帮助企业打造一支具有一定规模的高技能产业工人队伍。

3. 打造高水平课程，提升培训质效

目前，望牛墩镇制造业初级工和中级工占全镇技能人才总数的88%，为进一步优化技能人才结构，一要因地制宜构建梯次培训网络，在每年开展以初级工为主体的技能培训班，以中级工为主体的技能骨干培训班，以高级工、技师为主体的考前培训班，实现从初级工到技师的全覆盖。二要提升培训内容针对性，根据望牛墩镇制造业产业转型升级和企业用工需求，以突出岗位操作技能，强化安全责任意识和安全生产为重点，将岗位职责和职业标准作为基本要求，把资格性培训与岗位履职能力培训相结合，进一步规范技能人才培训的标准和内容。

**（五）优化人才服务，改善人才"生态圈"**

1. 加强人才生活保障

对全镇人才队伍情况进行一次全面调查摸底，健全完善人才数据库，参考周边镇街及先进地区，完善人才引进培育的系列政策措施，加大人才尤其是高层次人才在居住、入户、子女读书、交通出行和生活配套等方面的政策扶持力度。

2. 提升人才社会地位

创造条件让高层次人才参政议政，大力实施高层次人才列席党代会、人代会等制度，支持和鼓励高层次人才参选党代表、人大代表和政协委员，充分发挥人才在党委政府重大决策咨询中的作用，不断提高各类人才的尊严荣誉和政治社会地位。

3. 优化人力资源配置

鉴于目前望牛墩镇的发展水平，要引进优质人才服务机构，仍需要一个较长的过程。面对这一情况，除了继续做好人才市场的基础建设外，还要着眼望牛墩镇新兴产业、支柱产业、制造产业以及电商行业的技能工种项目的培训需求，通过聘请镇外培训教育机构举办多期大型培训班，吸引镇外资源在望牛墩镇设立培训教育机构等方式引进更多优质培训资源。

4.加大人才政策宣传

充分利用新闻媒体、微信公众号、微信朋友圈、线下宣传栏等方式传播人才政策；将人流量大的望牛墩镇文化广场设置人才元素，让尊才敬才深入人心；针对不同行业、不同时间节点，有针对性地定制人才政策宣讲包，有效降低碎片化信息传播形式的影响；通过设立相关规定，为落实宣传提供制度保障，如规定企业代表出席宣传会议、要求企业为内部员工开展宣传活动或进行考核，层层落实，最终使宣传到位。

# 万江街道人才服务体系建设调研报告

人才领域竞争不是战场，胜似战场。近年来，万江街道紧密围绕人才强国战略，不断深化人才服务意识，从"等才来"到"摆摊"送服务，从"办事跑断腿"到"一次不用跑"的政务改革，从"人才服务洼地"向"人才建设高地"发展，从"低端劳动密集型"制造业集中地标签到"集聚人才，智造万江"产才融合品牌的打造，通过人才服务举措的不断创新，持续吹响"是人才 进莞来"引才号角，增强万江街道的人才吸引力。据统计，2022 年街道人才总数为 92184 人，相比 2019 年的 62295 人上升了 29889 人，增幅 49.98%，其中，2022 年高层次人才总数 8994 人，相比 2019 年 3994 上升了 5000 人，增幅 125.19%。

从 2019—2022 年的各类数据可以看出，万江街道对人才特别是高层次人才是有一定吸引力的。但在近期的人才工作中我们也发现，万江街道的人才增幅已经出现高速增长后的疲态，特别是硕士研究生流失较为严重，呈现负增长趋势，当前经济发展对人才支撑的需求和人才流失之间的矛盾越发凸显。为优化万江街道人才服务体系，保持和提升街道对人才的吸引力，为街道发展提供源源不断的核心动力，结合街道整体产业和经济环境等因素，开展本次关于万江街道人才服务体系大调研，力求进一步提高人才工作科学化水平，提升完善人才服务体系，提高服务质量，引得进人才，育得好人才、留得住人才。

## 一、调研工作开展整体情况

### （一）调研开展

1.调研部署准备（6月25日前完成）

一是成立调研组，开展动员部署。由街道党建工作办牵头，街道人才工作领导小组成员协助，召集调研组成员单位召开专题会议，明确调研目的和分工，确保调研按时高质量完成。二是整理资料，设计调查问卷。调研组各成员单位梳理了近五年人才工作会议、活动、政策文件、服务配套措施等方面材料，系统归纳总结分析现有工作成果。同时，深挖工作短板，以人才关心或投诉建议较多的服务问题为导向，设计面向街道不同层次、不同领域、不同年龄段的人才、企业、人才工作者等对象的问卷，从人才关注的政策服务、人才引进和落户服务、租房、购房、子女教育、医疗、生活配套服务、政务服务等方面着手，收集各类人才对现有人才服务的举措、成效和短板，以及服务体系需要新增项目、改进意见和其他建议。

2.调研开展（7月31日前完成）

一是发放调查问卷。灵活运用线上线下渠道发放调查问卷，例如通过网络等发放在线调查问卷。在部分对外业务窗口粘贴问卷二维码，积极邀请各类人群参与调查。二是实地走访。调研组有针对性地选取了广东利扬芯片测试股份有限公司和东莞市诺丽有限公司等重点企业、机构、行业等进行了实地访谈，深入了解企业现状和企业、人才对于人才服务意见建议。三是集中座谈，召集有代表性的企业（机构）和人才，例如聚集企业人才工作者队伍了解其对街道人才服务的看法，到中创汇等大型产业园邀请企业代表，面对面集中交流并听取意见建议。

3. 调研成果整理分析（8月31日前完成）

一是整理调研反馈材料。整理调查问卷，调取有关数据，剔除无效数据（如前后选择选项冲突或意见建议与调研题目无关等）。分类汇总走访、座谈等文字材料，提炼意见建议。二是召开研究会议。召集调研组成员单位召开专题会议，针对调查成果进行研究，提出对策和可行性建议。三是撰写报告。根据调查结果和成员单位的反馈，形成调研报告。

（二）调研对象反馈

本次调研共收到调查问卷1062份，有效问卷964份。受访者当中，按年龄分类，20～30周岁（含）占总人数34%，31～40周岁（含）占总人数36%，40～50周岁（含）以上占总人数27%，50周岁以上占总人数3%。按受教育程度分类，专科及以下学历占总人数45%，本科学历占总人数48%，硕士研究生学历占总人数6%，博士研究生学历占总人数1%。按从业类别划分，从事企业管理的占总人数14%，从事科研技术的占总人数16%，从事党政机关业务的占总人数9%，从事制造生产的占总人数51%，自由职业（或未就业）占总人数10%。

实地走访人才64人次，收集问题9条，意见建议35条。召开座谈2场，收集问题5条，意见建议23条。

## 二、调研成果分析

近年来，随着人才工作不断推陈出新、持续加强，各类人才对万江街道的人才政策服务不再陌生。但从调研结果来看，仅二成受访者表示"了解人才服务和人才补贴政策"，三成受访者表示"只知道有人才服务或人才补贴政策，但不了解具体细节"。五成受访者更表示"根本不知道人才服务或人才补贴政策"（图1）。

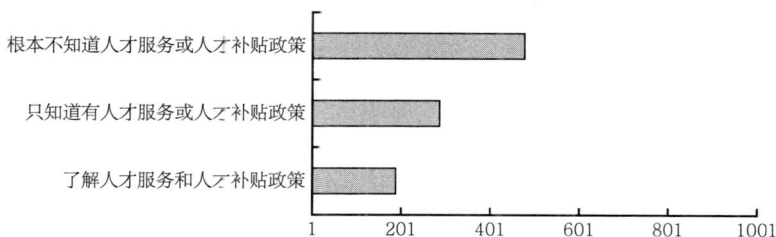

**图 1　人才服务和补贴政策知晓度**

另外，人才服务满意度方面，评价万江街道人才服务质量为一般、较差、差等三个档次的人数占 22.76%，评价较满意占 49.07%，评价满意占 28.17%，整体满意度不高，具体问题如下：

**（一）基础生活服务水平离人才需求仍有差距**

调查显示，住房、教育、医疗、交通仍然是人才最为关注的四方面基础性服务（图 2）。

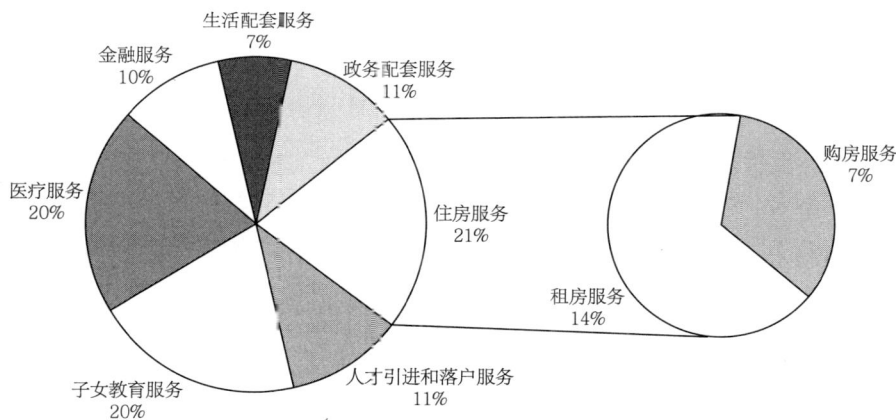

**图 2　受访人才最需要的人才服务**

**1. 住房服务无法满足人才群体需求**

住房服务的不足主要有三：一是人才住房稀缺，补贴力度不足。如今推出的部分人才安居房，补贴后的价格为 1200～1300 元，与普通市场价相差不大，体现不出人才优待。廉租房等有实际优惠的房源因一房难求，且流动性较低，无法满足人才群体实际需求。二是租房环境复杂，环境良莠不齐。部分受访者尤其是初来万江干事创业的人才和青年人才反映，在初来乍到的情况下，租房是最为困扰的事。特别是部分看似便宜的城中村出租房，内外部环境整体感观体验较差，难以提供人才需求的安居环境，大大降低了人才留在万江的欲望。如能提供舒适安全、可拎包入住的住房环境，将一定程度上减缓外地人才的莞漂压力。三是缺乏优质租房平台，人才留莞信心不足。虽然如今有不少网络租房平台，但此类平台上的资源真假难辨，房源信息与实际有偏差，浏览平台的过程中还有泄露个人隐私的风险，一旦登记信息就可能被各类广告甚至诈骗电话不断骚扰。如此，人才们自然更倾向于有官方租房平台的城市，例如合肥、苏州、广州、深圳、上海等市。

2. 教育工作水平不尽如人意

子女教育是家长一生的事业，是人才尤其是高层次人才是否来莞留莞的重要因素之一。近年来，万江街道大力推行教育事业提质扩容，但优质教育资源积累需要时间的沉淀，厚积薄发。目前，街道教育服务问题主要有：一是整体质量不佳，入学需求缺口大。街道中小学数量在东莞算中等偏上的水平，但师资品牌影响不及周边镇街，师资力量相对较弱，教育质量较低。另外，虽已大力推动落实企业人才子女入学政策，解决部分人才子女入学难问题，但街道学位供不应求，仍有许多人才子女无法享受入学政策。二是子女培育成本高。人才工作繁忙，下班时间与子女下课时间不匹配，难以兼顾子女的课余生活。而课后如何跟进教育，提高子女学习能力，养成良好学习习惯，是人才们既重视又困扰的痛点。经调研，许多人才将子女托付到教育机构，子女假期监管或培训费用也不低，但培训机构质量良莠不齐，甚至出现不法商家卷款跑路等案例，人才为子女的教育感到忧心忡忡。

3. 医疗需求难以满足

医疗是最直接的民生之一，事关人民健康和福祉。由于东莞人民医院位处万江，被访者对万江街道医疗服务方面总体较为满意，但也提出存在以下两个问题：一是医疗资源分配不均。街道医疗资源主要集中在东莞市人民医院，而万江医院和社区卫生服务点的医疗水平偏低，综合实力有待加强，服务质量需要进一步提高，自助服务系统需做好运转保障和升级。二是大型医院需攻破"三难"问题。例如人民医院等大型综合性医院挂号难、看病难、停车难等问题需加快整治。

### 4. 交通问题成为顾虑

交通是城市发展不可或缺的重要部分，人们生活质量的不断提高，城市交通需求也逐步加大。目前，万江与城区其他街道的连接通道较少，交通联系不够顺畅，万汇桥、曲海大桥作为最主要的通行路线，在上下班高峰期异常拥堵。不少人才表示，交通堵塞问题影响个人的正常工作和生活，更容易对出行者的时间和金钱造成浪费，交通事故也随之增加，因此影响了在万江居住的整体体验。

### （二）人才服务工作评价普遍较低

近年来，万江街道深入推进人才服务工作，从政策补贴、优才服务等方面，不断加大服务力度，取得了一定的成绩。但在本次调查中发现，万江街道人才服务无论是体系建设还是服务质量，都与人才的期望存在一定的差距。主要发现以下几个问题（图3）。

单位：分

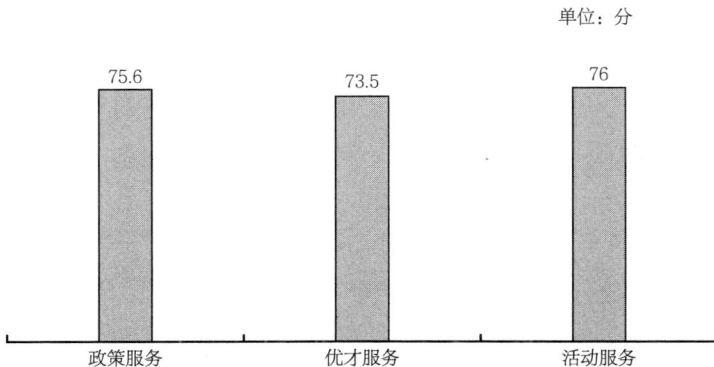

图3 人才服务评价

政策服务 75.6　优才服务 73.5　活动服务 76

### 1.政策宣传的深度和广度需要进一步加强

根据受访者反馈，他们了解人才政策的方式主要是通过网络自媒体、亲朋好友告知等非官方途径，较少在官网宣传和线下宣讲等途径中获知。另外，对于部分专注于事业、技术钻研的人才，他们交际圈较为封闭，也较少主动上网关注此类政策。这导致部分人才对于补贴政策理解上存在偏差，甚至完全不了解、不知晓相关的人才奖补政策，政策也难以发挥最大作用，申请奖补的流程也变得困难，甚至会给予黑中介、诈骗人员可乘之机（图4）。

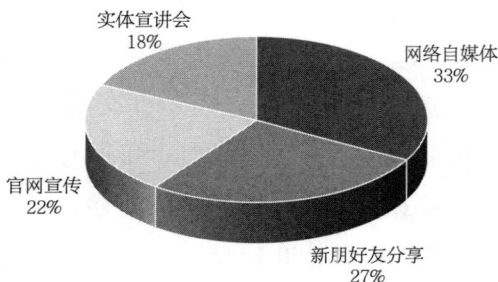

**图4　人才了解人才政策的途径**

### 2.优才服务范围、质量、知名度需要提升

根据调查结果，受访的优才卡持卡人近三成表示，自取得优才卡以来，并未享受过任何优才服务。一方面是因为优才卡的优待项目虽说有24项，但实际在使用上能用上的场景并不多，大部分都是一些办事绿色通道，甚至有些项目（例如培训、交流、配偶安置等项目）更是形同虚设；另一方面，其他群众以及部分服务单位对于优才卡的了解程度不够，怕在使用中产生误会（例如使用政务服务、医疗教育等绿色通道时被认为插队），导致部分优才卡持有者在有机会使用时都自动放弃。

### 3.人才活动整体质量较低

受访的人才表示，每年街道开展的人才活动虽然数量不少，但人才活动多以辖区范围内参观、公益讲座、公益活动为主，活动形式、内容缺乏新意，质量、成效更是差强人意，甚至认为参加这类人才活动单纯浪费时间，对自身没有任何提升。另外，活动策划者的组织、策划水平有待提高，部分活动形式大于内容。

4. 人才评价太过于单一

如今的人才政策，人才奖补对象和优才服务对象，主要以学历、技能证书、评级类专业技术职称登记来界定是否纳入奖补或服务，而且是划分奖补、服务等级的重要依据。在实地走访调查中发现，企业除了上述享受人才奖补、服务的人员外，对于持有部分准入类专业技术资格证（如法考、注会、教资等）或者含金量较高的技能证书（如国际注册会计师、国际项目管理师、精算师等）的人才需求同样巨大，而且这类人才的综合素质和能提供的价值往往更大。但这类企业急需紧缺的人才并不纳入人才奖补和服务对象中，部分企业和受访者认为如今的人才政策"唯学历论""唯职称论"的倾向严重，对于人才的评价过于单一和落后，不能做到贴合实际、与时俱进，引才留才的吸引力不足。

5. 片面追求人才增长率，引才力度大于留才

部分受访者认为，当前的人才工作对于引才的力度明显大于留才用才。以创梦东莞计划和莞训计划为例，同样是 2023 年新取得高级职称的人才，如果是从外地新引进东莞的，3 年能取得 20 万元补贴，但已经在东莞工作的，仅仅能取得 4 万元补贴，人才招引和留用补贴差距大，容易造成既有人才的流失，欠缺人才整体稳定性。

6. 人才工作者压力较大，导致服务质量较低

部分受访的人才工作者表示，人才工作开展困难重重，主要表现在以下几个方面：一是人才工作考核压力大，受客观外部因素影响较大。例如 2023 年的人才工作考核"人才引育评价"占总分的 50%，并且考核的是增长率。这项工作的完成很大程度上取决于辖区的经济产业和现有人才基数，并且数据采源等因素也不是镇街能够左右的。而其

他项目的分数占较低，如一次人才活动才占总分 0.2%。致使部分人才工作者工作动力不足，认为即使全力做好其他服务工作，在这样的大环境下，人才工作也难出彩。二是人才工作成果转化需时较长，政府投入较为谨慎。例如引进一个科研团队，从立项到成果落地、再到推出市场获得盈利，这一般都需要 3~5 年的时间沉淀，而且还有失败的风险。因此各地政府对于人才工作的投入，一般除了市的"指定动作"外，鲜有独创"自选动作"，少部分人才工作者在开展人才工作时缺乏人财物的全力支持，整体开展情况不理想。三是缺乏人才工作者培训，人才工作整体水平待提升。大部分人才工作者本身对于人才工作的认知和知识储备不足，只能简单地按照省市任务开展工作。镇街组织部门即使想开展培训，各类师资力量也比较薄弱，力不从心。

**（三）其他生活产业配套较为欠缺**

当前，人才抢夺战日渐白热化，各地人才补贴优惠政策层出不穷。但高层次人才选择工作生活地点，除了关注物质上的优惠补贴外，也越发看重各类生活产业配套。通过调查发现，受访者普遍反映万江比较周边其他镇街仍有差距。

1.文体娱乐场所和多样化欠缺

部分受访者认为，万江除了住房、教育等基础生活配套较周边主城区街道、发达镇落后外，休闲娱乐场所、文化体育设施等也相对缺乏，大部分集中在龙湾湿地公园、滨江体育公园、华南 MALL 商圈和下坝坊等少数地方。其他大部分地方除了工业厂房、工业园区外，大都是楼盘、住宅，因此常被贴上"睡城"标签，整体城市活力较低，对青年人才的吸引力不足，人才归属感、认同感都较低。

2.优质服务业机构和人才欠缺

部分受访企业和受访者反馈，万江街道金融、税务、法务、审计、行政管理、人力资源、家政服务等行业，欠缺优质、专业的机构和相应的人才。部分创新创业和技术科研人才除了开展日常创新、科研外，还需要参与到公司管理运营和家政类等杂事中，大大消耗了人才精力和时间。

### 3. 职业提升培训机构欠缺

部分受访者反映，万江街道以制造业为主，对于职业技能类人才培训、提升活动和机构较多（如产业工人可以通过圆梦计划和企业人才自评来获得提升），但管理类和专业技术类职业培训、提升途径均较欠缺，这对于吸引管理类和专业技术类人才造成困难。另外，部分非莞籍受访者提出，来到万江后缺少本地化融入活动或者职业指导机构，导致外来人口因口音、文化习俗等明显差异，对快速融入当地造成一定困难。

## 三、提升基层人才工作水平的对策建议

### （一）营造爱才氛围，彰显人才地位

人才既要给待遇，还要给荣誉。树立典型人才案例，持续向社会各界报道人才优秀事迹和各类人才服务活动信息，不定期宣传各类人才政策，发扬工匠精神，有利于打造"全民爱才"氛围。例如此前《非凡十年 东莞答卷》报道了在东莞市诺丽电子科技有限公司工作的地铁"医生"如何攻克难关，填补国内技术空白，打破国外技术垄断，解决列车安全系统"卡脖子"的问题。根据企业管理者的描述，自报道面世以来，公司受到海内外科研人才和企业的关注，企业内部员工的光荣感和归属感也油然而生，人才创业干事热情更加高涨。为使更多各类人才能够在万江脱颖而出、各展其才、百花齐放，街道努力营造"尊重知识、尊重人才、尊重技能"的良好社会氛围，给予人才"破圈"的机会和美好愿景。

### （二）结合产业需求，引进紧缺人才

除了省市现有人才政策服务对象的范围外，深挖当代企业迫切需要的特色人才，与时俱进引进自媒体人才、AI工程师等新时代急需紧缺

人才，为特色人才量身定做人才服务和人才补贴。可加强与猎头公司、优秀人力资源服务公司合作，借用社会力量，深挖与企业匹配、与城市发展匹配的人才资源。

**（三）加强住房扶持力度，助力人才留莞**

根据现有的政策，可进一步加大廉租房、公租房、共有产权房推出力度，可创建官方租房平台，同时明确和简化申请流程，降低人才从选房到入住的时间成本。另外，根据 2023 年城中村改造的工作部署，可参考深圳等地，探索统租模式，由政府统筹各社区优质的居民住宅，统一改善居住环境，租赁给有需要的人才，达到多方共赢。

**（四）强化教育服务，解除人才后顾之忧**

可以发挥妇联、图书馆、学校教育系统以及其他公益机构或者社会力量，探索开展多元化、全方位的人才子女课后托管服务。鼓励有条件的企业开展课后托管服务，减轻人才教育负担。同时，加强培训机构、幼托童托、税务法务、职业指导等服务行业的引进和监管力度，为人才解决生产生活的后顾之忧。

**（五）打造多元化配套，丰富人才业余生活**

街道依托本地龙舟文化、茶文化、醒狮文化等特色文化产业，打造休闲娱乐一体的宜商宜居都市环境，为人才提供更多元化的生活配套。深化商业、休闲、娱乐商圈和品牌，促进人才与街道更深层次的生活、消费绑定，提高人才幸福感和归属感。同时，人才活动以人才需求为导向，开展有实效的人才活动，不能纯作秀，浪费资源。对不同层次不同领域的人才，开展针对性人才活动。

## 四、下一步工作计划

**（一）完善顶层设计，抢占引才先机**

在现有的人才政策基础上，结合街道产业结构，出台符合街道自身的人才补贴和人才服务政策。迅速完善更新各类政策，探索专业化、多元化、市场化的人才服务，不断深耕"人才＋项目＋资本"要素融合，以体制机制创新增强万江街道引才聚才能力，抢占人才市场，拓宽引才之"渠"。

**（二）加大投资力度，营造惜才环境**

针对人才工作的投资，不仅仅理解为金钱补贴，还体现了政府的重视程度。加大政府投资，一方面要提高补贴的力度，另一方面要由政府为主导，提高对人才工作的重视程度，树立"识才、爱才、敬才、惜才"的全民意识，深化推行优才卡优惠政策，让人才光荣用卡、主动用卡。

**（三）坚持产才融合，深耕人才培育**

人才，是创新的活水源泉。万江街道将围绕产业链布局人才链，深入开展科技创新领军人才、科技创新团队、青年科技人才"三个倍增计划"，把各类人才镶嵌到产业中，让产业跟着人才走、人才围着产业干，用好政策扶持，激发人才动力，推动创新发展引领街道建设，把持续壮大科技人才队伍作为推进创新驱动发展战略的重中之重，围绕科技人才"引育留用"全链条精准发力，走出一条"创新、改革、协同"的创新驱动发展之路。

**（四）持续动态调研，完善服务留才**

"在全党范围内大兴调研之风"是一件持续性的工作。本次调研仅仅是人才服务工作的一次新开端，万江街道将把调研融入日常的走访、活动后评价、日常窗口办事评价等环节中去，用活调研结果，精准人才服务，从吸引人才上的"快人一步"到礼遇人才上的"超常力度"，拿出真招、实招、新招，解决人才的后顾之忧，争取实现事业留人、感情留人、待遇留人、制度留人。

（五）立足人才所需，强化服务保障

万江街道将实施"1+24+N"人才服务联动机制方案，以街道人才工作领导小组为中心，24 个职责部门提供保障力量，多个社区人才联络员打通政企联系的最后一公里。坚持落实人才走访机制，倾听人才，关爱人才，落实好相关补贴政策、用好优才卡优惠，搭建常态化人才招聘平台，加强与优质高校、科研院所及企业的合作，强化职业教育，努力将服务的触角延伸到子女托管、住房保障、政务服务、人岗匹配等人才工作生活的方方面面，以人才需求为中心，为人才提供贴心的保姆式服务保障。

综合研究探索篇

# 东莞市高新技术企业人才队伍发展报告

目前，东莞市正顺应新时代要求，立足"科技创新＋先进制造"发展定位，加快高质量发展，打造具有全球影响力的先进制造之都、联接国内国际双循环的大湾区重要节点城市。如何提升创新能级，推进高水平科技自立自强，是新时代东莞经济社会发展面临的重要任务，而强化企业科技创新主体地位，则是深化科技体制改革、推动实现高水平科技自立自强的关键。

高新技术企业（以下简称"高企"）是以科技创新和知识产权为核心，实现创新成果市场化、产业化和规模化的市场主体，是东莞市最具有活力、最有潜力的创新型企业。近年来，随着东莞市高企数量不断增长，企业总体创新能力日益增强，高企在科技创新体系中链接科技与产业的动力也不断提升。如何进一步加强高企人才队伍建设，充分发挥人才引领驱动作用，促进企业加快成为科技创新决策主体、研发投入主体、创新活动主体和成果应用主体，是需要东莞市人才工作部门重点关注的课题。为此，在东莞市科学技术局协助下，东莞市委人才工作领导小组办公室联合东莞人才发展研究院组成课题组，对我市高新技术企业人才<sup>①</sup>队伍发展情况开展研究。

课题组充分借助大数据技术优势，聚焦以下三个方面对我市高企业人才队伍发展情况进行详细分析。

一是借助统计年鉴数据，聚焦企业全局分析。借助《中国火炬统计年鉴》《2023东莞统计年鉴》等权威统计资料收集分析我市高企所属技术领域、营业收入、从业人员数量、科技活动人员数量及专利数量等情况。

二是借助人才统计数据，聚焦人才队伍分析。充分运用东莞市人才资源统计系统，以高企名称作为匹配条件，筛选出近50万条高企人才数据，分地区分领域对高企人才队伍进行统计分析。

三是借助企业招聘数据，聚焦人才需求分析。在2022年第二季度末至2023年第二季度末，对主流招聘网站<sup>②</sup>上东莞市企业的人才需求数据进行连续跟踪搜集，累计搜集人才需求数据近70万条，然后通过企业名称匹配处理，梳理高企人才需求情况。着眼于工程师人才队伍培养，课题组还专门对我市高企工程师类人才需求岗位进行了分析。

**一、东莞市高新技术企业发展现状**

**（一）高企数量居全国地级市第二、全省地级市第一**

截至2022年年底，东莞市高企达9099家，同比增长23.4%（其中，在《中国火炬统计年鉴》录入相关数据的高企共8930家<sup>③</sup>），高企数量居全国地级市第二、全省地级市第一，仅次于苏州（图1，图2）。

---

① 人才的定义为在东莞市的具备大专及以上学历、或具有职称、或具有技能等级等条件的劳动者。高层次人才指具备硕士以上学历、或持有高级专业技术资格证书、或具备高级工职业技能资格证书的人才。

② 人才需求数据非全口径统计数据，而是以国内主流招聘网站前程无忧网（目前市场占有份额第一）的在线职位为数据源，不含其他招聘网站及企业官网自行招聘的情况。

③ 《中国火炬统计年鉴》相关数据由高新技术企业自行填报，2022年我市9099家高企中，有8930家高企进行填报。为保证数据的统一性，本文以在《中国火炬统计年鉴》填报相关数据的8930家东莞市高企作为分析对象。

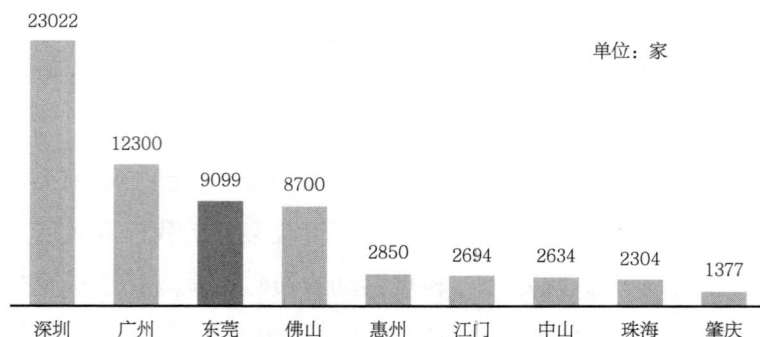

图 1　2022 年大湾区内陆九市高企数量

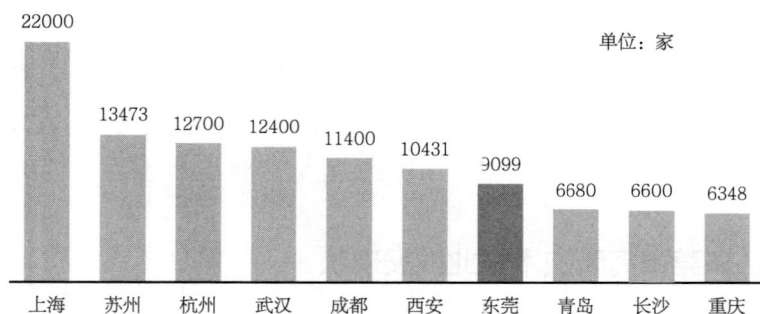

图 2　2022 年部分"双万"城市高企数量

## （二）长安镇高新技术企业数量最多

从镇街（园区）分布来看，长安镇高企数量最多，共有 761 家，占东莞市全市高企总量的 8.5%，其次是松山湖（630 家，7.1%）、东城（531 家，5.9%）、塘厦（505 家，5.7%）和虎门（448 家，5%）。20个镇街（园区）高企数量超过 200 家，9 个镇街（园区）高企数量在100～200 家，仅有 4 个镇街（园区）高企数量低于 100 家[①]（图 3）。

---

① 《中国火炬年鉴》显示，2022 年滨海湾新区暂无高新技术技术企业，故本报告不对其进行统计。

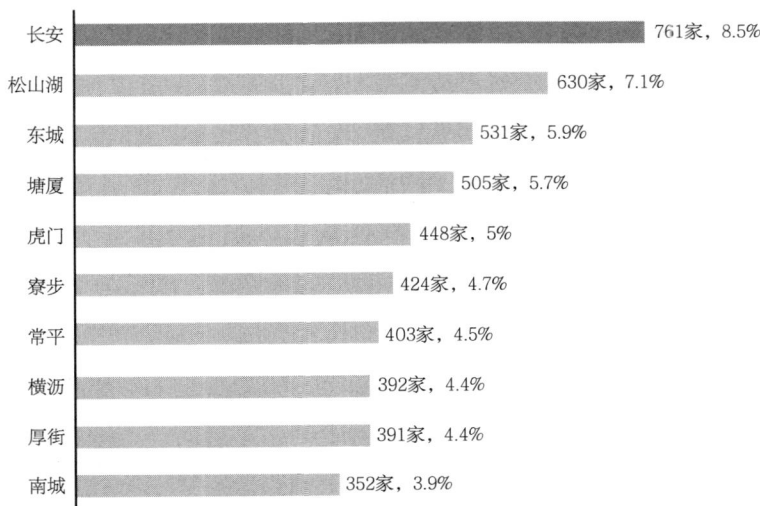

图3　2022年东莞市高企数量前十镇街（园区）

## （三）近四成高企集中在高端装备制造领域

从行业领域[①]分布来看，高端装备制造领域高企数量最多，达3550家，占比39.8%，其次是新材料领域（2153家，24.1%）、新一代信息技术领域（1914家，21.4%）、新能源领域（364家、4.1%）、节能环保领域（316家，3.5%）、生物医药领域（174家，1.9%）。超八成高企集中在高端装备制造、新材料和新一代信息技术领域（图4）。

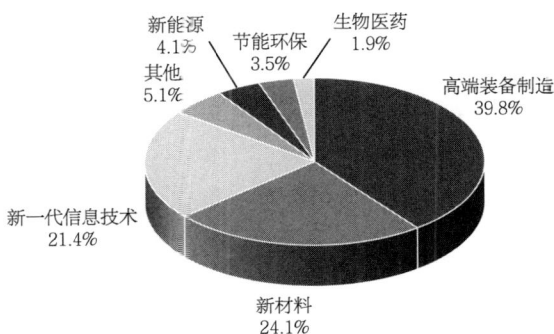

图4　东莞市高企领域分布

---

① 本报告内，其他领域不纳入具体的对比范围。

## （四）高新技术企业发展略有放缓

在高企数量增长 23.4% 的情况下，2022 年东莞市高企总收入约 1.49 万亿元，同比仅增长 1.4%，略高于全市 GDP 增速（0.6%），受日趋复杂严峻的国内外环境及新冠疫情影响，东莞市高企发展有所放缓。在人员方面，2022 年东莞市高企从业人员达 131.4 万人，同比增长 6.4%，占全市就业人员总量[①]的 19.3%（图 5，图 6）。

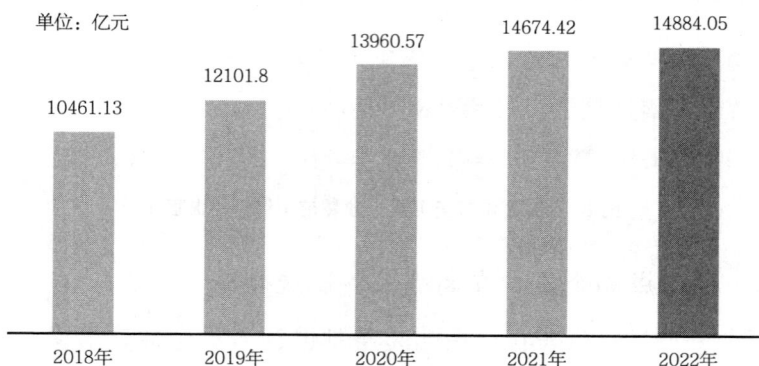

单位：亿元

10461.13　12101.8　13960.57　14674.42　14884.05

2018年　2019年　2020年　2021年　2022年

**图 5　2018—2022 年东莞市高企总收入情况**

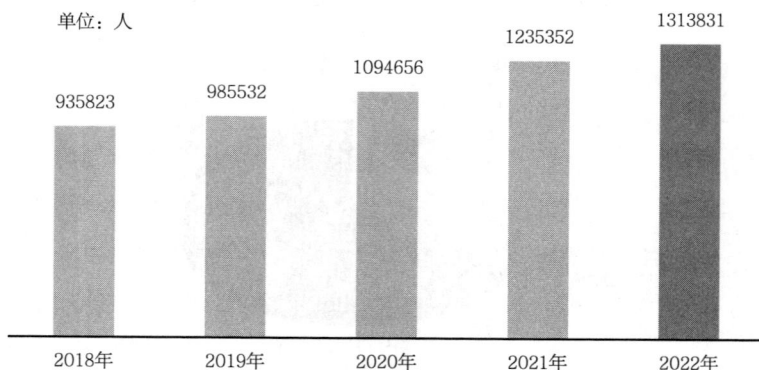

单位：人

935823　985532　1094656　1235352　1313831

2018年　2019年　2020年　2021年　2022年

**图 6　2018—2022 年东莞市高企从业人员数量**

---

① 数据来源于《2023 东莞市统计年鉴》：2022 年年末全市就业人员总量 679.31 万人。

## 二、东莞市高新技术企业人才队伍发展现状

### （一）高新技术企业从业人员中人才占比超三成

截至 2022 年年底，东莞市高企人才 47.9 万人，同比增长 28.8%，人才占从业人员的比例达 36.5%，较 2021 年上升 6.4 个百分点，高企人才占全市人才总量的比例达 15.2%。其中，高层次人才 4.4 万人，占比 9.2%，占比高于全市平均水平（7.1%）2.1 个百分点；大专及以上学历人才 43 万人，占比 89.7%，占比高于全市平均水平（88.4%）1.3 个百分点；专业技术人才 3 万人，占比 6.2%，占比低于全市平均水平（11.3%）5.1 个百分点；持证技能人才 6.7 万人，占比 13.9%，占比低于全市平均水平（14.2%）0.3 个百分点（图 7）。

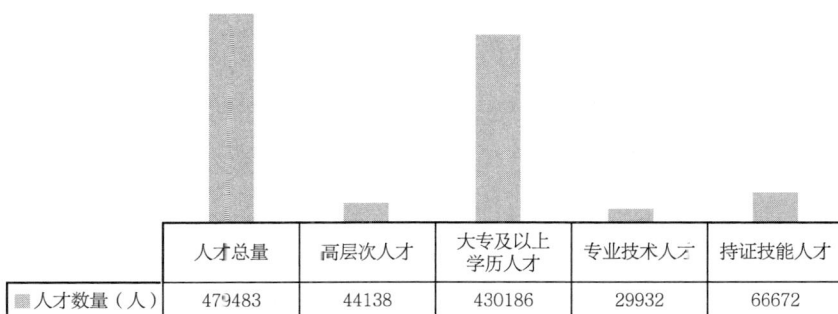

| | 人才总量 | 高层次人才 | 大专及以上学历人才 | 专业技术人才 | 持证技能人才 |
|---|---|---|---|---|---|
| 人才数量（人） | 479483 | 44138 | 430186 | 29932 | 66672 |

**图 7　2022 年东莞市高企人才数量**

### （二）松山湖高新区高新技术企业人才数量最多

在镇街（园区）方面，松山湖高新区高企人才数量最多，约 8.9 万人，占高企人才总量的 18.5%，其次是长安镇（约 5.9 万人，12.3%）。高企人才数量在 1 万人以上的镇街（园区）共 18 个，高企人才数量少于 5000 人的镇街（园区）有 5 个（图 8）。

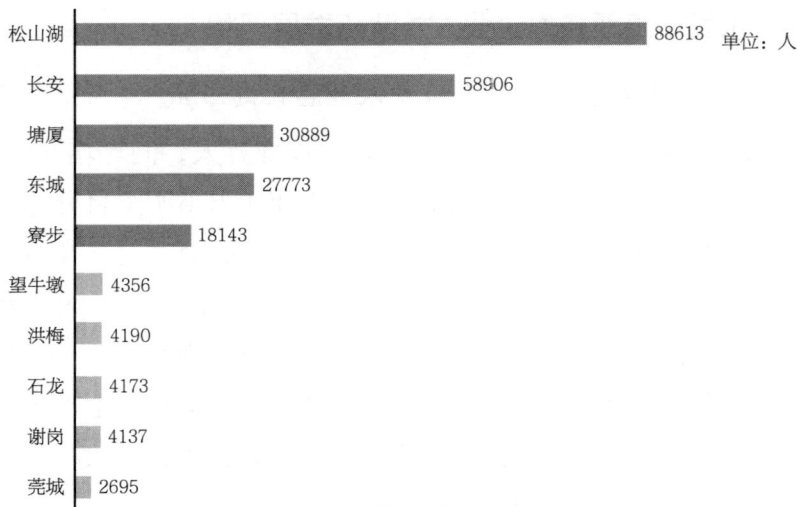

**图 8　2022 年高企人才总量前五及后五镇街（园区）**

## （三）信息技术和高端装备制造领域集聚超六成人才

在具体行业领域方面，新一代信息技术领域高企人才数量最多，约 16.3 万人，占东莞市高企人才总量的 33.9%；其次是高端装备制造领域（14.9 万人，31.1%）、新材料领域（约 8.3 万人，17.2%）。新能源领域高企人才占从业人员总量的比重最高，达 45.5%，其次是生物医药领域（43.2%）、新一代信息技术领域（42.2%）（图 9）。

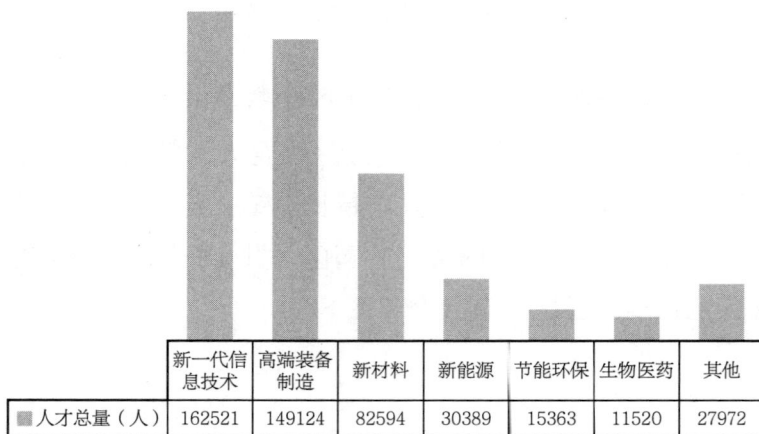

| | 新一代信息技术 | 高端装备制造 | 新材料 | 新能源 | 节能环保 | 生物医药 | 其他 |
|---|---|---|---|---|---|---|---|
| 人才总量（人） | 162521 | 149124 | 82594 | 30389 | 15363 | 11520 | 27972 |

**图 9　2022 年各行业领域高企人才总量**

### （四）高新技术企业人才素质结构总体优于全市水平

在人才学历结构方面，89.7%的高企人才具有大专及以上学历，领先全市（88.4%）1.3个百分点。其中，硕士及以上学历人才约2.5万人（博士879人，硕士24095人），占比5.8%，领先全市（4%）1.8个百分点；本科学历人才15.5万人，占比36%；大专学历人才25.1万人，占比58.2%（图10）。

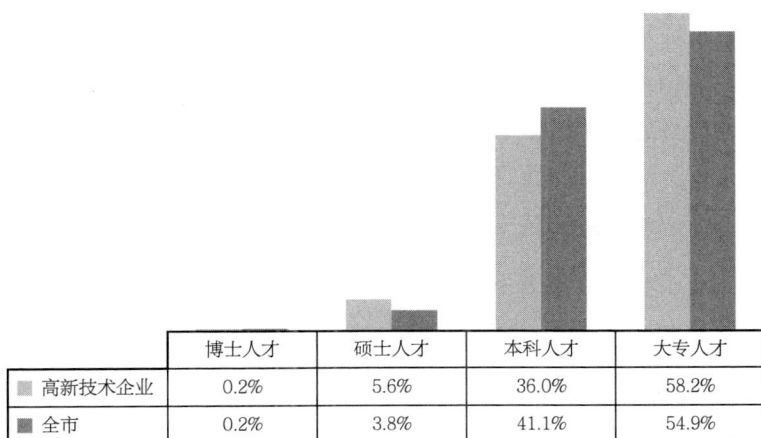

| | 博士人才 | 硕士人才 | 本科人才 | 大专人才 |
|---|---|---|---|---|
| 高新技术企业 | 0.2% | 5.6% | 36.0% | 58.2% |
| 全市 | 0.2% | 3.8% | 41.1% | 54.9% |

**图10　2022年东莞市高企学历人才结构**

在持证技能人才结构方面，13.9%的高企人才持有技能等级证书。其中，高技能人才1.8万人（高级技师233人、技师641人、高级工1.75万人），占比27.7%，领先全市（23.1%）4.6个百分点；中级工2.2万人，占比33.1%；初级工2.6万人，占比39.2%（图11）。

|  | 高级技师 | 技师 | 高级工 | 中级工 | 初级工 |
|---|---|---|---|---|---|
| ▨ 高新技术企业 | 0.3% | 1.0% | 26.4% | 33.1% | 39.2% |
| ■ 全市 | 0.4% | 1.1% | 21.5% | 35.6% | 41.4% |

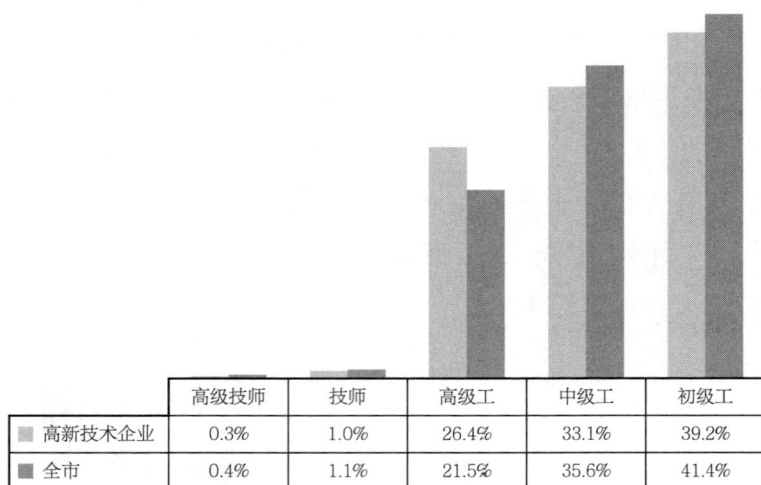

**图 11　2022 年东莞市高企技能人才结构**[①]

在专业技术人才结构方面，6.2% 的高企人才具有专业技术等级证书。其中，高级专业技术人才 1327 人（正高级专业技术人才 209 人，副高级专业技术人才 1118 人），占比 4.4%；中级专业技术人才 1 万人，占比 33.5%；初级专业技术人才 1.9 万人，占比 62.1%（图 12）。

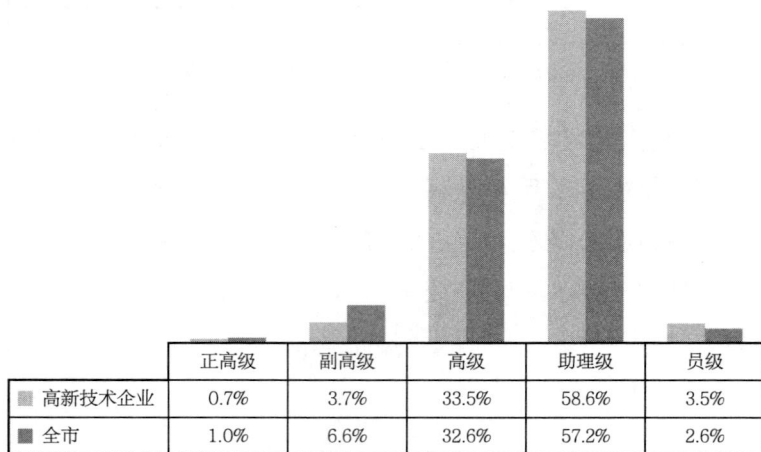

|  | 正高级 | 副高级 | 高级 | 助理级 | 员级 |
|---|---|---|---|---|---|
| ▨ 高新技术企业 | 0.7% | 3.7% | 33.5% | 58.6% | 3.5% |
| ■ 全市 | 1.0% | 6.6% | 32.6% | 57.2% | 2.6% |

**图 12　2022 年东莞市高企专业技术人才结构**

---

[①]　各技能人才占比 = 高级技师 / 技师 / 高级工 / 中级工 / 初级工人才数量 / 持证技能人才总量；各学历人才占比 = 博士 / 硕士 / 本科 / 大专人才数量 / 大专及以上学历人才总量；各专业技术人才占比 = 正高级 / 副高级 / 中级 / 初级（助理级 + 员级）人才数量 / 专业技术人才总量。

（五）生物医药、新材料等战新产业人才素质结构最优

从行业领域的人才学历结构来看，生物医药领域的人才学历结构最优，本科及以上学历人才占比 55%，硕士及以上学历人才占比 10.8%，其次是新一代信息技术领域（48.1%，9.2%）。在技能人才结构方面，新材料领域的技能人才结构最优，高技能人才占比达 33.1%，其次是高端装备制造领域，高技能人才占比达 30.6%。在专业技术人才结构方面，新能源、节能环保领域的专业技术人才结构最优，高级专业技术人才占比均为 4.4%（图 13）。

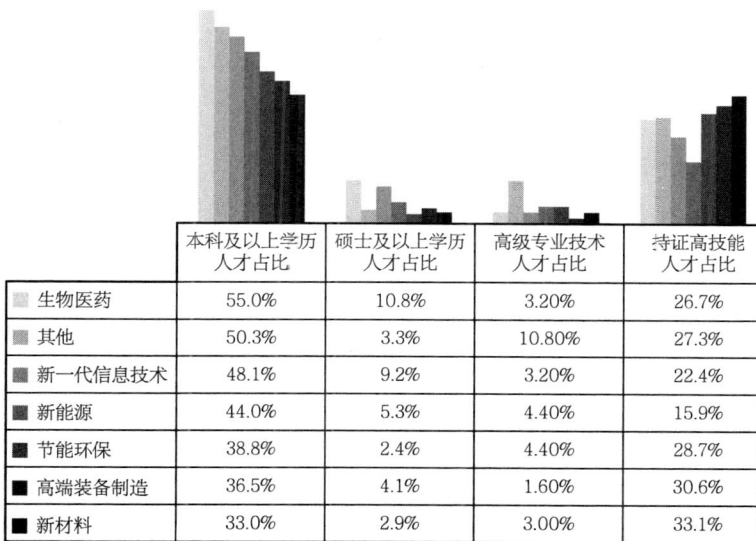

| | 本科及以上学历人才占比 | 硕士及以上学历人才占比 | 高级专业技术人才占比 | 持证高技能人才占比 |
|---|---|---|---|---|
| ▨ 生物医药 | 55.0% | 10.8% | 3.20% | 26.7% |
| ▨ 其他 | 50.3% | 3.3% | 10.80% | 27.3% |
| ▨ 新一代信息技术 | 48.1% | 9.2% | 3.20% | 22.4% |
| ▨ 新能源 | 44.0% | 5.3% | 4.40% | 15.9% |
| ▨ 节能环保 | 38.8% | 2.4% | 4.40% | 28.7% |
| ▨ 高端装备制造 | 36.5% | 4.1% | 1.60% | 30.6% |
| ▨ 新材料 | 33.0% | 2.9% | 3.00% | 33.1% |

图 13 2022 年东莞市各领域高企人才结构对比

## 三、东莞市高新技术企业人才需求情况

### （一）高新技术企业人才需求占全市人才需求约三成

2022 年下半年至 2023 年上半年，东莞市企业月均发布在线岗位 6.1 万个，其中高企月均发布在线岗位 1.7 万个，占全市月均发布在线岗位总量的 28%。经汇总去重后，东莞市企业累计发布在线岗位 25.9

万个，其中高企累计发布在线岗位 7 万个，占全市累计发布在线岗位总量的 27%（图 14）。

| | 2022年<br>第二季度末 | 2022年<br>第三季度末 | 2022年<br>第四季度末 | 2023年<br>第一季度末 | 2023年<br>第二季度末 |
|---|---|---|---|---|---|
| 全市岗位数（个） | 74537 | 63684 | 55724 | 59844 | 51066 |
| 高企岗位数（个） | 20569 | 16832 | 16492 | 15592 | 14947 |

**图 14　2022 年下半年至 2023 年上半年季度末全市及高企在线发布岗位数**

### （二）高新技术企业人才学历需求高于全市

从岗位的学历要求来看，东莞市高企对人才的学历需求高于全市水平。2022 年下半年至 2023 年上半年东莞市高企累计发布要求具备大专及以上学历的在线岗位 4.7 万个，占比 66.7%，高于全市水平（60.3%）6.4 个百分点；要求具备本科及以上学历的在线岗位 1.4 万个，占比 20.6%，高于全市水平（18.2%）2.4 个百分点；要求具备硕士及以上学历的在线岗位 650 个，占比 0.9%，高于全市水平（0.8%）0.1 个百分点（图 15）。

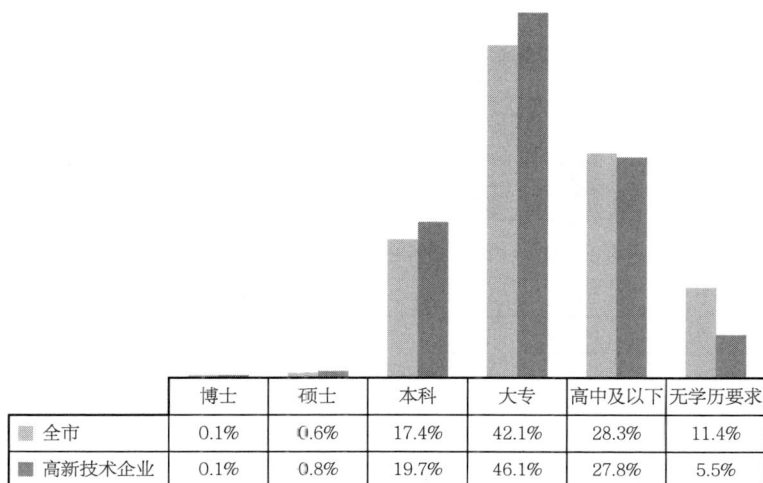

| | 博士 | 硕士 | 本科 | 大专 | 高中及以下 | 无学历要求 |
|---|---|---|---|---|---|---|
| ▨ 全市 | 0.1% | 0.6% | 17.4% | 42.1% | 28.3% | 11.4% |
| ▨ 高新技术企业 | 0.1% | 0.8% | 19.7% | 46.1% | 27.8% | 5.5% |

**图 15　2022 年下半年至 2023 年上半年全市及高企在线发布岗位学历需求情况**

（三）节能环保、新能源等领域企业对学历要求最高

从各类岗位的学历要求来看，研究开发类岗位对学历的要求最高，要求具备本科及以上学历的岗位占比 55.5%，要求具备硕士及以上学历的岗位占比 9.1%。其次是行政管理类岗位（36.5%、0.7%）和财税法规类岗位（35.2%、0.3%）。从具体行业领域来看，节能环保领域对人才的学历要求最高，要求具备本科及以上学历的在线岗位占比 29.6%，要求具备硕士及以上学历的在线岗位占比 3.4%；其次是新能源领域（29.4%、1.3%）、生物医药领域（21.6%、0.3%），见图 16。

| | 技术技能类 | 生产运营类 | 行政管理类 | 财税法规类 | 研究开发类 | 后勤及其他类 |
|---|---|---|---|---|---|---|
| ■ 硕士及以上 | 0.8% | 0.1% | 0.7% | 0.3% | 9.1% | 0.4% |
| ■ 本科及以上 | 18.1% | 12.2% | 36.5% | 35.2% | 55.5% | 11.6% |
| ■ 大专 | 42.0% | 52.2% | 53.3% | 57.3% | 39.0% | 17.9% |
| ■ 高中及以下 | 33.0% | 31.6% | 8.7% | 7.0% | 4.5% | 41.5% |
| ■ 无学历要求 | 6.8% | 4.0% | 1.5% | 0.5% | 1.0% | 28.9% |

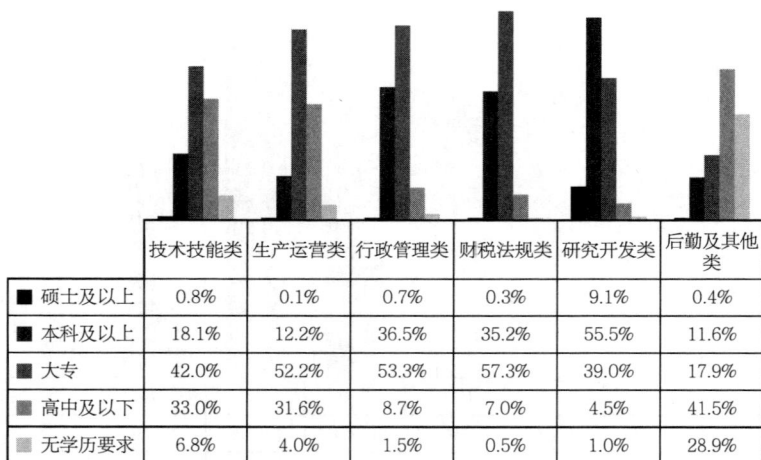

**图 16　2022 年下半年至 2023 年上半年东莞市高企累计在线发布各类岗位学历需求情况**

## （四）高新技术企业人才需求一半为技术技能人才

从具体岗位来看，2022 年下半年至 2023 年上半年东莞市高企累计发布的 7 万个在线岗位中，技术技能类岗位 3.4 万个，占比 48.6%；生产运营类岗位 2 万个，占比 29.3%；行政管理类岗位 7086 个，占比 10.1%；财税法规类 3599 个，占比 4.9%；研究开发类岗位 2939 个，占比 4.5%；后勤及其他类岗位 1856 个，占比 2.7%（图 17）。

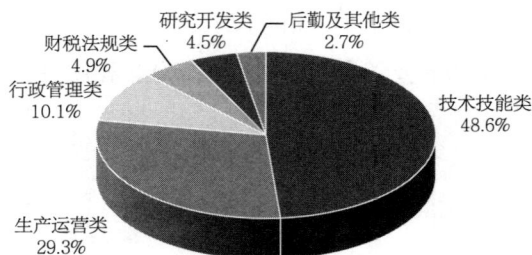

**图 17　2022 年下半年至 2023 年上半年东莞市高企累计在线发布各类岗位占比**

## （五）近四成人才需求集中在高端装备制造领域

从具体行业领域来看，高端装备制造领域高企累计发布岗位数量最多，共 2.6 万个，占比 37.6%，其次是新一代信息技术领域（1.8 万个，占比 25.1%）和新材料领域（1.2 万个，16.8%）。从岗位类型来看，高端装备制造领域和新一代信息技术领域高企技术技能岗位占比超过 50%，生物医药领域研究开发岗位占比接近 10%（图 18）。

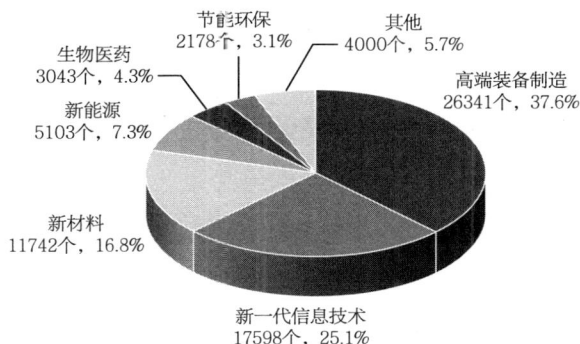

**图 18 2022 年下半年至 2023 年上半年东莞市各领域高企累计发布在线岗位数**

**表 1　2022 年下半年至 2023 年上半年东莞市各领域高企发布岗位类别分布**

| 行业领域 | 技术技能类 | 生产运营类 | 行政管理类 | 财税法规类 | 研究开发类 | 后勤及其他类 |
|---|---|---|---|---|---|---|
| 高端装备制造 | 52.2% | 23.4% | 9.5% | 4.5% | 3.3% | 2.1% |
| 新一代信息技术 | 50.8% | 23.6% | 8.8% | 5.0% | 4.3% | 2.6% |
| 新材料 | 45.6% | 31.3% | 9.4% | 5.7% | 5.1% | 2.9% |
| 新能源 | 47.3% | 25.5% | 12.4% | 6.7% | 4.8% | 3.3% |
| 生物医药 | 34.6% | 31.9% | 15.1% | 5.7% | 8.4% | 4.3% |
| 节能环保 | 47.8% | 28.6% | 11.7% | 6.3% | 2.2% | 3.5% |
| 其他 | 37.4% | 35.2% | 14.7% | 5.5% | 3.9% | 3.3% |

## （六）工程师类岗位占技术技能类岗位的一半

2022 年下半年至 2023 年上半年，东莞市高企累计发布技术技能类在线岗位 3.4 万个，其中工程师类岗位约 1.7 万个，占比 49.7%。从行业领域来看，高端装备制造领域高企对工程师的需求最多，累计发布工程师类岗位 6828 个，占工程师类岗位总量的 40.3%，其次是新一代信息技术领域（30.7%）和新材料领域（12.6%）。从具体的岗位来看，有 5 类工程师累计发布超 1000 个岗位,其中质量/品质工程师需求最多,累计发布在线岗位 1860 个,占比 11%,其次是前后端开发/软硬件工程师(1718 个、10.2%)、产品/工艺工程师(1646 个、9.7%)、机械工程师(1488 个、8.8%)和结构/体系工程师(1156 个、6.8%),见图 19。

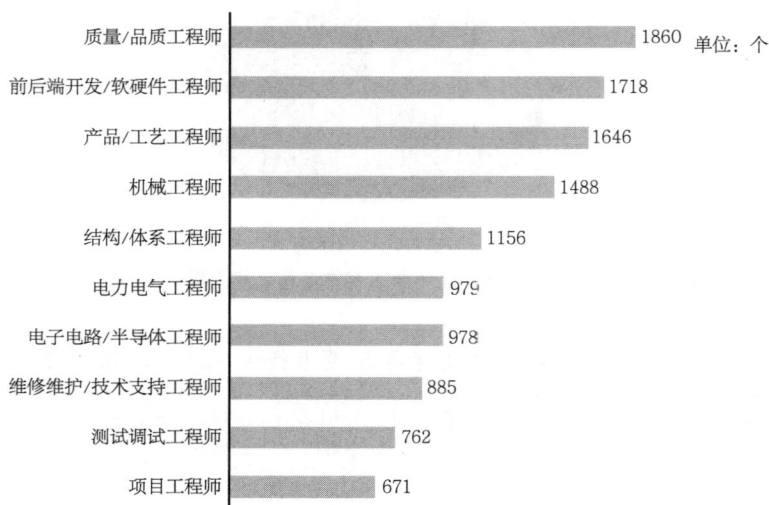

**图 19 2022 年下半年至 2023 年上半年东莞市高企累计发布数量前 10 的工程师类岗位情况**

## 四、加强东莞市高新技术企业人才队伍建设的意见建议

（一）坚持科创强企，夯实企业创新主体地位

1. 支持高新技术企业集聚科研人才

落实《东莞市加强研发人才引进培养实施办法》，支持东莞市高企大力引进培养研发人才。鼓励高企设立博士后科研平台、博士工作站等青年科研人才载体，支持高企建设各类工程技术研究中心、技术中心、实验室、中试车间、检验检测中心等各类研发机构，培养和引进科技人才，持续产出创新成果，提升企业创新能力。

2. 支持高新技术企业组建创新联合体

以龙头企业为核心，联合产业链上下游企业、高校与科研院所共同建立创新联合体，支持创新联合体面向产业发展重大需求，制定产业技术创新路线图，开展关键核心技术攻关，推进重大科技成果转化，促进技术开放共享，推动产业链优化升级。鼓励高企积极参与源头创新，参与重大科技基础设施关键技术和设备预研项目，承接大科学装置的外包项目，与大科学装置建设和运营单位共建创新平台，使用大科学装置开展实验。鼓励大型高企建立开放式创新平台，构建大企业与中小企业协同创新、资源共享、融合发展的产业生态，发挥大中小企业各自在人才、资金、设备、市场等方面的优势，共同开展技术和产品研发。

3.支持高新技术企业借助"外脑"

支持高企将具体领域的核心技术攻关专项以整体打包方式定向委托给科研实力较强的机构，推进产业关键技术突破，打通产业链条，带动产业快速增长。鼓励高企组织国内外重点高校、科研机构等各方力量开展核心技术联合攻关。通过"揭榜挂帅"等方式，帮助高企链接全球顶尖科技人才资源，围绕新工艺、新设备、新材料、新产品等方面开展技术研发，助力高企解决"卡脖子"问题，推动高企成为我市产业核心技术攻关、科研投入和成果转化的核心力量。

（二）坚持人才强企，锻造企业核心引领力量

1.构建以企业为主体的人才评价体系

探索市场化导向的人才评价体系，支持东莞市高企联合行业协会、创投机构等制定产业人才评价标准。探索赋予高企更大的人才自主评价权，积极探索"企业举才""资本评才""人才举荐"等人才评价方式，助力高企选拔具有特长和发展潜力的优秀人才。

2.支持高新技术企业引好用好外智

鼓励企业通过与海外高校、科研机构联合建立海外联合实验室、海外研发中心等创新功能节点，拓宽企业海外引才渠道。支持高企组团式到海外开展科技人才项目路演、技术转移活动周等活动，引进技术成果、

高层次人才等海外高端创新资源。

3.加强高新技术企业技能人才队伍建设

支持东莞市高企根据自己的岗位特点和生产需要，按照国家标准或者自己开发技能规范，积极开展职业技能等级认定工作。鼓励高企搭建技能大师工作室等载体，以师带徒等方式培养技能人才和开展技术攻关。深入实施新时代中国特色企业新型学徒制，引导东莞市高企按照年度用工计划总量或技能岗位员工的一定比例设立学徒岗位，与东莞市技师学院等联合建设企业新型学徒制培训中心、企业新型学徒制研究中心等，加强对学徒培训工作的研究和组织实施。

（三）坚持产才融合，打造高质量发展新动能

1.创新产学研合作新模式

定期向高企征集关键核心技术攻关需求，形成重点高企技术攻关清单，支持大科学装置、高校、科研院所、新型研发机构围绕清单内重点材料开展定向攻关。依托我市高校、大科学装置、科研院所及新型研发机构的高端人才资源，探索组建产业教授、科技副总等人才队伍，充分发挥其在促进校地校企联合开展科研攻关、科技创新和成果转化等方面的积极作用，进一步提升东莞市高企科研创新能力。

2.推进产才融合协同育人

鼓励东莞市高企深度参与东莞国家卓越工程师创新研究院建设，打造以产业应用为导向的人才培养体系，与大科学装置、高等院校、科研院所及新型研发机构等联合培养工程师人才。支持东莞市高企与东莞理工学院等高校共建现代产业学院、未来技术学院和卓越工程师学院，导入产业的先进技术、先进设备以及培训体系，与高校共同规划专业发展、开发项目化课程、组建教学科研团队、搭建实践教学平台、创建技术创新平台，定向培养具有更强实践能力、创新能力、国际竞争力的高素质复合型人才。

3. 打造产才融合服务平台

以服务人才、服务企业、服务政府为宗旨，搭建产才融合服务平台，组建专业化科技服务团队，补全产才融合服务链条，为东莞市高企提供高端人才引育、企业创新服务、产学研合作、产才融合项目孵化、产业人才培训等专业服务，全方位推动东莞市高企与高校、科研院所、人才团队等各项创新资源深度对接，打通产才合作"最后一公里"。

### （四）完善服务保障，优化高新企业发展环境

1. 提升高新技术企业服务效能

着力加强人才政策、科技政策、企业优惠政策等惠企惠才政策的宣传力度，确保惠企惠才政策不漏死角，探索建立"一企业一专员"工作机制，依托企业 HR 等人员组建企业人才专员团队，定期举办"送策进企"活动，组织企业人才专员进行政策宣讲、问题答疑及需求收集等，帮助企业深入了解最新的政策，着力解决企业问题诉求。大力发展人力资源服务业，采取"一园多区"模式布局，加快推进东莞市人力资源服务产业园建设，塑造覆盖服务外包、人才测评、背景调查、猎头服务、HR 管理软件等人力资源服务行业全链条的服务生态，逐步形成立体化、专业化、数字化、协同化、集聚化、国际化的人力资源服务体系，着力保障东莞市高企用人需求。

2. 完善科技成果转移转化服务

用好东莞市中俄国际高技术转移中心、国家技术转移人才培养基地（广东）等平台，积极开展技术经理人培训，积极引导高校院所、中介机构、企业等用人单位的专业技术人员专职、兼职从事技术经纪工作，着力打造一支懂技术、懂项目、懂产业、懂人才的技术经纪人队伍，推动更多科技成果与东莞市高企精准对接，在东莞"开花结果"。支持高企在关键技术领域开展发明专利布局，形成对其主要产品（服务）发挥重要支持作用的高价值知识产权。

3. 加强金融对高新技术企业的支持力度

充分发挥东莞市招商引资专项基金、产业转型发展基金、创新创业基金、产投基金、战略性新兴产业引导基金、城市发展基金等基金群的作用，推动政府引导基金更多投向高企。鼓励银行为高企量身定制服务方案，打造专属科技信贷产品，对高企提高放贷额度。大力推动高企上市，建立后备上市企业库，联动上交所、深交所及北交所等，分层分类予以重点培育辅导，支持高企加快利用资本市场，联动证券交易所、企业上市中介服务机构等优化企业上市服务机制，助力更多高企登陆资本市场。

# 东莞市激发企业人才开发主体作用研究

人才是第一资源，是企业创新的核心竞争力。习近平总书记指出，企业是科技创新出题人、答题人和阅卷人，要发挥企业技术创新主体作用，推动创新要素向企业集聚。目前，国内诸多地区正逐步优化人才工作思路，厘清政府与市场在人才引育中的作用边界，积极引导企业树立"人才优先"意识，突出企业在人才引进、培养、评价、使用中的主体地位，激发企业人才开发动力，构架现代化人才治理体系赋能高质量发展。

近年来，东莞立足"科技创新 + 先进制造"，全力培育发展"4+5"战略性产业集群，高标准谋划建设七大战略性新兴产业基地，聚焦新能源汽车、智能移动终端、半导体及集成电路、智能机器人、储能、电动自行车、高端医疗器械、预制菜、国产基础软件生态等重点领域打造 9 条重点产业链，构建"9 个战略性产业集群 +N 条重点产业链 + 多链主"体系，加快产业立新柱。目前，东莞已构建起由 21 万家工业企业、1.38 万家规上工业企业、9099 家国家高新技术企业、110 家专精特新"小巨人"企业、79 家境内外上市企业和 24 家超百亿企业、3 家千亿企业等组成的"金字塔"式的现代制造产业体系，其中 70% 的规模以上工业企业启动了数字化转型工作，玖龙纸业、拓斯达、正业科技等 3 家企业入选了广东省重点产业链"链主"企业名单。[①]截至 2022 年年底，东莞市全市非公有制单位人才资源总量 289.4 万人，同比增长 12.2%，占全市人才资源总量的 91.7%；高层次人才 19.3 万人，同比增长 20.8%，占全市高层次人才总量的 82%。因此，如何进一步强化企业人才工作理念，切实发挥企业人才开发主体作用，是东莞深入推进人才强市战略和创新驱动战略面临的一项重要课题。

为此，东莞市委人才工作领导小组办公室联合东莞人才发展研究院成立课题组，开展《东莞市激发企业人才开发主体作用的研究》。课题组梳理了全市人才政策，分析东莞人才政策体系激发用人主体人才开发动力的举措；回顾市委人才工作领导小组成员单位过去一年人才工作，总结东莞各部门在支持用人单位自主引才、育才、评才、平台建设以及服务保障等方面作出的努力和成效；以问卷调查的方式，分析凤岗、东坑、中堂、沙田等代表性镇街 553 家重点企业在人才引进、培养、评价、服务以及创新平台建设等方面面临的问题和需求；广泛收集近 50 个市、区关于发挥企业人才开发主体作用的先进工作经验；通过比对分析和问卷反馈分析，挖掘东莞在激发企业人才主体作用 6 个"有待加强"，并借鉴各地先进经验提出相应的对策建议。

## 一、东莞市激发企业人才开发主体作用的工作情况

### （一）出台企业人才自主开发政策

近年来，东莞围绕《关于加快新时代人才强市建设的意见》和《东莞市新一轮"十百千万百万"人才工程行动方案（2022—2024 年）》两份纲领性文件，从人才引育、平台建设、健全体制机制、打造人才生态等方面出台系列政策，形成"1+1+28"人才工作政策体系。政策

---

① 数据来源：《透过这场盛会，发现东莞"机器人+"新机遇》《广东省战略性产业集群重点产业链"链主"企业名单》。

体系突出了市场在人才资源配置中的关键作用，对用人单位引进符合条件的人才、开展技能培训和技能鉴定、承办技能竞赛、建设科研创新平台和人才培养平台等，给予相应扶持。

（二）多措并举助力企业自主引才

一是搭建可视化人才地图。通过调研和第三方招聘数据平台，采集企业需求、人才供给及分布情况，制作可视化地图，形成15份产业人才发展报告，开展精准引才。二是发布急需紧缺人才岗位。通过急需紧缺人才供求信息平台发布3171个急需紧缺岗位、需求人才11055人。三是举办线上线下招聘活动。举办2场"名企名校行"招才引智云聘会和1场线下招聘会，提供11883个人才岗位需求，超过3万名人才求职。通过"线上直播＋线下招聘"结合方式，开展2场莞训计划见习招聘会，累计组织59家单位为毕业生提供2450个岗位。组织市内102家单位参加教育部"24365校园招聘服务"陕西专场招聘活动，共提供411个岗位、需求人才1949人。四是组建"校园大使"队伍。通过市内高中选拔、推荐33名大学一年级新生担任"校园大使"，协助在北京、上海、广州和武汉四地高校开展招才引智政策宣传及各项人才招引工作。五是促进港澳人才来东莞工作。认定松山湖、滨海湾两家基地为东莞市首批市级港澳青年创新创业基地，大力引进港澳青年到莞创新创业。六是建成人力资源产业园先行区。吸引中国中智公司、深圳桑博人才集团、东莞信鸿等23家人力资源服务机构入驻，促进市场化引才。

（三）大力推动企业人才自主培养

一是建设人才培育载体，大力培育高素质创新人才。2022年，东莞新建博士后工作平台9个，省博士工作站27个，累计博士、博士后工作平台168个[①]，其中松山湖材料实验室和OPPO广东移动通信有限

---

① 《东莞：构建全方位立体化发展格局》，羊城派，2023年9月27日。

公司获批设立国家级博士后科研工作站。深入推动名校研究生联合培养（实践）工作，累计建设研究生联合培养工作站 68 家，培养企业导师 727 人，与国内外 181 所高校对接合作，吸引 3573 名工程硕博士研究生进入重点企业、研究机构开展联合培养；并推动基地获批建设国家首批 4 家试点建设的国家卓越工程师创新研究院，与国内 19 所重点高校和东莞 32 家重点企业联合开展卓越工程师培养。[①]

二是多元化开展技能培训，培养造就更多高技能人才。2022 年，东莞技能大师工作室（40 家）和技师工作站（超过 120 家）累计超过 160 家，采用师徒制传承技艺，推动技术进步和解决关键性技术难题，赋能企业高质量发展。立足各镇街产业发展需要，开展"项目制"技能培训 73495 人次。"市高训中心分基地"公益性实训体系，提供高技能公共实训服务 18 万人次。全年完成劳动者各类学历技能素质提升培训 31.77 万人次，新增 49 家企业 4585 名学徒通过企业新兴学徒制备案。

**（四）逐步推进企业人才自主评价**

一是下放特色人才评审权限，强化用人单位引才自主权。2022 年制定《东莞市特色人才自主评审暂行方案》，支持条件成熟的园区、镇（街道）、大科学装置、重点研发平台、高校及科研院所和市其他重大项目，通过自主评审方式开展特色人才评定，每个单位每年可自主评审推荐不超过 10 名特色人才，报市复核、审定后认定为二类到四类人才，激活企业使用人才评价人才的积极性和能动性，强化用人单位引才自主权、提高引才的积极性。

二是深化职称"放管服"改革，开辟人才引育绿色通道。东莞积极探索用人主体在职称评审中的主导作用，已向市委党校、材料实验室、工研院、电研院、广智院等 5 个单位下放职称评审权。同时，向市工程师协会等 11 个社会组织转移职称评审服务职能，推进职称社会化评审

---

① 《东莞国家卓越工程师创新研究院揭牌》，羊城派，2023 年 8 月 11 日。

改革；组建网络空间安全、食品、轻工、快递等专业中级职称评审委员会，扩展职称评审新专业；获批全省唯一人工智能副高级职称地市评审权，畅通企业内人工智能专业技术人才职业发展通道。

三是创新技能评价机制，建立企业自主评价"东莞模式"。东莞市在全省率先探索"定级＋晋级"并行的评价模式，首创核心能力、工作业绩、创新能力"三位一体"技师及高级技师自主评价模式，推动人才评价与职业发展贯通，为全省提供可复制的"东莞模式"。全市通过审核备案企业累计 563 家，占全省备案企业近三成；累计新增技能等级证书 17.2 万人次，其中高级工以上的 4.9 万人次，证书涵盖 200 多个工种，数量居全省前列。2022 年，东莞对 242 家开展职业技能认定的企业进行资金奖励，市镇两级共奖补 1210 万元。①

（五）持续壮大企业科研创新主体

一是提升企业发展能级，强化企业人才集聚力。截至 2022 年年底，东莞市全市高新技术企业数量达到 9099 家，遴选出高成长性的百强创新型企业和瞪羚企业共 123 家，全市高新技术企业有科技活动人员超 19 万人。全市建有省级以上重点实验室 13 家、工程技术研究中心 497 家，规上工业企业建设研发机构 6577 家，建有率达到 52.4%，集聚科研人员超 7.2 万人。

二是培育新兴企业主体，壮大人才集聚"母体"。东莞现有 118 个科技企业孵化器，大力支持科技人才创业，目前在孵企业超过 3700 家，其中松山湖国际创新创业社区集聚创新创业人才 4000 余名，探索形成园区社区校区"三区"融合的成果转移转化新模式正向全市推广。高标准规划建设七大战略性新兴产业基地，加快产业立新柱，2022 年，共有 7 个 30 亿元以上项目和 97 个强链补链新兴产业项目成功落户。

---

① 《共设 46 个赛项，2023 年东莞市技能大赛开幕》，羊城派，2023 年 7 月 15 日。

### （六）不断优化企业人才发展环境

一是搭建人才交流合作平台，增强人才归属感和认同感。2022 年，东莞围绕重点产业技术和人才需求，大力开展创新创业分享沙龙、创新创业高层次人才主题学术交流会、博士后沙龙、赋能人才主题报告会（12 场，7314 名高层次人才、企业代表参与），并委托广东院士联合会打造"松山湖科学会议"品牌活动，支持东莞市国际技术转移中心（DITC）成立"东莞市外国友人俱乐部"，为人才的交流合作和成长提供更多通道和平台。同时，深入开展"人才周末"文体活动，营造尊才爱才的城市氛围，其中"是人才 进莞来——高品质文艺演出人才专场活动"邀请超过 1000 名优才卡持卡人观看。

二是持续优化公共服务保障，着力解决人才后顾之忧。近年来，东莞积极优化人才住房、子女入学等服务保障，助力企业引才留才。在住房方面，出台了《东莞市发展保障性租赁住房实施意见》《东莞市人才安居办法（试行）》等多项政策，并在 2021 年和 2022 年分别筹集保障性租赁住房 3638 套和 30868 套。在子女入学方面，出台了《东莞市高端人才和企业人才子女入学实施办法》，给予符合条件的企业 1～30 个义务教育入学指标，保障高管和技术骨干子女入学，比如 2021 年发放 196 家"倍增"企业①689 名骨干人才入读民办中小学校补助 465.64 万元。深入实施"优才卡"制度，截至 2023 年 3 月累计发放"优才卡"20483 张，帮助 90 名人才享受购房服务，365 名持卡人子女落实义务教育入学，121 名人才享受免费健康体检服务。

---

① 包括"倍增计划"试点企业（118 家，587 人，395.15 万元）和协同"倍增"企业（78 家，102 人，70.49 万元）。

## 二、东莞市发挥企业人才开发主体作用存在的不足

### （一）企业人才发展意识有待加强

**1. 企业对人才引领发展的认识不足，高层次人才需求量不大**

传统制造业仍是东莞主导产业，效益是企业第一追求目标，对人才的认识依然停留在"人力是成本"的传统观念中，对人才引领发展的认识不足。目前，大部分企业碍于自身局限性，欠缺长远的人力资源发展规划，没有形成科学完整的人才引育体系制度。调研显示，56.98%的凤岗受访企业 2022 年人才培养经费投入不超过 5 万元；人才需求更多的是应用型技能技术人才、销售营销类人才和一线普工（图 1）。

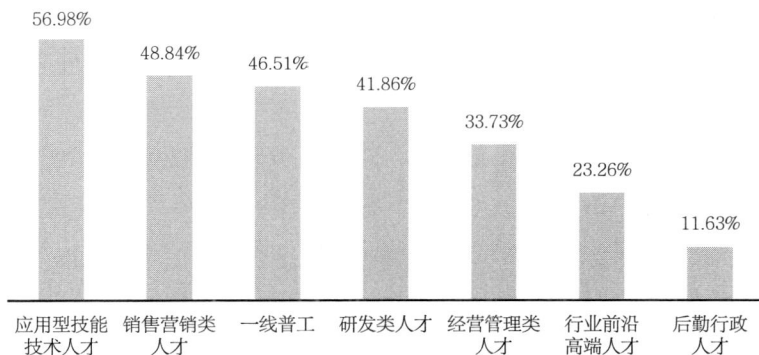

**图 1　凤岗受访企业对各类人才的需求程度达到较多需求和迫切需求的情况**

**2. 企业对人才工作不关注不重视，政企联动效应不高**

调研发现，企事业单位作为用人主体的积极性没有充分调动起来，缺乏主动了解人才政策、主动与政府部门沟通的积极性。比如，43.02%的凤岗受访企业不了解青年人才综合补贴政策，11.11%的中堂受访企业完全不了解市镇两级人才政策，50.75%的受访战新企业从未向员工宣讲东莞人才政策。再如，设立企业人才专管员是企业人才意识强烈的具象表现，但东莞直到 2022 年才开始试点设立人才专管员（人才服务首席代表），远远滞后于泰州姜堰（2016 年）、潍坊滨海（2017 年）、南通通州（2021 年），其中人才专管员数量最多的镇街（园区）为南城

50名，远低于泰州姜堰（80名）[①]、南通通州（100名）[②]。

（二）人才政策企业导向有待加强

1.现有政策主要扶持个人，对企业的激励较少

东莞现有人才政策优惠主要为各层次人才的安家／生活补贴、素质提升奖励，也是东莞主要的人才经费支出项目；在支持用人单位自主开发人才方面，主要包括引才奖励、企业技能培训和自主认定奖补、研发机构和人才培养平台设立资助。相比济宁、惠州大亚湾等地，东莞人才政策体系在发挥企业人才开发主体作用、推动产才融合的引导作用较为薄弱。比如，"济宁人才金政20条"进一步优化了人才项目和平台的支持方式，人才经费主要资助对象转移至用人主体，突出企业引才育才激励，推动用人单位主动引才育才，充分发挥企业引才育才主体作用，提升产才融合效能。

2.引才奖励方式单一，引才对象限定范围较窄

东莞按引进人才类别给予引才单位一次性引才奖励，人才类别限定为市级以上重点人才工程入选者、百名博士专业人才计划入选者、研发人才，通过中介引才的只能由一个引才单位提出一次申领，市场化程度相对较低。从奖励方式看，苏州、芜湖、连云港、济宁、惠州大亚湾等地，对用人单位引进符合条件的高层次人才，按实际支付薪酬的20%～50%给予企业薪酬补助；芜湖、济南、宁波镇海区等地对用人单位通过第三方引进符合条件的高层次人才，按中介费用30%～50%给予用人单位补助；杭州和惠州大亚湾对企业引进符合条件的高层次人才所支付的相关费用，允许按规定在企业所得税税前扣除。从引才类别看，连云港、济宁、惠州大亚湾、宁波镇海区对引进人才的年薪达到一定水平，纳入引才奖励人才限定类别。

---

① 《泰州姜堰区首批台资企业人才专员正式上岗》，台州市台办，2017年5月11日。
② 《通州区举办科技镇长团及重点企业人才专员业务培训班》，东方网，2021年10月15日。

### （三）企业引才竞争力有待加强

**1. 企业规模总体较小，高层次人才需求量不大**

东莞既是制造业大市，也是中小企业大市。目前，全市经营主体达到 166 万户，其中工业企业 21 万家，规上工业企业 1.38 万家，中小企业占比超过 98%，人才需求更偏向专业技术人才和一般生产人才。调查结果显示，50.2% 的中堂受访企业表示最需要的是大专及以下学历人才；凤岗受访企业人才需求最多的是应用型技能技术人才、销售营销类人才和一线普工；85.6% 的中堂受访企业对高层次人才的需求在 5 人以下；16.3% 的凤岗受访企业研究生学历人才呈净流出状态，79.1% 的凤岗受访企业无研究生人才引进或流出。

**2. 企业能级不高，人才吸引力不强**

尽管东莞已成功迈进"双万"城市行列，但优质企业规模和科创能力仍有较大的提升空间，广州、深圳两市众多行业巨头企业对东莞仍有极大的人才"虹吸效应"。公开资料显示，东莞全市高企数量 9099 家，深圳达 2.3 万家，广州突破 1.23 万家，其中有 22 家企业入选 2023 年胡润全球独角兽榜[①]；东莞建有省级以上重点实验室 13 家，深圳有 40 家[②]，广州有 272 家[③]；东莞规模以上工业企业研发机构覆盖率 52.3%，深圳宝安区为 68%[④]。《2022 年粤港澳大湾区人才发展报告》显示，广州、深圳两地人才合计占粤港澳大湾区人才总量的 75.58%，企业招聘岗位占大湾区 78.87%；广深对东莞人才吸纳能力较强[⑤]。调查显示，80.25% 的中堂受访企业存在人才流失问题，中小微企业因为规模小、资金少等条件限制，熟练工、高级技工等成熟技术型人才少、引进难。

---

① 《百里挑一，2023 广州拟上市高新技术企业百强榜单重磅发布》，广州日报，2023 年 9 月 28 日。

② 《华夏泰科：深圳市重点实验室申报条件》，2023 年 10 月 26 日。

③ 《2022 年广州市国民经济和社会发展统计公报》。

④ 《三大"引擎"如何推动形成新质生产力？》，南方日报，2023 年 10 月 27 日。

⑤ 《2022 年粤港澳大湾区人才发展报告》，猎聘大数据研究院，2023 年 2 月。

3. 引才渠道单一，人才招引困难

尽管东莞采取了多种方式搭建人才供需对接平台，但覆盖的企业范围仍十分有限，企业人才招聘仍存在较大困难。调研显示，本地院校资源与企业实际需求契合度不高，无法满足用工缺口；51.85%的中堂受访企业很难招到和只能招到一部分人才；除少量规模较大企业会前往校园进行线下专场招聘会外，其他企业人才引进渠道以熟人推荐、网络招聘为主，高层次人才引进渠道不够开阔且引才形式不够灵活多元；地方人力资源机构多以劳务派遣、职业中介等为主营业务，缺少猎头服务等高端业务，部分重点企业反映，本地人力资源产业实力不足，对于技术技能岗位的人才招聘，需要经常购买深圳人力资源机构的中介服务，导致引才成本偏高。

**（四）企业自主育才能力有待加强**

1. 企业自主培养人才意愿不高

企业自主育才面临员工培训兴趣不高、培训资源短缺、培训成本高昂、训后人才流失等众多问题，这对企业自主育才的主动性、积极性都具有极大的影响。其中，最重要的影响是训后人才流失和培训成本高昂。调研显示，39.02%的东坑受访企业和43.02%的凤岗受访企业表示开展人才培训活动的支出较高，经费压力过大；36.59%的东坑受访企业和33.72%的凤岗受访企业表示存在员工参与培训积极性不高的情况；63.41%的东坑受访企业和48.84%的凤岗受访企业认为人才稳定性不足，担心培育后的人才会"跳槽"，故更愿意直接购买高新技术或从外部聘请学历高、有经验的人才；沙田受访企业表示培养新的技术型人才耗时长、负担重，并且新培养的技术型人才由于发展环境等原因容易跳槽，人员流动性大，影响了企业新项目研发和整体转型升级（图2）。

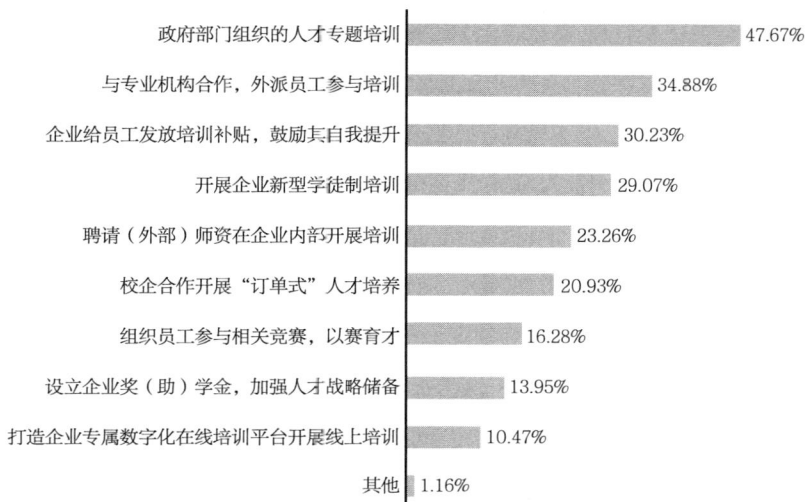

| | |
|---|---|
| 政府部门组织的人才专题培训 | 47.67% |
| 与专业机构合作，外派员工参与培训 | 34.88% |
| 企业给员工发放培训补贴，鼓励其自我提升 | 30.23% |
| 开展企业新型学徒制培训 | 29.07% |
| 聘请（外部）师资在企业内部开展培训 | 23.26% |
| 校企合作开展"订单式"人才培养 | 20.93% |
| 组织员工参与相关竞赛，以赛育才 | 16.28% |
| 设立企业奖（助）学金，加强人才战略储备 | 13.95% |
| 打造企业专属数字化在线培训平台开展线上培训 | 10.47% |
| 其他 | 1.16% |

**图 2　企业自主育才面临的问题**

## 2. 企业缺乏人才自主培养载体和培训资源

东莞中小企业主要采取"师带徒、老带新"等传统人才培养方式，缺少人才培养载体，培养经费投入不足，培养渠道单一，缺乏系统化、规模化、制度化的科学培养体系。调研显示，中堂受访企业培训经费占营收比例 0.5% 以内的占比达 37.45%；凤岗受访企业 2022 年人才培养经费投入不超过 5 万元的企业占比 56.98%；36.05% 的凤岗受访企业表示缺乏相关人才培训资源（场所和师资），见图 3。

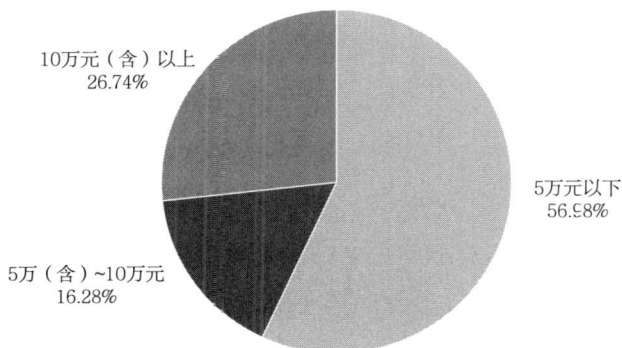

10万元（含）以上
26.74%

5万元以下
56.98%

5万（含）~10万元
16.28%

**图 3　受访企业人才经费投入情况**

### （五）企业人才自主评价有待加强

**1. 企业缺乏人才自主评价权限**

目前，东莞特色人才评审主要由政府部门主导，评审仍以申请人荣誉奖项为主要导向，用人单位自主评审处于试点阶段，用人主体作为人才评价使用的主体作用未能有效发挥。相比之下，芜湖建立起以薪酬为导向的企业人才评价体系，在企业工作的人才申请认定市高层次人才，以人才工资性薪酬作为唯一评价标准；西安开通了用人单位自主确认高层次人才的渠道，支持一些重点培育的行业企业根据岗位紧缺度、员工贡献度、业绩表现、创新成果等指标自主定标、自主开展人才评价确认。职称评审与特色人才评审存在基本相同的问题。

**2. 企业参与人才自评意愿不高**

全市通过企业职业技能等级认定审核备案的企业累计563家，与东莞打造"技能人才之都"的战略目标仍存在较大差距。调研发现，企业开展职业技能等级自主认定的意愿不高，主要包括以下三点原因：一是增加成本压力，19.83%的东坑受访企业反映财政对企业开展技能等级自主认定的资金奖补力度不足，开展认定工作的成本相对较高；二是申报流程复杂，47.67%的凤岗受访企业对认定工作和流程不了解、不清楚；三是人才工作意识不强，部分企业表示开展技能等级自主认定工作对企业发展意义不大，企业薪酬体系足以体现人才技能水平，仅18.97%的东坑受访企业有意向申报开展企业职业技能等级认定。

**3. 人才参与企业自评意愿不高**

部分企业反映，单位职工对参与企业职业技能等级自主认定的积极性不高，企业开展技能等级自主认定的成效不高。主要有以下三大原因：一是企业自主评价颁发的证书缺乏互通互认性，除少数龙头企业颁发的认定证书，社会对企业自主评价颁发的技能等级证书有疑虑，认为缺乏权威性，对其认可度不高，人员流动后需重新评价；二是缺乏相应的激励机制，目前东莞技能人才培养主要奖补对象为培养单位，用人单位未能建立相应的技能—薪酬挂钩机制，人才缺乏考证动力，20.69%的东坑受访企业反映人才获评后缺乏激励、员工缺少参评积极性；三是挤占员工时间，50.34%的东坑受访人才表示由于工作忙，没有时间参加培训和考评认定。

### （六）人才公共服务保障有待加强

#### 1.交流氛围

虽然东莞打造了系列人才交流活动品牌，但存在活动覆盖人才范围不够广、举办频次不够多等问题，大部分镇街缺少产业技术人才常态化交流平台，人才引进和留用受影响较大。谢岗受访对象反映，人才交流平台与人才成长未能同步发展，人才间交流和联谊的平台不够广，本土讲座、论坛、沙龙等形式的活动场次不够多，造成沟通交流不频、学术提高不多、归属感不强等问题，高端人才更愿意首选深圳、广州等资源平台集聚的城市。

#### 2.生活保障

子女入学、住房保障、医疗环境是增强城市人才吸引力的关键因素，但东莞教育、住房、医疗等资源存在总量不足、质量参差不齐、分布不均等问题，企业的引才聚才竞争力难免受到一定程度的弱化。调研显示，37.21%的凤岗受访企业和31.34%的受访战新企业表示教育、住房、医疗等配套不足，是单位人才流失的主要原因；横沥受访人才表示区域人才集聚最主要的是完善中小学教育和加强住房保障。

## 三、促进东莞市企业发挥人才开发主体作用的对策建议

### （一）增强"人才强企"意识

#### 1.组织企业家高端培训，提升人才强企意识

一是大力推进"百千万企业家培训工程"，切实落实"倍增计划"企业经营管理者素质提升资助项目，将"人才是第一资源"的理念融

入企业经营管理者培训课程，通过专家授课、外出考察等方式，引导企业树立"企业要腾飞，人才是关键"意识，学习先进优质人才平台建设成功经验、提升企业人才发展环境。二是依托莞商学院和莞商学院分院平台，邀请专业人力资源服务机构，针对企业家人才意识概念模糊、人事管理战略规划"缺位"、人才工作岗位"空缺"等问题，为企业"问诊开药"。三是开展人才工作突出贡献企业评选，引导企业提早谋划，根据各自的发展定位和方向，有针对性地引进和培育今后发展所需的紧缺人才。

2.打造人才联络员队伍，加强政企沟通联动

一是探索"干部联企业，服务助发展"活动，推动市镇两级党委领导班子成员、人才工作领导小组成员单位班子成员每人至少联系一家企业，并选派机关干部联系服务辖区重点企业，提供"一对一"优质跟踪服务。二是用好人才服务专队，定期开展人才政策培训交流活动、重点企业和人才走访活动，并在辖区重点企业或重点企业所在社区设立人才服务工作站，精准推送人才政策，调研企业人才技术需求，及时解决企业在人才引进、培养、使用等方面遇到的困难问题，将专业服务送到企业门口、人才身边。三是深入实施人才专管员制度，要求各镇街人社分局将人才专管员设立企业逐步扩大到所有重点企业和科技型企业，定期组织人才专管员开展业务培训，努力将其培养成人才政策"宣传员"、项目申报"服务员"、人才工作"联络员"，并每年评选一批积极履职、成绩突出的人才专管员予以表彰和激励。

（二）建立产才融合政策体系

1.优化人才政策支持方式，突出政策产才融合导向

一是贯彻落实习近平总书记"发挥用人主体在人才培养、引进、使用中的积极作用"的指示精神，在新一轮人才政策修订过程中，重点突出引才奖励、育才补贴、自主评价奖补、项目研发投入补助、平台建设资助，推动人才经费资助对象逐步向用才主体转化，充分发挥市

场在人才资源配置中的决定性作用。二是探索出台产才融合专项政策，推动以"共性核心政策＋特色专项政策"为主要框架的区域产业政策体系，推动产业链、资金链、人才链、技术链"四链合一"，激发人才引领产业发展、促进产业集聚、服务产业升级的创意创新创造活力。三是进一步优化人才补贴申领条件，加强政策对企业引才留才的支持作用，比如对于青年人才综合补贴，可进一步提高人才在同一企业连续参保的要求，适度延长参保时间。

2. 设立多元引才奖励方式，创新市场化人才引进模式

建议可将东莞引才奖励划分为用人单位和引才单位两部分，用人单位奖励为用才补贴，引才单位奖励为中介引才奖励。用人单位自主引才的可同时申请用才补贴和中介引才奖励；通过第三方引才的，用人单位申请用才补贴，第三方单位（个人）申请中介引才奖励，调动社会各界力量协助引才，充分发挥市场化引才积极性。同时，建议采取薪酬补贴或中介费用补贴等方式，并将薪酬水平达到一定水平的人才纳入引才对象范围，充分发挥用人单位引才用才的主体作用。

（三）强化企业人才引进优势

1. 促进招商引资与招才引智融合

立足"科技创新＋先进制造"城市定位，围绕产业立新柱，聚焦"9个战略性产业集群＋N条重点产业链＋多链主"体系，对接专业招商团队，加强与行业协会、商会、投行等机构平台交流，精准绘制目标企业图谱，瞄准"龙头项目＋专精特新"，采取产业链招商、以商招商等方式，引入一批有实力、有发展前景的大企业，走好"引进企业—集聚人才—带动产业"的良性发展路径。切实落实特色人才和科技人才创业扶持相关政策措施，大力引进和培育一批创业型高层次人才（团队），创设一批具有"精、新、专"特色的新兴企业，进一步扩大人才集聚的新兴主体规模。

2. 提升企业发展能级

一是深入实施创新型企业梯队培育工程，强化企业技术创新主体地位，促进各类创新要素向企业集聚，完善创新型企业孵化育成体系，提升企业创新能级，构建百强企业—瞪羚企业—高新技术企业的创新型企业培育梯队。二是深入实施《关于坚持以制造业当家 推动实体经济高质量发展的若干措施》，推动各镇街（园区）加快出台相关文件落实市工作部署，对企业建立研发机构或对研发机构进行扩能升级的，给予一定的资金奖励，提高企业研发机构建有率，为人才发展提供平台支撑。三是鼓励企业与高校、科研院所等合作，共建科研创新平台，完善产学研合作机制，为人才提供项目合作机会。

3. 拓展招才引智渠道

一是建立健全"双招双引"机制。坚持招才引智与招商引资协同推进，将高层次人才引进工作前置，在招商部门洽谈项目时，将项目的科技研发能力、平台情况、高层次人才团队情况作为衡量项目的一项重要指标，重点引进有高层次人才团队的优质项目，着力打造与产业匹配的人才链。二是持续完善可视化人才地图。做好国内外高层次人才信息采集和精确急需人才岗位发布工作，持续完善"一库一清单"，推动高端人才和企业精准匹配。依托东莞理工学院、香港城市大学（东莞）、散裂中子源、松山湖材料实验室等高校院所集聚一批高端人才，建立人才标签体系，建立高精度的动态画像档案，打造企业技术攻关高层次人才"蓄水池"。三是丰富提升引才活动形式。通过举办产业发展高端论坛、对接洽谈会、专家服务基层活动，邀请专家学者来东莞参观交流，与东莞企业开展形式多样的合作；丰富"名企名校行"和"莞训计划见习招聘会"等引才活动形式，完善"线上直播＋线下招聘"引才方式；持续壮大"校园大使"队伍，力争做到全国重点院校"一校一使者"。四是做强人力资源服务产业。加快推进人力资源服务产业先行区建设，并以先行区为核心，鼓励镇街成立人力资源集聚服务区，促进优质人力资源服务机构集聚发展，规范人力资源市场秩序，有效推动"市场引才"。

**（四）增强企业自主育才力量**

1. 提振企业自主育才积极性

一是设立高层次人才培育奖励，对用人单位自主培育的人才（团队）入选市级以上重点人才工程，或在市级以上创新创业大赛名列前茅的，按入选（获奖）项目投入的一定比例给予用人单位研发补助。二是支持企业开展技能人才培训，对参加新兴学徒制、开展"项目制"技能培训、开展职业技能竞赛和岗位练兵的企业，根据实施成效给予一定经费支持；并探索借鉴重庆企业自主开展技能人才培育补贴发放方式，补贴资金按一定比例发放给用人主体和参训人员，同时提高用人主体和人才参训积极性。

2. 协助企业自主开展育才活动

一是大力支持重点企业建立博士/博士后工作平台、名校研究生联合培养（实践）工作站、技能大师工作室等高层次人才培养平台，通过项目研究、联合培养、名师带教等方式，培养一批符合企业发展需要的高学历、高技能人才。二是依托高训中心和各分基地，统筹各方培训资源，定期采集企业人才培养需求，组织相同培养需求的企业开展联合培训，建立由政府部门统筹、企业共享培训资源的人才培养模式。三是探索实施市场化培训新路径，根据市场和企业需求，联合职业培训机构，采取订单培训、与企业联合办学等多种形式，多开设短期、有针对性的业务技能培训班。

3. 推动产教深度融合发展

一是设立企业奖学金补贴，鼓励用人单位在全国重点高校和科研院所设置奖学金，以提供奖学金、助学金等方式"量身定制"符合东莞重点产业发展方向的专业人才，根据合作院校的不同层次，按当年奖助学金出资总额的一定比例给予用人单位奖励。二是开展校企联合培养，鼓励用人单位结合生产实际自主确定人才培养对象，按照"政府引导、企业为主、院校参与"的原则，支持企业通过订单班、冠名班、跨企业培训中心等多种形式参与职业教育和职业培训项目，充分发挥企业和职业院校的双主体作用，按实际支付费用给予用人单位一定标准补贴。三是探索建立校企人才合作联盟，对接和吸纳市内外院校资源和用人单位，鼓励成员单位开展人才定制培养、岗位定向输送；依托联盟推动重点企业与重点高校院所开展产学研活动，建立高校联合实习实训基地，探索在各镇街（园区）设立专业技能培训机构，共同培养专业技能技术人才。

**（五）拓展企业人才自评权限**

1.推动特色人才评价社会化、市场化改革

一是切实落实《东莞市特色人才自主评审暂行方案》，逐步扩大试点范围，向更多重点研发平台、科研院校下放特色人才评审权限；试点向重点企业开放自评权限，将入选国家专精特新名录企业、独角兽企业、上市企业纳入自评范围。二是企业人才评价引入薪酬指标，在新一轮《东莞市特色人才目录》修订时，参考芜湖高层次人才分类界定方式，按工作单位性质将人才分为企业人才和事业单位人才，企业人才认定特色人才，将人才工资性薪酬作为最重要的评审指标。

2.开展企业职称自主评审试点工作

一是积极向省申报更多高级职称评审权限，组建新经济、新业态职称评审委员会，健全东莞职称评审专业体系；二是探索完善职称指标量化打分式评审，逐步向社会组织转移职称评审服务职称，支持更多重点研发平台和企业开展职称自主评审，并探索事后备案管理机制；三是探索职称申报企业家举荐制，对未开展职称自主评审的重点科创企业，其研发人才按在研发团队（项目）中的角色和贡献，由科创企业负责人签字提名，提出研发人才从初级到高级的职称申报建议，相关职称评审部门对研发团队整体开展职称评价。

3. 深入推进企业职业技能认定

一是大力推广职业技能评价定级与晋级并行机制，持续探索构建个人素质、工作业绩和创新能力"三位一体"的技师及高级技师评价模式，建立适应产业企业需求的技能评价机制。二是引导构建企业技能生态，融合企业职业技能等级认定、新兴学徒制培训、"项目制"技能培训，以取得技师和高级技师证书老员工作为企业导师，组织开展青年员工结对帮带活动，形成技能人才培养、使用双循环机制，对完成全部课程培训，直接认定相立的技能等级。三是探索建立校企联合认定机制，依托职业技能等级认定备案院校，校企联合制定评价标准和联合开展技能等级认定，由备案院校颁发证书，提高自主认定证书的互通互认性。四是鼓励企业建立等级自主认定与员工薪酬制度贯通机制，提高员工参评积极性。

（六）优化企业人才发展环境

1. 交流环境

一是持续开展人才赋能活动、博士后沙龙等人才活动，为东莞人才搭建交流合作平台。二是聚焦新能源汽车、智能移动终端等9大重点产业链，参考华为开发者大会，探索以链主企业联合带动方式，举办"开放式"产业技术交流活动，促进知识共享和创新思维的碰撞，打造行业"高能级"人才交流平台和品牌，增强东莞对重点产业链研发人才的吸引力。三是丰富"人才周末"文体活动内涵，统筹地方特色文旅资源，并充分利用工青妇资源整合力量，积极开展丰富多样的青年人才联谊交流活动，搭建人才互动交流平台，大力举办沙龙、茶话会、人才论坛等各类活动，加强城市推介，促进青年人才深度融入城市发展。四是依托松山湖国际创新创业社区、常平香港城、各港澳青年创新创业基地，打造"类海外"人才环境，以舒适的生活和交流环境吸引海外人才扎根东莞。

2. 子女教育

一是深化提升教育水平，合理利用教育集团的优势，通过互派骨干教师跟岗学习，将集团内学校间的交流落实在具体教学教研活动中，以优秀教师资源的流动实现整体教学水平提升；通过托管、交流等机制，把优质课程、优质管理理念带到民办学校，以资源共享促进优质教育发展。二是加快实施教育扩容，全面摸清现有教育资源的最大学位数，厘清最大承载力，有效配置和提升学校办学条件，在优质公办教育资源十分紧张的情况下，充分挖掘义务教育公办学校学位，进一步做好人才子女入学服务工作。

3. 住房保障

一是探索人才房企业定向配租和集中租赁相结合方式，按税收贡献或单位人才构成，向用人主体分配住房名额，由用人主体根据员工实际情况自行分配；对住房需求较大的用人单位，鼓励各镇街（园区）提供部分房源采取团购或集中租赁的方式，面向企业人才定向分配，以促进重点产业落地和人才集聚。二是探索人才房企业自筹机制，鼓励企事业单位在员工宿舍合理分配一定比例的人才安居住房，或经规划建设部门批准自行建设、筹集人才安居住房，符合相关要求的，由财政给予一定额度的建设经费资助。

4. 医疗保障

一是提高公共医疗卫生服务水平，定期开展企业人才健康宣传、义诊入园区活动，为园区企业人才提供诊疗指导、健康教育等活动。二是建立高层次人才医疗保障联系卡，实行挂点联系责任制，明确责任领导、责任单位、责任医生，实现"一卡在手，保障无忧"的"点对点"医疗服务保障。三是试点探索跨城门诊报销制度，在深莞深度融合发展示范区选取1~2个镇，试点允许在东莞工作但社保关系在深的人才在东莞就医，享受东莞社保同等待遇。

# 东莞市人才大厦建设研究

近年来，东莞深入推进人才强市战略，大力实施新一轮"十百千万百万人才工程"，全面吹响"是人才 进莞来"引才号角，为东莞聚焦"科技创新＋先进制造"发展战略，打造先进制造之都提供了坚实的人才引领与智力支撑。截至 2022 年年底，全市人才总量达 315.7 万人，拥有各类人才平台 1500 多个。依托雄厚的人才和创新资源，东莞招才引智和项目落地工作达到快速增长期，人才在东莞落地创新创业的意愿越发强烈。然而，目前东莞人才创新创业服务载体建设仍在起步阶段，创新创业项目对接、承载能力与全市人才双创需求仍存在差距。为进一步满足全市人才创新创业需求，提升项目承载能力，东莞提出建设人才大厦项目。

本报告在提出建设东莞市人才大厦项目的基础上，搜集整理全国 30 多个先进地区（包括省、市、区层面）超过 60 个人才服务载体资料，总结上述地区人才服务载体的建设经验，同时分析东莞人才服务载体建设现状及必要性，对东莞建设市人才大厦提出对策建议。

## 一、人才大厦的建设历程和功能定位

人才大厦主要指具有创新创业人才服务功能、创新创业项目孵化功能、人力资源服务产业集聚功能、引才聚才功能或生活服务配套功能的人才服务载体。

### （一）我国人才大厦建设历程

近年来，为有效提升人才服务质量，各地积极搭建人才服务载体，进一步完善人才服务链条。总体来看，我国人才大厦发展主要分为三个阶段。

#### 1. 起步探索期

2014 年起，上海、常州、广州天河、青岛、洛阳等市（区）率先开始探索建设人才服务集成载体——人才大厦（人才港），集聚创新要素打造创新创业生态链、建立与产业高质量发展相匹配的人才服务体系。出台相关配套支持政策，比如常州天宁人才大厦出台《关于鼓励国内外知名企业入驻江苏常州人力资源服务产业园的意见》，青岛国际院士港出台《青岛国际院士港资助服务暂行办法》，强化载体建设支持。

#### 2. 初步推广期

在 2018—2021 年，汕头、苏州、上海浦东、嘉兴、南京建邺、济南、泉州晋江、杭州余杭、嘉兴桐乡、江门高新区、常州天宁、广州南沙、烟台自贸区、深圳宝安等沿海城市（区）相继启动建设大厦（人才港），主要以打造人力资源服务大楼、创新创业项目孵化基地、人才服务综合体为目标。

#### 3. 高速发展期

2022 年后，沿海城市人才大厦建设从"木"到"林"，比如深圳新增了前海国际人才港、光明科学城人才港、龙华区创新创业孵化基地"英才港"、龙华区未来人才大厦；苏州打造"苏创湾"品牌，在下辖的昆山、张家港、吴江、吴中、相城、姑苏、苏州工业园区、虎丘等区（市、县）都布局了人才服务集成载体。人才大厦建设也从沿海城市向内陆城市扩展，比如武汉启动光谷科技大厦和光谷人才港，乌鲁木齐启动高新人才大厦，内蒙古和林格尔启动人才创新谷，赣州赣县区启用人才大厦等。

（二）各地人才大厦功能定位

据不完全统计，全国各地已有近60个人才服务载体建设完成，并通过不同的发展定位实现人才服务品质的提升。从核心发展定位看，各地人才大厦的定位主要包含以下五种类型。

1. 创新创业人才服务综合体

"一站式"创新创业人才服务综合体是大部分人才服务载体的目标定位，通过资源整合，实现公共服务、人力资源服务、创新创业服务、生活配套等全方位优质资源的集中供给。主要以粤港澳大湾区（广东）人才港及其分港为代表，比如，粤港澳大湾区（广东）人才港（壬丰商务大厦5、6、7、12层，共1.6万平方米）内设人才公共服务中心、高层次人才创新交流中心、高技能人才创新交流中心，以及粤港澳大湾区（广东）人才馆、广东省流动人员人事档案馆、广东省人社事业综合档案馆等功能区，集中所有人才政策及人才服务功能"一港集中、一网通办"，是大湾区人才全链条服务的总基地。中新广州知识城国际人才自由港（位于知识城大厦C栋二楼，规划办公场地近3000平方米）内部设有人才"零跑动"服务大厅、展示厅、路演厅、海外引才工作站、高层次人才工作室及科学家办公室等功能区，创新整合"政务＋人才安居创业类＋企业创新壮大类"服务，为人才提供覆盖人才创业到企业成长全周期的一站服务。广佛人才港（位于新材料国际创新产业园，启用区共计1000平方米）内设有党建书吧、创业加油站、创客空间、共享实验室、创意休闲吧、创展区、创活力健身房等一系列实体化服务平台，集创业、工作、交流、休闲于一体，提供政策解读、共享实验室、成果转化、创业辅导、产学研合作、项目申报、财税法务及专利咨询、战略指导、企业管理提升、投融资辅导、融资顾问等"一站式"人才服务，是人才交流以及成果展示的重要平台。天河人才港运营面积 5500 平方米（位于天河区政务服务中心大楼 7~9 层），其中 7 层为一站式政务服务大厅、创业主题书吧和联合办公空间，8 层提供沙龙、会议、培训和路演场地，9 层为社会化品牌服务机构入驻的市场化人才服务专区（作为广州国家级人力资源服务产业园核心区），为创业团队提供从创意萌生、落地注册、团队组建、项目路演到融资上市的全链条服务，并与楼下的天河区政务服务中心对接，实现区内外"双创"资源共享。

2. 创新创业项目孵化基地

为加速实现科技成果产业化，打造创新创业良好生态，部分地区在建设人才服务载体时将功能定位为创新创业项目孵化基地，即通过平台集成各类创新创业服务资源，推动创新创业项目实现落地，促进地区产业化发展。比如，长三角（无锡）国际人才港共 13 层（映月湖科技园 D2 号楼、面积 13448 平方米），其中有 7 层用于建立孵化器和加速器（5~11 层），其他楼层用于设立一站式政务服务中心，配备企业联合办公区、创业者俱乐部、休闲娱乐等功能区，引入高端中介服务结构，并匹配 240 套雅诗阁运营的国际人才公寓（单独一幢楼），致力构建海外人才"引育留用"全周期闭环服务体系，打造长三角地区的"海归第一站、双创首选地"。青岛国际院士港由 26 栋独体多层小楼和 3 栋高层组成，占地面积约 88 亩，建筑面积达 19.6 万平方米，布局和功能区划分包括院士创新创业区，博士创业孵化区、创业加速区，人才公寓以及商务配套区。常春藤国际人才港规划建筑面积 10 万平方米，分区规划生产研发区、办公区及生活配套区（人才公寓），区域配套 IDC 数据中心、绿色低碳综合能源中心，构筑"研发—孵化—加速—产业化"功能闭环，打造人才集聚高地、科技创新驱动引擎、数字产业集聚平台。

3. 人力资源服务机构集聚区

为加快人力资源服务业发展，推动人才资源服务实现产业化，部分地区在建设人才服务载体时将平台功能定位为人力资源服务机构集聚区，依托平台资源集聚优势，完善人力资源服务产业链条，打造具有影响力和品牌效应的人力资源服务产业园。比如，上海自贸试验区人才大厦一期项目提供近6000平方米使用面积，其中700平方米用于设立国际人才服务中心大厅和12个办事窗口，4000平方米用于人力资源服务机构办公，1000平方米用于企业人才培训，副楼设800平方米的人才招聘大厅，致力打造人才公共服务和人力资源市场服务的综合平台。武汉光谷国际人才港总建筑面积6.1万平方米，由A塔、B塔和裙楼构成①，其中B塔主要用于创建国家级人力资源产业园，招引人力资源服务企业入驻，并对入驻企业实行集群式集聚，各楼层按招聘、猎头、培训、派遣、外包、咨询等服务项目来划分，实现定制化的功能设计和空间安排。烟台自贸片区国际人才港是区域重点打造的人力资源服务产业基地，总面积6万平方米，设有集人才招聘、社会保障、人事档案等功能的一站式人力资源综合服务中心，高标准建成会议中心、人才展厅、人才会客厅、餐厅等公共服务空间，致力于加速引进国内外知名人力资源服务机构，扶持培育行业骨干企业发展壮大，打造具有鲜明自贸特色的国际化开放型人力资源服务高地。

4. 精准引才聚才平台载体

部分地区人才服务载体在建设过程中，将载体功能明确定位成引才聚才平台，通过充分发挥平台作用，完善引育留用全链条人才服务模式，加速创新创业人才引进。主要为需通过同城化实现人才集聚的地区，比如，常熟（虹桥）国际人才港坐落在上海虹桥绿谷广场（建筑面积超4600平方米），定位为常熟企业的"研发中心""引才窗口"，是常熟积极主动对接沪上优质资源、深度融入"长三角一体化"发展的重要载体，依托"沪上会客厅"功能，为常熟高成长性企业搭建人

---

① 分为企业孵化区、产业集聚区和行业示范区三大区域。

才、科研、服务等要素导入渠道，充分赋能智慧常熟建设。金华（上海）人才大厦坐落在上海临港松江科技城核心区域，大厦为独栋研发办公楼，总建筑面积约 9800 平方米（高 8 层），旨在借助上海科创和人才的资源优势，打造"研发在上海，生产在金华，孵化在上海，产业化在金华"的协同创新模式。山东人才大厦位于济南汉峪金融商务中心的核心位置，地上总建筑面积 66000 平方米，是山东省目前单体面积最大的高层次人才创新创业园区项目，通过设立十六地市"人才飞地""人才 e 站""人才'汇'客厅"，助力各地市特色人才高地建设和人才创新创业微生态的打造。

5. 高品质生活服务配套社区

为加强人才生活服务保障，部分地区将人才服务载体定位成高品质生活服务配套社区，通过解决人才住房需求和生活配套需求，提升地区人才服务质量和能力，助力创新创业人才引进。比如，嘉兴港区智汇大厦（人才大厦）作为保障性租赁住房项目，提供房源 874 套，类型涵盖长租公寓和人才公寓两种，均为拎包入住配置；并以公寓内"综合服务中心"为源点，在服务区、宣传区、会议区、影音室、书吧、健身房、茶水休闲区等功能区域提供特色社群内容，开展城市交换实验、星空音乐会等 1000 余场品牌社群及公益活动，提升人才居住质量，增强城市归属感。江门高新区人才大厦共有 16 层（3～18 层），合计 134 套公寓，每套公寓内都配备了家具、电器等完善的生活设施，配备中西式餐厅、多功能会议室、健身房、游泳池、生活超市、中央公园等公共服务设施，并为符合条件的高层次人才给予最高 20% 的租金优惠。

## 二、东莞市人才服务载体建设现状

### （一）东莞市人力资源服务产业园

1. 功能定位

东莞市人力资源服务产业园定位为人力资源服务机构集聚区。通过建设"一先行区、两基地、三平台"，即一个人力资源服务产业园先行区、人力资源服务机构集聚和职业技能培训交流两个基地以及人力资源综合服务、人力资源供需对接、人力资源服务机构合作三大平台为辖区各类重点企业提供市场化人力资源服务。

2.建设模式

产业园以市镇共建的方式，由东莞市人力资源和社会保障局牵头，联合寮步镇人民政府共同打造而成。

3.建设成效

一是人力资源服务产业集聚效应初步形成。截至 2023 年 5 月，园区已入驻包括百强央企中智公司、君润人力、科瑞国际，以及本地龙头品牌智通、信鸿、高程等 71 家机构，建园以来产业园产值累计超 30 亿元，税收累计超 3000 万元。

二是人力资源服务机构品牌效应初步显现。产业园区建园以来，积极利用园区资源优势搭建线上、线下相结合的就业服务体系，打造全市人力资源服务品牌。通过"莞聘 OFFER"专栏发布 94 个工种，提供需求用工人数超 3000 人，持续推送园区内和市内重点用工企业招聘信息；开展多场"园聘行动"线下招聘会，汇聚全市 200 家优质企业，覆盖工种超 809 个，需求人数超 5000 人，招聘会入场人数超 3500 人次；开展"园企网聚 莞揽英才"等 40 场线上招聘会，超 1200 家次企业参与招聘。2023 年 5 月，产业园区成功被评为省级人力资源服务产业园。

三是推动产业链人才链双链融合。针对全市中高端人力资源服务需求空间较大的情况，产业园区支持人力资源服务机构创新服务产品，针对细分市场，开发"高、精、准"服务产品。目前，产业园进驻企业分别有专门服务制造业蓝领招聘的"熊猫进厂"App（智通开发的）、服务技能人才的鸿雁加速器、服务校园招聘"校校招"、中智劳动合同电子签产品、君润人力服务灵活用工的小创云等，为全市高质量发展提供专业服务支撑。

## （二）东莞市工业数字大厦

### 1. 功能定位

东莞市工业数字大厦定位为数字产业集聚及赋能平台。平台围绕"三基地两中心"打造工业数字化战略平台，以实现针对本土数字化转型数据化和基层搭建。其中包括信息技术应用创新基地、数字化资源基地、数字产业孵化基地和数字化转型推广中心、数字产业人才中心。

### 2. 建设模式

东莞市工业数字大厦由东莞市首席信息官协会、松山湖光大 We 谷产业园共同承建和运营。

### 3. 建设成效

一是提升数字化产业转型服务能力。平台建设一年来累计入驻 39 家企业，引入 12 家综合服务厂商、54 家专业服务厂商、17 家标杆企业、3 家装备厂商，包括华为云、阿里云、金蝶云、李群自动化、中国联通、北京数码大方等知名企业。

二是推动人才项目与资本有效对接。成立以来累计举行 65 场线上线下活动，吸引 6.9 万人次参与；为 80 家有转型需求的工业企业赋能，对接近百家服务厂商，覆盖 40 个数字化应用场景，精准触达上下游业务。

## （三）松山湖人才大厦

### 1. 功能定位

松山湖人才大厦定位为创新创业人才服务综合体。大厦通过"三基地两配套"构建全方位人才综合服务载体，包括松山湖人力资源服务产业园、松山湖港澳青年创新创业基地、东莞市博士创业园和松山湖高层次人才俱乐部、人力资源综合服务大厅。另外，出台人才大厦专项政策，提供最高 14 个月的场地免租；出台松山湖人力资源服务产业园专项政策，提供品牌建设奖励最高 20 万元、贷款贴息补助最高 10

万元、场地租金补贴 2 年。

2. 建设模式

松山湖人才大厦采取民建公营的合作模式，由松山湖人社分局负责项目的引进与运营，光大 We 谷产业园负责物业服务及管理。

3. 建设成效

一是推动人力资源服务产业集聚。建成全市首家人力资源服务产业园，累计引进人力资源服务机构 52 家，并配套建设完成线下人力资源综合服务大厅和线上人力资源综合服务平台，供园区用工企业、人力资源服务机构发布用工和服务信息，高效解决园区企业人才招用问题。

二是强化创新创业项目承接能力。松山湖人才大厦通过发挥平台资源集聚的优势，推动孵化一批创新创业项目。截至 2022 年 7 月，累计引进 140 家企业，其中港澳青年人才创业企业 60 家、高层次人才创业企业 29 家、人才配套服务机构 4 家。

三是提升创新创业人才服务水平。高品质打造松山湖高层次人才俱乐部，总面积达 2000 平方米，拥有产品与人才展示区、书吧学习区、简餐与茶艺区、交流与新品发布区、健身运动区、办公与会议区等配套设施。建成"松山湖一站式服务大厅市民中心分厅"，为园区人才办理 130 多项业务以及政策咨询服务。

（四）松山湖国际创新创业社区

1. 功能定位

松山湖国际创新创业社区定位为创新创业项目孵化基地。对标国际一流创新模式，建设集新型研发机构、科技孵化器、中试验证平台、人才公寓、生活配套服务于一体的创新创业孵化基地。

2. 建设模式

松山湖国际创新创业社区由东莞实业投资控股集团投资、建设、运营。由东莞市科学技术局、松山湖管委会和东莞实业投资控股集团抽调人员成立现场指挥部，作为加强统筹协调社区日常问题的议事机构，并由东莞市大学创新城建设发展有限公司为主执行。

3.建设成效

一是促进创新创业人才集聚。截至2023年9月，社区累计吸引近4500名人才常驻，其中90%以上为本科及以上学历，25～35岁青年人才占比近70%。

二是打造良好创新创业成果转化生态。社区成功引进新型研发机构12家，设有200余个研发平台，拥有5000多台科研仪器设备，拥有2个国家级孵化器、7个省市级孵化器。

三是推动科技企业孵化落地。截至2023年9月，社区累计引进孵化500多家科技型企业，其中高新技术企业达70余家，54家企业获融资超4亿元，主要集中在无人自主技术、新材料、集成电路和声学等领域。

**（五）滨海湾国际开放创新创业社区**

1.功能定位

滨海湾国际开放创新创业社区定位为创新创业项目孵化基地。社区提供全链条、全过程的产业创新生态和一站式"研发＋孵化＋商务＋生活"的创业空间，旨在打造龙头企业创新项目孵化场和深港澳双创资源承接地。为加快吸引项目入驻，出台《东莞滨海湾国际开放创新创业社区项目入驻管理及扶持办法》，计划3年投入6000万元资金吸引初创企业和人才，并为入驻企业提供租金减免、创业补贴、研发投入奖励、人才补助等优惠。

2.建设模式

滨海湾国际开放创新创业社区由东莞市科技局与滨海湾新区联合共建。

3.建设现状

滨海湾国际开放创新创业社区于2023年7月建成启用，目前已签约进驻5个项目，计划总投资1700万元，进驻人员180人，正在对接的重点项目超过 20 个。

## 三、东莞市建设人才大厦的必要性

### （一）东莞创新创业人才项目发展空间不足

1.创新创业人才服务载体空间不足

一是现有创新创业载体数量较少。从全市人才服务载体建设现状来看，目前东莞人才服务载体数量偏少，在市级层面仅落成启用市人力资源服务产业园、市工业数字大厦两家服务载体，在镇街（园区）层面仅松山湖、滨海湾等园区启动建设。现有人才服务载体承接能力与全市"科技创新 + 先进制造"城市发展定位不相符合。

二是现有创新创业载体无法满足发展需求。从全市创新资源看，目前东莞拥有各类人才平台 1500 余个，包括院士工作站 5 个、博士 / 博士后工作平台 168 个、重点实验室 / 工程技术中心 1368 个，拥有较强大的科创资源，在产学研合作方面存在较大需求，而现有人才服务载体承接能力与东莞实际发展需求存在一定差距。

2.与先进地区相比载体发展进度存在差距

一是人才服务载体建设起步较晚。从建设时间看，东莞人才服务载体建设起步较晚，除松山湖人才大厦建设于 2017 年外，其余服务载体均在 2020 年后建成。对比重点城市，如上海自贸试验区人才大厦启用于 2014 年、常州人才大厦启用于 2015 年、广州天河人才港启用于 2016 年。上述人才服务载体由于建成时间早，在促进人才创新创业发展方面有明显成效，如天河人才港各类活动已举办超过 1200 场，提供政策申报服务 7000 余次，提供"双创"服务 800 余次，为 1000 余个"双创"人才和团队对接资源，服务各类人才超 6 万人次，获得全国人才工作"最佳创新案例"。相比之下，东莞现有人才服务载体效能尚未完全显现。

二是人才服务载体发展存在差距。与经济体量相近的佛山（2022年 GDP1.27 万亿元）、泉州（2022 年 GDP1.21 万亿元）相比，东莞人才服务载体建设存在差距。佛山建设启用广佛人才港，利用地缘优势积极探索广佛人才区域协同创新模式；泉州围绕人才创新创业发展全过程需求高标准打造泉州国际人才港，为海内外人才引进提供有力载体支撑。相比之下，东莞庞大的创新创业人才需求缺乏有效的服务载体支撑。

三是服务载体建设工作合力不足。与先进城市相比，东莞在人才服务载体建设方面缺乏有力统筹主体推进。以苏州为例，为打造高品质人才发展空间，市委发布苏州高品质人才社区地图，并围绕推进人才公寓和高品质人才社区建设发布系列政策举措。另外，推动各辖区根据人才集聚特点和实际发展需求形成各类人才社区，目前已推出东渡人才港、UWC+创新岛、智汇谷、智谷小镇等10个高品质人才社区示范点，授予南岸创新社区人才会客厅、虞山书院人才会客厅等10个人才会客厅示范点。

**（二）东莞创新创业人才服务能力有待提升**

1. 创新创业项目承载能力有待提升

一是创新创业孵化培育链条有待完善。从创新创业孵化功能看，以粤港澳大湾区（广东）人才港为例，载体积极打造人才项目对接和成果转化平台，线上线下常态化举办具有影响力的产业论坛、项目路演、学术报告、人才沙龙等活动，实施"揭榜挂帅"制度面向全球征集核心技术 难题解决方案，实时发布广东省人才需求，促进人才、企业、资金有效对接。东莞虽然在源头创新、自主研发、企业研发方面拥有较为雄厚的基础，而在成果转化环节则缺乏有效的载体落地承接，现有人才服务载体空间统筹不足、场地碎片化等问题较为突出，全市创新创业项目孵化培育空间急需提质扩容。

二是载体孵化功能辐射范围有待扩大。从载体孵化范围看，东莞现有人才服务载体辐射范围有限。对比其他地区，如常熟（虹桥）国际人才港为常熟科创企业提供全方位服务，利用上海人才、信息、金融、科研等优势资源，进一步加强常熟与上海的产业联动、科技联创、设施联通，探索区域协同创新最佳路径；浙江创新中心聚焦将平台打造成项目加速孵化的平台，构建"研发孵化在发达城市—中心加速转化—分中心产业化"等创新模式，充分对接沪杭创新资源。目前在东莞具备创新创业项目孵化功能的载体中，市工业数字大厦集中在数字化产业转型，而松山湖国际创新创业社区主要辐射松山湖片区，并未完全覆盖全市双创项目的需求。

2.公共政务服务体系有待完善

一是政务服务生态有待优化。在各地人才服务载体建设中，优化政务服务供给是其中的重要环节，如长三角（无锡）国际人才港，围绕商务、政务、生活三大服务板块，配备企业联合办公区、创业者俱乐部、休闲娱乐等功能区，集成外国人来华许可证、高层次人才创业、落户安居、子女教育、政策咨询等一站式服务平台；深圳宝安湾区国际人才港设置宝安国际人才服务站、港澳青年创新创业基地（海归岛）、海外人才创业中心三大载体，旨在打造集国际人才创新创业服务、猎头服务、港澳人才和外国人服务、招商引资、高新技术合作于一体的大湾区国际化人才综合服务平台。东莞在提升政务服务水平方面打造了东莞市民服务中心，在各镇街（园区）设置了政务服务大厅，但在现有人才服务载体中，除松山湖人才大厦入驻政务中心外，其余载体均无公共政务办理功能，创新创业人才服务"最后一公里"尚未完全打通。

二是公共服务数字化水平有待提升。各地在建设人才服务载体过程中充分重视人才服务数字化水平，如前海国际人才港构建"线上＋线下"服务平台，其中线上打造前海国际人才服务"云平台"，建设"DT人才街区"，在指尖即可办理各类人才服务事项，获取国际化的公共服务；大连高新区人才港开发上线手机小程序，包含人才政策、职位你来、HR联盟、HRS机构、人才社区、培训超市、天生我才、双创加油站八大模块，用手机即可实现人才政策查询、人才线上求助、特色培训课程等功能。与现有人才服务载体功能对比，东莞公共服务数字化水平有待提升。

**（三）东莞人才工作特色品牌打造有待深入**

1. 人才工作品牌效能尚未完全发挥

各地人才服务载体充分发挥自身平台资源，打造地区人才特色品牌活动，如天河人才港主动承接和举办技术推广、项目路演、产业论坛等各类活动，已形成天河人才文化节、海外项目中国行、全球创新创业训练营、天河人才粤港澳交流行、精英人才职训营等系列精品活动，各类活动已举办超过 1200 场。而目前东莞现有人才服务载体中，以松山湖人才大厦、松山湖国际创新创业社区等举办和承接人才活动较多，但存在活动零散化、碎片化等问题，现有服务载体缺乏有号召力、品牌影响力的人才活动，"是人才 进莞来"引才口号有待进一步唱响。

2. 人才服务载体品牌建设有待深入

从东莞现有人才服务载体看，各人才服务载体建设和运营主要呈现点与点的分布状态，并未充分形成载体效能形成链条式的人才服务网。在先进地区中，如苏州推出"苏创湾""苏易居""苏青驿"等人才品牌标识，并在各个辖区根据实际需求和特点打造人才社区示范点，有效打响苏州高品质人才社区品牌。相对而言，东莞人才服务载体建设需要更加系统地统筹规划，以更好地发挥载体服务效能。

**（四）东莞产业链人才链创新链有待融合**

1. 人力资源服务产业集聚有待深化

一是人力资源服务产业效能有待发挥。从区域分布看，东莞人力资源服务机构主要集中在城区片区及松山湖片区，同时东莞在寮步、松山湖分别布局市人力资源服务产业园、松山湖人力资源服务产业园。从产业需求看，作为制造业强市，东莞拥有经营主体 166 万户、工业企业 21 万家、规上工业企业超 1.38 万家，对人力资源服务有着庞大的市场需求和潜力。现有人力资源服务产业载体承载能力有限，需要覆盖范围更广、服务强度更深的载体以充分发挥产业效能，为全市打造先进制造之都提供支撑。

二是人力资源服务产业业态有待优化。截至2022年年底，全市经营性人力资源服务机构（含劳务派遣机构）共2780家，从行业业态看，以劳务派遣、劳务外包等业务为主，而东莞随着产业转型升级和现代服务业的快速发展，对专业咨询、人力资源培训、人才测评等方面业态需求更加强烈，全市人力资源服务产业业态有待进一步优化。

三是人力资源服务品牌建设有待深入。从入驻东莞的人力资源服务龙头企业看，在"2022全国人力资源服务机构100强"企业中，仅16家在东莞设立机构，其中设立总部的有1家，设立子公司的有5家，设立分公司的有10家；而在全国8家上市机构中，仅4家在东莞设立分支机构。为更加深入打造人力资源服务品牌，东莞急需引进一批具有行业影响力的人力资源龙头企业。

### 2.产业链人才链创新链融合程度不深

一是高水平创新资源集聚力度有待强化。东莞创新资源丰富，拥有各类人才平台1500余个，其中院士工作站5个、博士/博士后工作平台168个、重点实验室/工程技术中心1368个。为有效利用科创资源，推动产业发展，东莞需要统筹力度更大的平台载体承接资源，推动"科技创新＋先进制造"高质量发展。

二是科技成果转化应用平台建设有待推进。为打通科技成果转化链条，东莞探索公共技术设备平台建设，启用松山湖材料实验室公共技术平台，助力企业技术研发。从需求角度看，平台位于松山湖，仪器数量仅百余台，无法完全满足全市1.3万家规模以上工业企业、9000余家高新技术企业的使用需求。

三是创新主体与企业协同合作转化机制尚未成熟。为推动技术协同攻关，东莞建设市重大科技项目库，通过企业提出需求、科技部门发榜、科研团队揭榜方式支持院校企协同创新，目前入库项目 199 个，但项目覆盖范围、效果有限，东莞需要一个项目承接能力更强的对接平台，进一步形成以企业需求为导向的市场化成果转化机制。

## 四、各地建设人才大厦的经验借鉴

### （一）人才大厦建设模式

1. 人才大厦出资方式

通过系统梳理和总结，目前各地人才大厦出资方式主要有以下四种。

一是由政府机构单独出资。大部分地区人才大厦建设以政府单独出资为主。从机构性质看，主要由政府机构出资，如上海浦东国际人才港、粤港澳大湾区（广东）人才港、南沙国际人才港和中新广州知识城国际人才自由港等；也有由事业单位出资建设的人才大厦，如上海嘉定人才港、天河人才港、深圳宝安湾区国际人才港和中山国际人才港等。

二是由国有企业单独出资。为强化人才大厦建设，部分人才大厦由国有企业出资建设，如山东人才大厦由山东人才发展集团全资成立才创未来（山东）运营管理有限公司负责建设和运营；武汉光谷人才大厦由湖北省科技投资集团有限公司全资子公司——武汉光谷中心城建设投资有限公司投资建设并自持经营；金华（上海）人才大厦由金华金投集团牵头金华市婺城区城乡建设投资集团有限公司、金华金开产业发展集团有限公司、浙江金义田园智城科创有限公司、金华市金东城市建设投资集团有限公司等五家国企共同出资成立金华市飞地经济投资发展有限公司，负责金华（上海）人才大厦建设。

三是由各级政府机构共同出资。如常州人才大厦，由常州高新区（新北区）人力资源和社会保障局、新桥镇政府共同开发建设，着力打造立足高新、服务常州的人力资源服务机构集聚高地；新疆高新人才大厦由新疆维吾尔自治区、乌鲁木齐市和高新区（新市区）三方同比例出资共同建设而成，实行"政府指导下的企业化运营"模式，成立正县级管理机构"乌鲁木齐高端人才创新创业服务中心"，并联合申新创服、上海杨浦成立新疆高新人才运营管理有限公司负责具体运营。

四是由政府机构与国有企业共同出资。如深圳前海国际人才港，由深圳市前海管理局与深圳市人才集团签署战略合作框架协议，合资设立前海国际人才港（集团）有限公司，推动前海国际人才港全生态、集成式、国际化建设，成为国际人才在粤港澳大湾区就业、创业、学习和生活的第一站和首选地（见表1）。

### 表1　各地人才服务载体出资方式汇总

| 出资方式 | 载体 | 出资方 |
|---|---|---|
| 政府独资 | 上海浦东国际人才港 | 浦东新区组织部 |
| | 上海嘉定人才港 | 上海市嘉定区投资促进服务中心 |
| | 粤港澳大湾区（广东）人才港 | 广东省人才服务局 |
| | 粤港澳大湾区国际知识产权人才港 | 广州开发区知识产权局 |
| | 中新广州知识城国际人才自由港 | 中新广州知识城开发建设办公室 |
| | 南沙国际人才港 | 广州市南沙区人力资源和社会保障局 |
| | 天河人才港 | 广州市天河区人才服务管理办公室 |
| | 深圳宝安湾区国际人才港 | 宝安区人力资源服务中心 |
| | 龙华区创新创业孵化基地"英才港" | 深圳市龙华区人力资源局 |
| | 中山国际人才港 | 中山国际人才港服务中心 |
| 国企独资 | 浙江创新中心 | 宁波东部新城开发投资集团 |
| | 上海自贸试验区人才大厦 | 上海外高桥保税区投资实业有限公司 |
| | 浙江长三角人才大厦（嘉兴） | 嘉兴国际商务区投资建设有限公司 |
| | 金华（上海）人才大厦 | 金华市飞地经济投资发展有限公司 |
| | 嘉兴桐乡世界互联网人才大厦 | 浙江凤凰湖实业有限公司 |
| | 嘉兴港区智汇大厦（人才大厦） | 嘉兴滨海控股集团有限公司 |
| | 湖州人才大厦 | 湖州城投人才产业园开发管理有限公司 |
| | 山东人才大厦 | 才创未来（山东）运营管理有限公司 |
| | 武汉光谷人才大厦（光谷科技大厦） | 武汉光谷中心城建设投资有限公司 |

续表

| 出资方式 | 载体 | 出资方 |
|---|---|---|
| 国企独资 | 深圳龙华区未来人才大厦 | 龙华投控集团 |
| | 洛阳人才港 | 洛阳新经济创业投资公司 |
| | 江门高新区人才大厦 | 江门市高新技术工业园有限公司 |
| | 惠州大亚湾科创园人才大厦 | 大亚湾科创集团有限公司 |
| | 内蒙古和林格尔新区人才创新谷 | 内蒙古和林格尔新区产业发展有限公司 |
| 各级政府部门合资 | 常州人才大厦 | 常州高新区人力资源和社会保障局、新桥镇政府 |
| | 新疆高新人才大厦 | 自治区、乌鲁木齐市和高新区（新市区）三级财政同比例出资 |
| 政府部门、国企合资 | 深圳前海国际人才港 | 深圳市前海管理局、深圳市人才集团 |

2. 人才大厦运营模式

通过系统梳理和总结，目前各地人才大厦运营模式主要有以下四种。

一是"政府＋国企"模式，由政府部门出资建设，国有企业负责具体运营。如上海嘉定人才港，由区投资促进服务中心出资建设，在运营方面借助东浩兰生（集团）有限公司作为国企在人力资源、招商和会展等方面的专业优势，开展更深入合作，为平台发展提供有力支撑；南沙国际人才港由区人社局负责出资建设，具体运营由南沙公控集团下属南沙人才发展公司负责，运营团队在人才服务、人才引进、活动策划等方面拥有丰富经验，为打造高质量人才交流平台提供支撑；中新广州知识城国际人才自由港由中新广州知识城开发建设办公室出资建设，区属国企知识城（广州）科技产业服务有限公司负责日常运营项目，作为运营方，知识城（广州）科技服务有限公司持续推动国际人才自由港建设，与科创企业、投资机构、科研院所、知识产权服务机构等签署战略合作协议，扩大平台影响力。

二是"政府＋专业机构"模式，由政府部门出资，委托市场化专业服务机构开展人才大厦运营。如常州人才大厦，由高新区人社局和新桥镇政府共同建设，为加快打造人力资源服务机构集聚区，委托专业机构博尔捷管理咨询（上海）有限公司负责具体运营，该机构是国内排名靠前的专业咨询机构，拥有国内 24 家人力资源服务产业园的运营经验，在产业园运营规划、管理咨询、人才培训、人才素质测评等方面具有明显优势；深圳龙华英才港由区人力资源服务中心出资建设，为加快打造创新创业人才高地，平台具体运营由市场化专业机构立方汇负责，立方汇是深圳本土专业孵化机构，入选"2022 年度深圳创新创业优秀机构"，拥有多年海外人才运营经验和庞大的青年资源，将有效赋能平台打造人才创新创业孵化基地。另外，上海浦东国际人才港、粤港澳大湾区（广东）人才港、粤港澳大湾区国际知识产权人才港、中山国际人才港等载体均采用"政府 + 专业机构"平台运营模式，依托第三方专业运营机构的优势资源，加快创新创业要素集聚，打造更高水平人才服务平台。

三是"国企 + 专业机构"模式，由国有企业出资，委托市场化专业服务机构开展人才大厦运营。如浙江长三角人才大厦，由嘉兴国际商务区投资建设有限公司出资建设，为提升区域人才资源的配置和效能，平台由专业机构浙江楼友会人才开发有限公司负责具体运营，作为行业领先的城市创新平台运营商，楼友会采用更市场化的方式服务人才一体化发展，布局长三角人才数字展示中心、长三角人才会客厅、人才驿站、公共服务平台、长三角人才发展研究院等功能板块，并与多家长三角区域引才机构签约，推动实现人才引进一体化；浙江嘉兴港区智汇大厦（人才大厦）由嘉兴滨海控股集团有限公司出资建设，为提升平台服务质量，人才大厦由专业服务团队碧桂园文商旅集团负责运营，提供全流程居住服务体验，并推出"拎包入住"模式，打造 24 小时管家服务、线上线下无缝互动、社群生活运营等综合服务链。

四是国企主导模式，由国有企业负责人才大厦的开发、建设和运营。如浙江创新中心，由宁波东部新城开发投资集团出资建设、宁波东部科创产业发展有限公司运营管理，基于平台"服务全省人才发展飞地园"的功能定位，运营方发挥自身国企资源集聚的优势，积极对接长三角区域人才工作站，重点引进孵化长三角地区飞地项目，通过平台充分对接先进地区科创资源，让长三角各地共享科创资源；武汉光谷人才大厦由武汉光谷中心城建设投资有限公司投资建设并自持经营，重点打造人力资源服务机构集聚区，已成功引进一批人力资源服务头部机构。另外，山东人才大厦、深圳前海国际人才港、深圳龙华区未来人才大厦、江门高新区人才大厦等载体均采用国企主导运营模式，充分利用国企资源集聚的优势，强化平台功能配置（表2）。

**表 2　各地人才服务载体运营模式汇总**

| 运营模式 | 载体 | 出资方 | 运营方 |
|---|---|---|---|
| "政府+国企"模式 | 上海嘉定人才港 | 上海市嘉定区投资促进服务中心 | 东浩兰生（集团）有限公司 |
| | 南沙国际人才港 | 广州市南沙区人力资源和社会保障局 | 广州南沙人才发展有限公司 |
| | 中新广州知识城国际人才自由港 | 中新广州知识城开发建设办公室 | 知识城（广州）科技产业服务有限公司 |
| "政府＋专业机构"模式 | 上海浦东国际人才港 | 浦东新区组织部 | 上海浦东国际人才发展中心 |
| | 粤港澳大湾区（广东）人才港 | 广东省人才服务局 | 中科元创公共服务技术有限公司 |
| | 粤港澳大湾区国际知识产权人才港 | 广州开发区知识产权局 | 广州知人善用信息技术有限公司 |
| | 常州人才大厦 | 常州高新区人力资源和社会保障局、新桥镇政府 | 博尔捷管理咨询（上海）有限公司 |
| | 中山国际人才港 | 中山国际人才港服务中心 | 清控科创控股股份有限公司 |
| | 龙华区创新创业孵化基地"英才港" | 深圳市龙华区人力资源局 | 立方汇 |
| | 深圳宝安湾国际人才港 | 宝安区人力资源服务中心 | 深圳市一览网络股份有限公司 |
| "国企＋专业机构"模式 | 浙江长三角人才大厦（嘉兴） | 嘉兴国际商务区投资建设有限公司 | 浙江楼友会人才开发有限公司 |

续表

| 运营模式 | 载体 | 出资方 | 运营方 |
|---|---|---|---|
| "国企＋专业机构"模式 | 金华（上海）人才大厦 | 金华市飞地经济投资发展有限公司 | 浙江力行创新科技有限公司 |
| | 嘉兴桐乡世界互联网人才大厦 | 浙江凤凰湖实业有限公司 | 杭州楼友会科技有限公司 |
| | 嘉兴港区智汇大厦（人才大厦） | 嘉兴滨海控股集团有限公司 | 碧桂园文商旅集团 |
| 国企主导模式 | 浙江创新中心 | 宁波东部新城开发投资集团 | 宁波东部科创产业发展有限公司 |
| | 山东人才大厦 | 才创未来（山东）运营管理有限公司 | 才创未来（山东）运营管理有限公司 |
| | 武汉光谷人才大厦（光谷科技大厦） | 武汉光谷中心城建设投资有限公司 | 武汉光谷中心城建设投资有限公司 |
| | 深圳前海国际人才港 | 前海国际人才港（集团）有限公司 | 深圳市前海国际人才服务中心有限公司 |
| | 深圳龙华区未来人才大厦 | 龙华投控集团 | 龙华投控集团 |
| | 江门高新区人才大厦 | 江门市高新技术工业园有限公司 | 江门市高新技术工业园有限公司 |

## （二）人才大厦政策出台情况

为加快引进更多创新创业人才项目及重点企业，推动人才大厦发展，部分平台制定出台配套政策，通过更有力的优惠措施、更规范的服务管理以提升平台吸引力。据不完全统计，目前已有近20个人才大厦出台配套政策，并根据引进对象的不同，实施个性化、多样化的优惠措施，具体特点如下。

### 1. 政策出台形式

现有的人才大厦扶持政策主要通过以下三种形式实现。一是出台专项平台管理办法，如成都蓉北人才港、青岛国际院士港、金华（上海）人才大厦、常州天宁人才大厦、南沙国际人才港等9个人才服务载体均已出台专项管理政策，进一步明确相关配套优惠措施。二是将扶持措施涵盖在产业政策中，如浙江人才大厦、浙江创新中心均在省委出台的人才飞地政策中被提及作为全省人才服务载体实施相关优惠政策；

浙江长三角人才大厦（嘉兴）的优惠措施则在《嘉兴市服务长三角人才一体化发展的意见（试行）》等政策中体现；上海嘉定区为推动地区人力资源服务业发展，在人力资源服务产业政策中提出对上海嘉定人才港的入驻企业提供相关优惠措施。三是定期发布申报认定公告，山东人才大厦设立1000万元的年度双招双引扶持资金，对于平台的入驻优惠和申请，均以发布公告形式进行；长三角（无锡）国际人才港的入驻优惠政策在平台招商公告中发布。

2.政策内容

现有的人才大厦配套政策主要通过创新创业人才、创新创业项目以及人力资源服务机构三种扶持对象实现，根据目标对象的特点和需求，推行更加精准有效的扶持措施。

（1）对入驻创新创业人才的政策扶持，主要从生活补贴、住房保障及公共服务等方面开展，通过优化入驻人才相关待遇，提升平台吸引力。一是加大生活补贴扶持力度。青岛国际院士港对成功注册引进的院士给予连续5年每年100万元的生活补贴。长三角（无锡）国际人才港给予入驻初创人才最高60万元的生活补贴、租房补贴和购房补贴支持。二是强化人才住房保障措施。青岛国际院士港规定引进的院士团队核心成员前5年可免费入住人才公寓。长三角（无锡）国际人才港规定入驻初创人才可免费入住3~36个月的国际人才公寓。三是提升人才公共服务待遇。浙江为推动杭州、宁波优势科创资源向省内其他地区延伸覆盖，规定入驻浙江人才大厦的人才可享受杭州公共服务同城待遇；规定浙江创新中心入驻人才在宁波可享受落户购房、子女教育、医疗服务、公共出行、健身旅游等全方位服务。

（2）对入驻创新创业项目及初创企业的政策扶持，主要集中在降低办公成本、优化创业服务和加大资金扶持等方面开展。一是提供低成本的办公场地空间。浙江创新中心、山东人才大厦、金华（上海）人才大厦、深圳龙华区英才港等创新创业人才孵化载体均对入驻企业提供免租办公场地或租金补贴，通过提供低成本办公空间减轻初创企业压力，提升入驻意愿。二是完善咨询、对接等项目孵化服务。金华（上海）人才大厦积极推荐和支持入驻企业申报各级科技项目立项、科技成果奖励和国家高企认定，同时优先满足入驻机构在金华市落地的产业化项目用地需求。深圳龙华区英才港对入驻企业免费开放会议室等公共设施，同时提供项目咨询、融资对接、项目推介等服务。三是推动科技金融支持创新创业项目。山东人才集团设立人才发展基金，并规定山东人才大厦入驻企业可优先获得人才基金的投资。金华市金投集团组建基金，对金华（上海）人才大厦入驻企业通过市场化形式支持其发展。四是加大创新创业项目资金扶持力度。山东人才大厦设立1000万元年度双招双引资金，扶持在大厦新注册或从济南市外迁入的高层次人才创业企业和高成长性企业。长三角（无锡）国际人才港对入驻初创企业给予最高400万元创新创业资金扶持。

（3）对入驻人力资源服务机构的政策扶持，主要从降低运营成本、支持市场拓展、促进品牌建设和加强人员生活保障等方面开展。一是降低人力资源服务机构运营成本。如提供场地租金补贴，上海嘉定人才港、成都蓉北人才港、烟台自贸片区国际人才港、常州天宁人才大厦、南沙国际人才港、深圳光明科学城人才港等平台均为入驻的人力资源服务机构提供不同额度的租金优惠。如给予经营贡献奖励，南沙国际人才港、成都蓉北人才港根据入驻人力资源服务机构当年度的营收情况，给予不同程度的经营贡献奖励。二是支持人力资源服务机构提供市场化服务。常州天宁人才大厦为鼓励用人单位通过入驻的人力资源服务机构引进人才，对通过入驻人力资源服务机构引进相关人才的，给予用人单位猎聘费50%的补助，每家企业每年最高补助20万元；同时，规定入驻的人力资源服务机构在人才引进、职业培训、管理咨询等方面可优先获得政府公共服务购买权。三是促进人力资源服务机构品牌建设。成都蓉北人才港为促进平台专业服务机构集聚，对知名人力资源服务机构入驻的给予最高200万元奖励，同时给予最高200万元品牌培育奖励、最高200万元企业上市奖励、最高10万元企业入库奖励。常州天宁人才大厦对入驻企业被评为人力资源服务机构相关荣誉称号的，给予最高5万元一次性奖励。四是加强企业核心人员生活配套保障。上海嘉定人才港积极推荐入驻人力资源服务机构纳入非沪籍高校应届毕业生落户、人才引进直接落户机构名单，并规定入驻机构核心人才可优先享受人才公寓、医疗保障、子女就学等区级相关人才政策。常州天宁人才大厦对符合市重点产业紧缺高层次人才引进政策的入驻企业核心人员，其配偶及子女均可享受相关的落户、优先推荐就业以及子女入学政策（表3）。

表3　各地人才服务载体配套政策出台情况

| 人才服务载体 | 支持政策 | 扶持对象 | 年份 | 具体内容 |
|---|---|---|---|---|
| 常州天宁人才大厦 | 《关于鼓励国内外知名企业入驻江苏常州人力资源服务产业园的意见》 | 人力资源服务企业或机构 | 2015 | 1.最长3年租金补贴（按盈利规模、行业综合排名及发展前景）；<br>2.最高20万元用人单位引才补助，鼓励用人单位通过人力资源服务机构或企业引进高端紧缺人才；<br>3.最高5万元人力资源服务企业荣誉奖励；<br>4.在人才引进、职业培训、管理咨询等方面，入驻企业可优先获得政府公共服务购买权；<br>5.符合东莞重点产业紧缺高层次人才引进政策的入驻企业高级管理人员，配偶及子女户口可以随迁。其配偶有就业要求的优先推荐就业，子女在义务教育阶段需学校就读的，由教育部门按相关政策负责协调解决 |

| 人才服务载体 | 支持政策 | 扶持对象 | 年份 | 具体内容 |
|---|---|---|---|---|
| 青岛国际院士港 | 《青岛国际院士港资助服务暂行办法》 | 世界级水平的各国院士 | 2016 | 1.连续5年每年100万元院士生活补贴；<br>2.最高5000万元院士项目综合补助经费；<br>3.前5年免费办公场地；<br>4.院士团队核心成员前5年免费入住人才公寓；<br>5.成功引进注册院士的，对中介或个人给予15万元引进奖励 |
| 浙江人才大厦 | 《关于杭州市服务全省人才发展的意见（试行）》 | 创新创业人才及项目 | 2019 | 入驻人才可享受杭州公共服务同城待遇 |
| 浙江创新中心 | 《关于宁波市服务全省人才发展的意见（试行）》 | 创新创业人才及项目 | 2019 | 重点引进孵化长三角地区飞地项目，并对入驻飞地的长三角区域人才企业给予不改变注册地、最高3年免租的专项扶持，入驻人才在宁波可享受落户购房、子女教育、医疗服务、公共出行、健身旅游等全方位服务 |
| 浙江长三角人才大厦（嘉兴） | 《嘉兴市服务长三角人才一体化发展的意见（试行）》 | 长三角地区双创人才 | 2019 | 实行长三角地区重大人才工程入选者直接认定为嘉兴高层次人才、在嘉兴工作的省外人才无需社保证明即可享受购房补贴优惠等政策 |
| | 《嘉兴市服务长三角人才一体化发展行动方案（2020—2022年）》 | 长三角地区双创人才 | 2020 | 推进建设浙江长三角人才大厦等"一楼三园"标志性工程 |
| 金华（上海）人才大厦 | 《长三角G60金华（上海）科创中心、人才大厦入驻企业管理办法（试行）》 | 创新创业人才项目、重点产业领域企业 | 2020 | 1.按80%额度给予租金补助；<br>2.金华市金投集团组建基金，通过市场化形式支持入驻企业发展；<br>3.同等条件下优先推荐或支持入驻企业申报各级科技项目立项、科技成果奖励和国家高企认定等；<br>4.同等条件下优先满足入驻机构在金华市落地的产业化项目用地需求 |

续表

| 人才服务载体 | 支持政策 | 扶持对象 | 年份 | 具体内容 |
|---|---|---|---|---|
| 烟台自贸片区国际人才港 | 《自贸区国际人才港管理服务办法》 | 人力资源服务机构 | 2020 | 1.房租补助：对于入驻机构给予最高500平方米、连续5年的房租补助，前3年补贴100%，后2年补贴50%；<br>2.发展奖励：对入驻机构，从入驻次年起，视其发展情况，给予连续5年的地方财政奖励 |
| 南沙国际人才港 | 《中国广州人力资源服务产业园南沙园区发展扶持办法实施细则》 | 人力资源服务企业或机构 | 2021 | 1.入驻园区奖励；<br>2.经营贡献奖励；<br>3.办公用房补贴；<br>4.物管补贴；<br>5.公共设施使用补贴；<br>6.行业交流活动补贴；<br>7.品牌活动落户奖励；<br>8.人力资源服务企业引荐奖励 |
| 山东人才大厦 | 按相关规定执行，无专项配套政策 | 创新创业人才及项目 | 2022 | 1.设立1000万元双招双引资金（年度），用于扶持入驻企业；<br>2.办公场地租金减免；<br>3.山东人才集团基金的优先投资 |
| 广佛人才港 | 按相关规定执行，无专项配套政策 | 创新创业人才及项目 | 2022 | 广佛人才港建立"人才工作站＋人才大使"机制，准备在广州、深圳等湾区城市设立"人才工作站"，由企业自筹资金，设置最高8万元的"人才伯乐"奖及人才项目梯度成长30%～50%的租金补贴 |
| 上海嘉定人才港 | 《嘉定区促进人力资源服务业集聚支持办法（试行）》 | 人力资源服务机构 | 2022 | 1.对于符合一定条件的新入驻人力资源服务机构，给予前三年度每年30%的租金补贴；<br>2.积极推荐落户"上海·嘉定人才港"内的优质人力资源服务机构纳入非沪籍高校应届毕业生落户、人才引进直接落户机构名单，享受嘉定新城人才政策。其高管人员和核心人才可优先享受人才公寓、医疗保障、子女就学等区级相关人才政策保障服务 |

| 人才服务载体 | 支持政策 | 扶持对象 | 年份 | 具体内容 |
|---|---|---|---|---|
| 成都蓉北人才港 | 《金牛区促进人力资源服务产业高质量集聚发展的若干政策》 | 人力资源服务机构 | 2023 | 1. 最高 200 万元龙头企业集聚奖励；<br>2. 连续五年给予企业经营贡献奖励；<br>3. 园区租赁补贴：给予入驻企业 30 元／月／平方米的租房补贴，符合条件的给予最高 2000 平方米全额租房补贴；<br>4. 品牌培育：包括最高 200 万元品牌培育奖励、最高 200 万元企业上市奖励、最高 10 万元企业入库奖励；<br>5. 行业赋能创新奖励：包括最高 20 万元的行业标准主导起草企业奖励、最高 20 万元科技创新获奖奖励；<br>6. 人才港运营方支持：包括每年最高 300 万元产业园运营管理补贴、每年最高 200 万元园区运营奖励（根据入驻企业年度营收总额计算） |
| 深圳龙华区英才港 | 《深圳市龙华区创新创业孵化基地——英才港入驻管理操作指南（试行）》 | 创新创业人才及项目、企业 | 2023 | 1. 免费享受办公卡位（6 个）；<br>2. 免费使用会议室等英才港公共设施；<br>3. 享受英才港提供的咨询、对接、推介等服务 |
| 长三角（无锡）国际人才港 | 按相关规定执行，无专项配套政策 | 创新创业人才及项目 | 2023 | 1. 最长 2 年免费办公场地及配套服务设施；<br>2. 最高 400 万元创新创业资金扶持；<br>3. 最高 60 万元生活补贴、租房补贴、购房补贴；<br>4. 最高 3 年免费人才公寓入住 |
| 嘉兴港区智汇大厦（人才大厦） | 《浙江乍浦经济开发区（嘉兴港区）人才公寓（智汇大厦）管理规定》 | 创新创业人才 | 2023 | 人才公寓租金优惠：第一年租金给予承租人当年基准价 50% 的优惠，第二年租金给予承租人当年基准价 40% 的优惠，第三年租金给予承租人当年基准价 30% 的优惠 |
| 深圳光明科学城人才港 | 《光明区人力资源局光明科学城人才港入驻管理办法》 | 人力资源服务机构 | 2023 | 租金补贴：入驻机构在 2023 年 9 月（含）前实际缴纳场地租金的，可申请 5 年补贴，前 24 个月按 30 元／平方米／月的标准补贴，后 36 个月按 20 元／平方米／月的标准补贴 36 个月。入驻机构在 2023 年 9 月后实际缴纳场地租金的，至 2025 年 9 月期间，按 30 元／平方米／月的标准补贴，2025 年 10 月至 2028 年 9 月，按 20 元／平方米／月的标准补贴 |

（三）人才大厦建设成效

1. 集聚创新创业人才项目

一是加速高端人才集聚。浙江创新中心启用以来累计入驻院士领衔项目3个，市级及以上高层次人才创新创业项目38个，拥有近两千名创新创业人才入驻中心办公，其中国家级、省级领军人才41人，硕博学历人才200余人。青岛国际院士港探索构建刚性引进院士、全职院士、注册院士以及咨询院士等多层次合作机制，院士港建成以来累计引进院士超过200名。前海国际人才港开港运营仅半年时间已与2名外籍院士达成全职落户意向。

二是加快创新创业人才引进。宝安湾区国际人才港启用以来累计入驻海归创业团队157家，已成功孵化出5家国家高新技术企业、1家"专精特新"企业，园区创业团队吸纳投资超4亿元。嘉兴桐乡世界互联网人才大厦累计落地各类人才项目20个，其中2023年度新落地人才创新创业项目6个，并与20余家创投机构、基金等建立紧密合作，储备各类硕博创业类人才项目80余个。

三是打造新型引才协作模式。依托浙江人才大厦，杭州探索实施人才"双向双创"新模式试点，创新人才"工作生活在杭州，服务贡献在全省"的新型引才协作模式，截至2022年5月，浙江人才大厦已挂牌入驻创新型人才企业48家，招揽高层次人才194人，研发跟进项目103个，获得专利380项。长三角G60金华（上海）科创中心作为首个落地上海的人才科创"飞地"，已引进院士工作室1个，集聚高层次人才200余名，其中"双龙计划"人才2名、博士10名、硕士43名。

2. 促进人才工作市场化

一是打造市场化引才聚才路径。嘉兴世界互联网人才大厦积极搭建就业对接平台，完善招聘市场服务体系，2023年上半年共组织招聘活动62场次，为1700余家企业进行用工招引，提供优质岗位5万余个，服务区域求职人员26万余人，累计收到简历9400余份。大连高新区人才港以平台资源为支撑，定期举办巡回"名企优岗"专场招聘会系列活动，并采取"招聘会＋直播招聘"线上线下联动模式，其中 2023 年春季招聘会共发布职位近千个，参与人次近万人，接收简历 5000 余份，洽谈 3000 余人次。

二是探索市场化项目对接模式。常熟（虹桥）国际人才港与临港人才智能产业研究院、上海计算机软件技术开发中心等 5 家科研机构，与可可资本、上海智能制造产业基金等近 10 家投资机构完成战略合作，为常熟高成长性企业搭建技术、资源要素导入渠道，服务解决企业技术研发、融资发展等一系列问题。无锡人才金融港每月定期举办专场人才项目路演，路演企业中已诞生卓易信息、航亚科技、中科微至 3 家科创板上市企业。

三是构建市场化人才服务机制。前海国际人才港为国际科技人才量身定制 100 项一站式服务，联合波士顿咨询、安永等知名机构举办 2022 年核心企业高管培训班等 85 场活动，服务机构超 2500 家，线上线下服务近 52 万人次。南沙国际人才港以中国广州人力资源服务产业园南沙园区建设为核心，重点对接港澳及国际知名人力资源服务机构，累计入驻 20 余家企业单位，业务范围涉及人力资源服务全链条，2022 年入驻企业实现业务收入（含入驻业务板块）91.9 亿元，服务单位 2500 多家，服务各类人才超 45 万人次。

3.强化人才工作品牌效应

一是打造人力资源服务品牌。作为全国首个国家级人力资源服务产业园区，上海以上海人才大厦为核心主体，同时建成东部园、虹桥园 2 个分园区，形成一园多区产业发展布局，集聚人力资源服务机构超过 300 家，仅 2020 年产业园区营业收入已达 257 亿元。依托常州人才大厦，江苏常州人力资源服务产业园成立五年来实现总产值近 70 亿元，总税收近 2 亿元，举办产业促进活动近 70 场，为区内超过 5000 家单位提供人力资源配置服务，服务 52.45 万人次以上。

二是做强人才工作服务品牌。天河人才港全力打造公益性双创人才综合服务平台，主动承接和举办技术推广、项目路演、产业论坛等各类活动，已形成天河人才文化节、海外项目中国行、全球创新创业训练营、天河人才粤港澳交流行、精英人才职训营等系列精品活动，各类活动已举办超过1200场，提供政策申投服务7000余次，提供"双创"服务800余次，服务各类人才超6万人次。前海国际人才港一站式服务中心已线上线下服务人才近60万人次，进驻全球顶尖机构21家，与15家国际机构组成前海国际人才合伙人，联合举办137场活动，推动400余家人才团队与上下游达成意向合作。

三是举办人才交流品牌活动。为擦亮人才工作品牌，上海浦东国际人才港从2021年开始每年定期举办浦东国际人才港论坛，以打造具有国际知名度和重要影响力的品牌人才活动。深圳龙华英才港定期推出"英才荟"系列活动，并每月举办"龙华区博士讲堂"，通过系列品牌活动打造高层次人才交流平台。南沙国际人才港打造"创梦南沙""乐居南沙"等人才特色主题品牌交流活动，累计策划组织品牌交流活动30余场，定期开展南沙高层次人才篮球俱乐部活动、南沙外籍人才中文培训交流活动，累计吸引近千名重点企业和科研院所人才参与。

4. 推动产业链人才链深度融合

一是加速科研创新成果转化。浙江长三角人才大厦与联盟城市共办"揭榜挂帅"活动，成立两年来累计征集各类揭榜需求项目384个（嘉兴市域外项目87个），现场需求和成果意向对接率超300%。粤港澳大湾区（广东）人才港集中打造人才项目对接和成果转化平台，开港不到一年时间已服务各类人才1.2万人次，举办30余场项目路演、对接活动，推动12项技术成果落地。

二是推动重点产业集群发展。为推动氢能产业发展，青岛依托青岛国际院士港资源优势成立青岛国际院士港智能制造产业园，引进多个院士氢能项目，并成功培育一批优秀氢能企业，其中氢能科技建成国内首座制加氢一体站，日加氢能力达 500 千克。

三是打造产业人才培养平台。青岛国际院士港注册成立"青岛国际院士港研究院"，与澳大利亚新南威尔士大学联合培养博士生，计划 5 年内培养 200～400 名；与湖南大学设立二级学院，给予 20 名教师编制，每年单列博士生招生名额 20 名、硕士生招生名额 100 名。前海国际人才港与香港青年科学家协会签署《香港科创及人才合作框架协议》，在推动深港科创产业融合、培育具有国际水平的青年科创人才等方面联手，共同推动香港高层次科技人才落地前海发展、持续支持两地科技项目交流合作、促进科技项目转化。

## 五、东莞市建设人才大厦的对策建议

### （一）人才大厦建设模式

#### 1. 发展定位和功能设置

根据东莞人才发展面临的短板与实际需求，结合东莞人才服务载体建设现状，建议东莞人才大厦定位为创新创业人才服务综合体。

在功能设置方面，包括以下几种功能。

一是人力资源服务。针对东莞人力资源服务产业集聚程度不高的问题，建议在人才大厦设置人力资源服务产业集聚区，通过系列优惠入驻政策及奖励政策推动全市人力资源服务业发展，以优化东莞人力资源服务业态，充分激发产业效能，为全市"科技创新＋先进制造"发展提供服务支撑。

二是创新创业服务。针对东莞创新创业人才服务能力有待提升的情况，建议通过人才大厦强化双创服务能力。如搭建项目对接和成果转化平台，提升项目孵化能力；设置公共培训、项目洽谈等公益空间，提供高质量创业场地；构建创新创业项目展示空间，增加人才项目曝光，提升项目对接成果率。

三是公共政务服务。针对东莞公共政务服务集成化、数字化水平有待提升的问题,建议人才大厦在公共政务服务方面进一步完善。如整合政务数据资源设置人才大厦政务服务分中心,通过提供政务办理功能打通人才服务"最后一公里"。

四是交流服务功能。交流服务功能是人才大厦的基本功能之一,比如设立展示厅、路演厅、人才工作室、会议厅等,为举办行业交流会议、沙龙、论坛,或开展项目路演、人才培训、人才交流提供场所。

2.建设运营模式

一是项目选址。根据东莞最新人才资源统计报告,全市人才资源主要集中在城区片区(87.9万人,27.86%)及松山湖片区(70万人,14.9%),为充分发挥人才效能,建议将人才大厦选址定在上述片区。

二是项目建设。根据东莞现有人才服务载体建设特点,建议选定基础相对良好的东莞市人力资源服务产业园作为市人才大厦建设载体。一方面可充分利用原有的人力资源服务产业建设基础,另一方面通过盘活闲置空间拓展创新创业服务、公共政务服务等功能,打造全新的人才一站式创新创业服务综合体,最大限度利用现有资源。

3.人才大厦入驻对象

一是人力资源服务机构。鼓励优秀人力资源服务机构入驻人才大厦,形成行业集聚效应,并为大厦初创企业提供系列服务,最大限度发挥人才大厦载体效能。

二是专业服务机构。设立一体化政务服务中心,引进市场化专业服务机构,比如律所、会所、知产等高端中介服务机构,构建"政府+市场"融合的创业服务体系,为创业团队提供从创意萌生、落地注册、团队组建、项目路演到融资上市的全链条服务。

三是创新创业人才和重点领域初创企业。鼓励各层次创业人才、携带先进技术或项目的初创企业入驻人才大厦,并为其提供系列创新创业服务,推动创新创业成果有效落地,促进产业链创新链有效融合。

（二）人才大厦服务内容

1.搭建人力资源产业平台

一是推动人力资源服务机构集聚。用好《东莞市人民政府办公室关于加快推动东莞市人力资源服务业实现高质量发展的实施意见》等优惠政策，探索对新入驻的知名人力资源服务机构提供适当奖励，并为符合条件的人才大厦入驻企业提供租金补贴，加大人才资源服务产业集聚优势，提升行业影响力。

二是优化人力资源服务产业业态。探索"人力资源服务券"制度，帮助入驻机构与全市重点企业进行对接撮合，鼓励全市重点企业积极购买入驻人才大厦服务机构的服务产品，定期向企业发放"人力资源服务券"，用于购买入驻人才大厦人力资源服务机构人才引进、求职招聘、人力资源外包等服务产品。

三是开展人力资源服务品牌建设。鼓励人才大厦举办人力资源服务业发展峰会、论坛等活动，打造一批有影响力的大湾区人力资本论坛等人力资源服务品牌。支持人力资源服务机构开展自主品牌建设，鼓励企业注册和使用自主的服务商标，引导人力资源服务机构加大品牌宣传推介力度，鼓励支持人力资源服务机构参加服务产品推介说明会、博览会、交易会，提升品牌影响力。

2.搭建人才创新创业平台

一是提升创新创业服务能力。为入驻企业提供共享实验室、成果转化、创业辅导、产学研合作、项目申报及专利咨询、企业管理提升、投融资辅导、融资顾问等"一站式"创新创业人才服务。

二是打造双创项目对接平台。深化"揭榜挂帅"联合攻关制度，常年面向入驻人才大厦的企业征集技术攻关需求，并构建全流程服务机制，一对一辅导企业摸排发布生产难题，并邀请行业专家团队协助梳理技术难题。

三是优化创新创业服务配套。围绕初创人才的实际需求，在人才大厦配备公共培训空间、企业联合办公区、创业者俱乐部、休闲娱乐等功能区，供入驻企业低价或免费使用，为初创企业提供低成本高质量的交流空间。

3. 搭建智慧人才服务平台

一是推动公共政务服务集成化。整合政务资源，打通各项信息渠道，在人才大厦设置一站式政务服务大厅，提供政策申报、人才认定、项目咨询等人才服务事项，争取覆盖人才在东莞居住、生活、就业和投资等领域的常办事项，提升人才大厦政务服务能力。

二是促进人才服务平台数字化。探索构建人才线上服务平台，参考深圳前海国际人才港、大连高新区人才港做法，打造人才服务"云平台"，用手机即可实现人才政策查询、人才线上求助、特色培训课程等功能。

三是实现双创人才服务个性化。强化创新创业人才生活配套保障，根据入驻人才实际需求探索建设健身房、读书室等公共空间，并配备相应人才公寓房源，提升人才大厦综合配套保障能力。

4. 优化人才创新创业生态

一是加快打造人才服务品牌。依托人才大厦主动承接和举办技术推广、项目路演、产业论坛等各类活动，如参考上海浦东国际人才港开展浦东国际人才港论坛、全球高校校友科创大赛等人才品牌活动，通过系列活动的举办提升人才大厦品牌影响力。

二是提升产业链人才链融合度。鼓励和引导人才大厦入驻人力资源机构开展产业人才招引工作，根据企业发展需求绘制产业人才需求地图，对当年产业人才引进成效突出的人力资源服务企业给予一定奖励，通过人力资源接口促进产业链人才链有效融合。

三是探索创新成果共享应用机制。依托人才大厦创新平台资源，搭建科技成果与知识产权管理运营数智化平台，为企业提供对接的端口，根据企业需求智能化地匹配相关专利成果以及专家团队，用信息化手段支撑知识产权的创造、运营以及后续转化发展，推动创新链与产业链进一步融合。

# 人才政策篇

# 《东莞市重大科技项目
# 实施办法（试行）》

---

## 第一章  总则

**第一条**  根据《广东省重点领域研发计划"十四五"行动方案》（粤科资字〔2022〕37号）、《中共东莞市委关于深入学习贯彻党的二十大精神奋力在新征程上推动高质量发展再上新台阶的意见》（东委发〔2023〕1号）、《东莞市人民政府关于坚持以制造业当家推动实体经济高质量发展的若干措施》（东府〔2023〕1号）、《东莞市科技创新"十四五"规划》（东府办〔2022〕17号）、《东莞市科技发展专项资金管理办法》（东府办〔2021〕23号）等文件精神，组织实施市重大科技项目，开展重点领域核心技术攻关和提高科技成果转化及产业化水平，制定本办法。

**第二条**  市重大科技项目旨在面向世界科技前沿和经济建设主战场，聚焦重点产业领域和"卡脖子"关键技术，集中资源有针对性地持续开展技术攻关，力争取得一批重大科技成果和自主知识产权，实现核心技术自主可控，为我市战略性新兴产业培育壮大和传统产业转型升级提供技术支撑和有力保障。

**第三条** 坚持目标导向。重点围绕新一代信息技术、高端装备制造、新材料、新能源、生物医药及高端医疗器械等战略性产业和优势传统产业，推动关键核心技术研发攻关和科技成果落地转化及产业化。

**第四条** 坚持企业主体地位。鼓励高等院校、科研机构等各类创新主体积极应对企业创新需求，开展产学研合作支持企业牵头承担市重大科技项目。支持科技型龙头企业或链主企业牵头组建体系化、任务型创新联合体，通过承担市重大科技项目，集聚创新资源，实现多学科、多主体、跨行业、跨单位集成式协同攻关，提升产业整体创新能力。

**第五条** 坚持政府主导。在东莞市全面深化改革加快实施创新驱动发展战略领导小组的框架内成立市重大科技项目专项工作小组，建设市重大科技项目库，组建市重大科技项目专家团队，建立健全常态化的市重大科技项目分级领导、分类服务、分期调度的工作机制，并严格按照既定的预算规模合理做好经费安排，全力推进市重大科技项目工作部署，形成市重大科技项目从组织实施到成果转化及产业化的工作闭环。

**第六条** 市重大科技项目包括重点领域研发项目、"揭榜挂帅"研发项目、国家和省重点研发计划（科技重大专项）配套项目和产业化绩效奖励。

**第七条** 市重大科技项目原则上不支持基础研究类科研项目和不能实现产业化的研发项目。

**第八条** 市科学技术局是市重大科技项目的业务主管部门，负责项目组织实施、优化任务布局和统筹项目全过程管理；市财政局是经费使用的监督管理部门。

## 第二章 重点领域研发项目

**第九条** 重点领域研发项目按照"市场需求＋竞争分析"的原则，瞄准当前国家、省、市重点培育发展产业领域，围绕产业全链条关键核心技术、共性技术需求持续开展攻关突破，力争取得一批重大科技成果和自主知识产权，实现关键核心技术自主可控和产业前瞻布局。

**第十条** 重点领域研发项目分为关键技术攻关项目和链条式集成攻关项目，具体如下：

（一）关键技术攻关项目主要立足我市重点产业领域技术需求，通过有针对性地持续开展技术攻关，力求"补短板、堵漏洞、强弱项"和实现核心技术自主可控，单个项目最高资助额度 1000 万元。

（二）链条式集成攻关项目由同一产业链条和技术领域上的 3 个（含）以上项目组成项目群开展行业核心技术和关键技术集成式协同攻关，单个项目群最高资助总额 3000 万元，组成项目的单个项目最高资助额度 500 万元。

（三）采用事中资助方式。市财政资助经费分两期拨付，第一期在项目中期评估结果为进展超前或按计划进行的，按照项目实际已投入资金比例拨付资助资金，最高不超过资助资金的 60%；第二期在项目验收合格后，按照项目实际已投入资金比例拨付余下的资助资金。

（四）市财政资助经费一般不超过项目总投入的 25%。对特别重大、优质的项目，经市政府同意可加大支持额度。

**第十一条** 重点领域研发项目申报条件：

（一）申报单位为科技型企业的，应为在我市注册且具有独立法人资格的高新技术企业，且上年度营业收入为 2000 万元（含）~2 亿元（含），研发费用占比不低于 5%；上年度营业收入为 2 亿元以上的，研发费用占比不低于 3%。

（二）申报单位为创新联合体的，牵头单位应满足上述科技型企业条件，且各成员单位上年度研发费用合计不少于 1000 万元。

（三）申报单位须具有项目实施的基础条件、完成项目所必备的人才条件、技术装备、资金投入能力和规范的管理制度。

（四）申报项目应具有技术上的创新性和可行性，项目完成后可产生良好的绩效，经济社会效益显著。项目的主要研究工作和成果应用及产业化须在我市内实施。

（五）申报项目实施周期一般不超过 3 年，生物医药及高端医疗器械产业技术领域的项目实施周期一般不超过 5 年。

（六）申报项目负责人应由项目牵头申报单位或参与（合作）单位的一名在职人员担任，且具有统筹领导开展创新性研究的能力，在相关技术领域具有一定的学术地位或技术优势，科研信用记录良好，能实质性参与项目的组织实施。

**第十二条** 重点领域研发项目申报立项程序：

（一）编制申报指南。组织第三方专业机构及专家团队根据国家、省、市重点产业发展方向，结合市重大科技项目库在库项目内容，编制年度项目申报指南，明确具体支持方向和申报要求。

（二）发布申报通知。面向全社会发布申报通知及申报指南，并开展项目申报受理工作。

（三）组织项目评审。组织开展形式审查、专家评审、现场考察等工作，对项目的合规性、可行性、创新性等进行审查。

（四）确定拟立项项目。根据项目评审结果择优确定拟立项项目。

（五）征求部门意见。将拟立项项目征求相关部门和项目所在镇街（园区）意见。

（六）报市政府审定。将拟立项项目呈报市政府审定。

（七）项目立项。根据市政府的批复文件，市科学技术局与承担单位签订项目任务书（合同书）。

**第十三条** 优先支持创新联合体申报市重点领域研发项目。对产业关键核心技术已基本掌握或已获得使用授权，对产业发展方向具备一定的前瞻性识别和研究能力，能够有效支撑和引进产业发展的创新联合体，经市重大科技项目专家团队评定，且项目总投入超过5000万元（含），报市政府同意，可采用"定向委托"的方式，"免试"承担市重点领域研发项目的组织实施。

## 第三章 "揭榜挂帅"研发项目

**第十四条** "揭榜挂帅"研发项目是我市骨干企业围绕创新链的特别需求，凝练提出自身暂无能力解决或只能解决部分问题的科研攻关任务，通过"揭榜挂帅"方式向全社会发榜公布，征集揭榜方开展重点攻关或共同攻关解决技术难题，推动技术进步和成果转化及产业化的特定项目。

**第十五条** "揭榜挂帅"研发项目的参与主体分为"发榜方"和"揭榜方"，具体如下：

（一）"发榜方"应为市内行业龙头企业、链主企业、"专精特新"企业、高新技术企业或创新联合体，具备良好的社会信用，近三年内无不良信用记录或违法行为，应具有一定的基础科研条件和场地应用条件，能承诺并有能力保障项目研发的科研投入，能提供实施项目必要的支持和配套条件。

（二）"揭榜方"应为市内外（含港澳地区）科技型企业、企业创新联合体、高等院校、科研院所等单位，科研信用记录良好，近三年内无不良信用记录或违法行为；拥有稳定的人才团队，能够完成研发任务；与"发榜方"不存在关联关系。

**第十六条** "发榜方"为项目资金投入方，单个项目资金投入不低于1500万元（含）。"发榜方"应与"揭榜方"协议约定资金投入使用的主体及范围，其中直接支付"揭榜方"使用的经费可实行"包干制"。

**第十七条** "揭榜挂帅"研发项目采用事后补助方式资助,"发榜方"作为资金投入方享受市财政经费补助,具体如下:

(一)资助额度:单个项目不超过项目总投入的20%且不超过"发榜方"与"揭榜方"双方签订并上报市科学技术局备案的项目委托协议支付金额;单个项目最高资助额度500万元。

(二)拨付方式:项目验收通过后,按照项目总投入和"发榜方"支付"揭榜方"的资金凭证及实际支付金额核准后,一次性拨付补助资金。

**第十八条** "揭榜挂帅"研发项目申报立项程序:

(一)征集项目榜单。面向全市发布通知征集项目榜单。

(二)论证项目榜单。组织第三方专业机构及专家团队对征集的项目榜单进行论证。

(三)发布项目申报通知、组织项目评审等程序参照重点领域研发项目执行。

(四)遴选"揭榜方"推荐名单。根据项目评审结果遴选出1家(含)以上"揭榜方"推荐名单。

(五)组织商榷对接。组织"发榜方"和进入推荐名单的"揭榜方"轮流开展线下商榷对接,细化任务内容、预期成果指标、产权归属、项目资金测算等具体事宜;由"发榜方"自主择优选定1家"揭榜方",并出具书面认可文件及签署意向协议,形成拟立项项目。

(六)征求部门意见。将拟立项项目征求相关部门和项目所在镇街(园区)意见。

(七)公示。将拟立项项目面向社会公示,公示期不少于7个工作日。

(八)报市政府审定。将拟立项项目呈报市政府审定。

(九)项目立项。根据市政府的批复文件,市科学技术局与"发榜方""揭榜方"共同签订项目任务书(合同书)。

第十九条 "揭榜挂帅"研发项目的实施周期、成果及产权归属由"发榜方"和"揭榜方"协议约定。原则上，项目实施周期一般不超过3年；"发榜方"应为项目研发成果的最终用户或用户代表。

## 第四章 产业化绩效奖励

第二十条 产业化绩效奖励是对企业继续就创新形成的重大科技成果进行后续开发应用，并实现产业化和取得直接经济效益的项目给予奖励。

第二十一条 产业化绩效奖励条件：

（一）受奖主体必须为在我市注册且具有独立法人资格的"专精特新"企业、高新技术企业或科技型中小企业。

（二）受奖项目必须是市重大科技项目库在库管理的项目，且技术创新性强、产业化导向明确，3年内（含入库前2年）累计研发费用不少于1000万元，累计形成营业收入不少于5000万元。生物医药及高端医疗器械产业技术领域的项目可延长至5年。

（三）对直接转化形成市产业工程类重大建设项目的给予优先支持。

第二十二条 产业化绩效奖励额度根据项目产业化实际成效和经济效益情况核定，具体如下：

（一）对完成研发并直接转化形成市产业工程类重大建设项目，并实现投产或启动开工建设的，按不超过项目研发费用总额的20%给予绩效奖励，总投资在5亿元（含）以上的，最高奖励500万元；总投资在2亿（含）~5亿元的，最高奖励300万元；总投资在1亿（含）~2亿元的，最高奖励150万元。

（二）对累计研发费用2000万元（含）以上且累计形成营业收入5亿元（含）以上的项目，按不超过研发费用总额的20%给予奖励，最高奖励500万元；对累计研发费用1500万元（含）以上且累计形成营业收入2亿元（含）以上的项目，按不超过研发费用总额的10%给予奖励，最高奖励300万元；对累计研发费用1000万元（含）以上且累计形成营业收入5000万元（含）以上的项目，按不超过研发费用总额的5%给予奖励，最高奖励100万元。

（三）同一企业同一项目已获重点领域研发项目，"揭榜挂帅"研发项目，国家、省重点研发计划及科技重大专项配套项目资金支持，或其他市财政同类型资助资金支持的，按"就高不就低"的原则给予奖励。

（四）同一企业同一年度获得产业化绩效奖励额度最高不超过500万元。

**第二十三条** 产业化绩效奖励程序：

（一）接受项目申请。符合上述条件的项目承担单位向市科学技术局提出奖励申请。

（二）组织项目审查。组织第三方专业机构及专家团队对项目的真实性和经济效益情况进行审查。

（三）确定拟奖励项目。根据审查结果分档次确定拟奖励项目。

（四）征求部门意见、公示、报市政府审定等程序参照"揭榜挂帅"研发项目执行。

（五）下达奖励资金。根据市政府的批复文件拨付奖励资金。

## 第五章　国家、省重点研发计划及科技重大专项配套项目

**第二十四条** 凡我市企事业单位承担由国家科技部牵头或归口管理的国家科技创新2030——重大科技项目、国家重点研发计划项目和广东省重点领域研发计划项目，在项目验收通过后且项目成果主要服务于我市经济社会发展，或在我市实现落地转化、产业化的，均可获得配套资助支持。

**第二十五条** 我市企事业单位在获国家、省重点研发计划及科技重大专项项目立项支持后，应在拿到立项文件、签订立项合同书（任务

书）后 6 个月内向市科学技术局备案；逾期不备案的，不得享受配套资助支持。

**第二十六条** 我市企事业单位在承担国家、省重点研发计划及科技重大专项项目验收后，应在 18 个月内向市科学技术局提出配套资助申请；逾期不申请的，不得享受配套资助支持。

**第二十七条** 国家、省重点研发计划及科技重大专项配套项目采用事后补助方式资助，具体如下：

（一）对单个单位牵头承担、参与或牵头承担子课题的国家重点研发计划及科技重大专项项目，并获资助总额 500 万元（含）以上的，在项目验收通过且在我市实现落地转化及产业化后，对牵头承担的，市财政按照国家实际到位资金不超过 1∶1 的比例给予配套资助，同一项目最高配套资助额度 1000 万元；对参与或牵头承担子课题的，市财政按照国家实际到位资金不超过 1∶0.5 的比例给予配套资助，同一项目最高配套资助额度 500 万元。

（二）对单个单位牵头承担省重点研发计划及科技重大专项项目，并获资助总额 500 万元（含）以上的，在项目验收通过且在我市实现落地转化及产业化后，市财政按照省实际到位资金不超过 1∶0.5 的比例给予配套资助。同一项目最高配套资助额度 500 万元。

（三）对单个单位牵头承担、参与或牵头承担子课题之一的国家重点研发计划及科技重大专项项目，所获资助总额为 200 万（含）～500 万元的，在项目验收通过且在我市实现落地转化或产业化后，市财政按照国家实际到位资金 1∶0.1 的比例给予配套资助；同一项目最高配套资助额度 50 万元。

（四）市财政配套资助额加上国家、省财政资助经费总额不超过项目总投入的 50%；市财政配套资助额原则上不超过项目总投入的 25%。

（五）无自筹投入的不得享受配套资助支持；项目验收后在我市无成果转化及产业化，或无新增营业收入的，不得享受配套资助支持。

（六）国家和省有明确配套要求的，从其规定。

**第二十八条** 国家、省重点研发计划及科技重大专项配套项目申报立项程序：

（一）发布申报通知。面向全市发布申报通知并开展项目申报受理工作。

（二）组织项目审查。组织第三方专业机构及专家团队开展形式审查、现场核查等工作，对项目的真实性和后续实施情况进行审查。

（三）确定拟立项项目、征求部门意见、报市政府审定等程序参照重点领域研发项目执行。

（四）下达项目配套。根据市政府批复文件拨付配套资金。

**第二十九条** 对市外单位牵头承担国家、省重点研发计划及科技重大专项项目的，如同意来我市设立科技型企业或民办非企业单位实施项目研发及产业化工作，且项目成果将主要服务于我市经济社会发展，在我市使用国家、省财政资助经费超过 500 万元的，等同于我市企事业单位给予配套资助支持。

**第三十条** 对涉及军民融合、安全保密、应急攻关、纵向联动、重大亟须等特殊项目配套支持，可采取特事特办或参照上级政策执行。

## 第六章 项目管理

**第三十一条** 项目承担单位包括牵头单位和参与单位，具体如下：

（一）牵头单位对项目实施承担主体责任，负责落实项目申报、立项、执行、验收、成果转化及产业化等全周期事项，负责确保项目申报材料的真实性、有效性，保障项目资金投入和绩效管理，提供项目实施必要的支持和配套条件等。

（二）参与单位是项目研发的组成单位，按照项目单位之间的分工协议同时开展项目研发工作，向牵头单位负责。

（三）牵头单位为市外单位的，可以自行申报，但立项时，须将主体迁入我市或在我市注册设立新的企事业单位担任牵头单位；也可与市内单位共同作为牵头单位一起申报，立项后，原市外牵头单位自动变更为参与单位，原市内单位变更为牵头单位。

（四）牵头单位、参与单位均须按照项目任务书（合同书）要求，完成项目目标任务。牵头单位应及时申请验收，并推动项目实施形成的科技成果在我市转化及产业化。

（五）牵头单位、参与单位均需严格遵循《东莞市科研诚信管理办法》（东科〔2021〕80号），履行科研诚信责任和义务，接受并配合市科学技术局及其委托的第三方机构对实施和资金使用情况进行监督检查、绩效评价。

**第三十二条** 项目参与人员包括项目负责人和项目一般参与人员，具体如下：

（一）项目负责人须由项目承担单位的一名在职人员担任，具有统筹领导开展创新性研究的能力，科研信用记录良好，且能实质性参与项目的组织实施。禁止出现拉同领域高端知名专家挂名现象。

（二）项目一般参与人员应按照项目组织实施的实际需求做好安排和分工，原则上应为项目承担单位的在职人员，且科研信用记录良好。

（三）项目负责人和一般参与人员均须严格遵循《东莞市科研诚信管理办法》（东科〔2021〕80号），履行科研诚信责任和义务。

**第三十三条** 重点领域研发项目投入总资金由承担单位（包括牵头单位和参与单位）的自筹资金和市财政资助资金组成。承担单位自筹资金包括项目前期投入（指项目申报前两年的投入，符合项目专账管理要求）和项目新增自筹资金（指项目申报至任务结束期间的投入），项目自筹资金与市财政资助资金的比例不少于3：1，新增自筹资金与市财政资助资金的比例不少于1：1。"揭榜挂帅"研发项目投入总资金核算周期为项目申报之日起至项目任务结束之日。

项目立项后如市财政资助资金少于项目申请金额，则由项目承担单位自行补足差额，保证项目总投入金额不变。

**第三十四条** 实行有限申报，具体如下：

（一）项目牵头单位同一年度原则上最多同时申报 2 项市重点领域研发项目和 2 项"揭榜挂帅"研发项目。项目参与单位不作限制。

（二）项目负责人已负责 1 项（含）以上的在研市重点领域研发项目、"揭榜挂帅"研发项目的，在项目验收之前，不得作为负责人再申报承担新的市重大科技项目。项目一般参与人员不作限制。

（三）同一项目只能享受重点领域研发项目、"揭榜挂帅"研发项目或国家、省重点研发计划（科技重大专项）配套项目等其中之一的支持，不得重复申报。

**第三十五条** 项目任务书（合同书）是项目立项及管理的主要依据，规定项目立项、执行、验收、成果转化及产业化等项目全周期事项，内容原则上应与项目申报材料保持一致。

"揭榜挂帅"研发项目立项后，按照"发榜方承担市重大科技项目"的方式进行管理，由市科学技术局与"发榜方""揭榜方"共同签订项目任务书（合同书）。"发榜方"和"揭榜方"应签订项目委托协议报市科学技术局备案，作为项目任务书（合同书）的补充内容。

**第三十六条** 项目任务书（合同书）应按照项目申报通知、申报指南和实际情况确定项目实施周期。项目实施周期开始日期应在项目年度申报指南发布日至项目任务书（合同书）签订日之间；结束日期按照不同项目要求据实确定。

**第三十七条** 市财政资助资金按照项目任务书（合同书）约定拨付给项目牵头单位统筹用于项目实施，不再明确分配和使用情况。项目牵头单位和参与单位应在项目立项前协议约定自筹经费分配情况及投入进度计划。

**第三十八条** 建立重大创新容错机制，允许项目在实施期内提出合理变更要求，具体如下：

（一）自主变更。在项目总投入不调减、研究方向不变、不降低申报指标且符合原申报指南要求的前提下，项目承担单位可按照项目实际情况，自主调整研究方案或技术路线、一般参与人员、各经费科目预算等。

（二）一般变更。项目承担单位名称改变（主体不变）、项目承担单位间经费分配调整、项目承担单位间分工和知识产权分配调整、项目总投入调增、实施周期延长（原则上不超过1年）等不影响项目主要研发方向和项目成果在我市落地的事项属于一般变更，在项目承担单位自主调整后，呈文报市科学技术局备案。

（三）重大变更。项目承担单位调整、项目负责人调整、项目总投入调减（自筹经费调减后不得违背本办法第三十三条关于经费投入比例的要求）等事项属于重大变更，须由项目牵头单位正式向市科学技术局提出申请，经审批同意后，方可变更。同一项目进行重大变更事项原则上不得超过2项。

（四）一般变更应在变更事由发生后3个月内报市科学技术局备案；重大变更应在变更事由发生后1个月内向市科学技术局提出申请；原则上在项目任务书（合同书）终止日前3个月内不得申请变更。

（五）"揭榜挂帅"研发项目变更在遵循上述规定的前提下，应由"发榜方"和"揭榜方"共同提出变更诉求。

**第三十九条**　项目实行中期评估制度，对项目的实施计划进度情况、阶段性指标完成情况、经费到位及使用情况等进行评估，评估结论分为通过（包括进展超前、按计划进行）、限期整改、不通过等，具体如下：

（一）通过。完成项目任务书（合同书）中期目标，各项指标完成度不低于70%，研发资金到位率不低于70%、实际研发支出不低于60%，且项目实施进度预计将比原计划超前6个月以上的，可评为"进展超前"，按规定拨付市财政资助资金并可安排提前验收；完成项目任务书（合同书）中期目标，研发资金到位率不低于60%、实际研发支出不低于50%，且项目实施进度按计划推进，可评为"按计划进行"，按规定拨付市财政资助资金。

重点领域研发项目按照实际已投入资金比例拨付首期市财政资助资金，中期评估为"进展超前"的，不超过项目资助资金总额的60%；中期评估为"按计划进行"的，不超过项目资助资金总额的50%。

（二）限期整改。未完成项目任务书（合同书）中期目标，各项指标完成度不足50%，或研发资金到位率低于50%，实际研发支出低于30%，为进展缓慢。暂缓拨付市财政资助资金，并由项目牵头单位提出整改措施。整改期原则上不超过6个月。逾期未完成整改的，或经再评估整改无效的，按项目终止结题处理。

（三）不通过。项目承担单位未建有项目研发专账、项目研发资金到位率低于30%，实际研发支出低于20%，或未实际启动项目研发工作的，为不通过，按项目终止结题处理。

**第四十条** 项目实施到期应进行项目验收，对项目完成情况、资金使用情况、产业化绩效情况等进行一次性最终评价。项目验收按照打分制执行，验收结论分为通过（包括优秀、良好）和不通过，具体如下：

（一）项目验收得分60分（含）以上的，验收通过。验收得分60分（含）至80分的，评价为"良好"，按项目已投入比例拨付余下市财政资助资金，不超过项目资助资金总额的80%；验收得分80分（含）以上的，评价为"优秀"，按项目已投入比例足额拨付余下市财政资助资金。

（二）项目验收得分60分以下的，验收不通过。不再拨付余下市财政资助资金，并按照项目已投入比例退回相应已拨付的市财政资助资金。

（三）项目不通过的，因主观因素导致，项目承担单位和项目负责人 2 年内不得再申报市重大科技项目；因不可抗力因素导致的，不予追责。

**第四十一条** 因不可抗力因素、客观原因或现有水平和条件限制等，致使项目不能继续实施或难以完成项目任务书（合同书）指标的，项目牵头单位可主动提出终止结题申请，经市科学技术局审批同意后，按项目主动终止结题处理。

重点领域研发项目主动终止结题的，停拨后期市财政资助资金，扣除合理支出费用后退回结余的市财政资助资金；"揭榜挂帅"研发项目主动终止结题的，不再拨付市财政资助资金。

**第四十二条** 因项目承担单位出现重大变故，项目承担单位或项目负责人在项目技术开发、经费使用、科研信用、科研伦理等方面出现重大违规违法行为，致使项目实施无法进行或面临重大风险的，市科学技术局将对项目进行强制终止结题，停拨后期市财政资助资金，并全额退回已拨付市财政资助资金，相关责任单位和负责人 3 年内不得再申报市重大科技项目。

**第四十三条** 项目申报时应提交详尽、完整的可行性报告，对项目实施的可能性、有效性、创新性、技术方案及内容进行具体、深入、细致的技术论证和经济评价。

**第四十四条** 鼓励镇街（园区）政府对项目给予配套支持，并在项目实施过程中配合市科学技术局做好项目的跟踪和监管工作，及时掌握项目承担单位的运营情况，并为项目顺利实施做好相关服务及提供必要的条件保障，确保项目按时按要求完成。

**第四十五条** 落实项目管理减负，赋予项目承担单位和项目负责人对项目实施的充分自主权，减少项目实施周期内的各类评估、检查、抽查、审计等活动，对同一项目同一年度的监督、检查、评估等结果互通互认，避免重复多头检查。

**第四十六条** 鼓励引入社会资源解决自筹投入资金需求，可采用科技金融方式给予支持，其资助金额不计入项目资助额度。

第四十七条　项目形成的研究成果，包括知识产权、论文、专著、样机、样品等，应通过项目任务书（合同书）应明确项目归属及权益分配，原则上应优先在我市内转化应用。项目成果管理相关事项应由项目牵头单位负责，项目牵头单位在项目实施期内原则上不得搬离我市。

第四十八条　项目牵头单位在项目实施期内搬离我市的，或项目形成的研究成果不在我市转化应用的，项目承担单位须及时向市科学技术局备案及告知情况，并全额退回已享受的市财政资助项目资金。

第四十九条　上述项目管理及经费管理未尽事宜，按照《东莞市科技发展专项资金管理办法》（东府办〔2021〕23号）、《东莞市科技计划项目管理办法》（东科〔2021〕80号）等相关文件规定执行。

## 第七章　附则

第五十条　本办法由市科学技术局具体解释。

第五十一条　本办法自印发之日起实施，有效期至2026年10月30日，实施过程中可根据实施情况依法评估修订。原《东莞市重点领域研发项目实施办法》同时废止，不再执行。此前出台的相关政策规定与本办法冲突的，以本办法规定为准。过往正在组织实施的市重点领域研发项目按照本办法项目管理规定执行。

# 《东莞市粤港澳大湾区个人所得税优惠政策财政补贴实施办法（暂行）》

---

## 第一章　总则

**第一条**　为落实粤港澳大湾区个人所得税优惠政策，切实做好东莞市境外高端人才和紧缺人才个人所得税财政补贴工作，根据《财政部税务总局关于延续实施粤港澳大湾区个人所得税优惠政策的通知》（财税〔2023〕34号）和《广东省财政厅广东省科学技术厅广东省人力资源和社会保障厅国家税务总局广东省税务局关于进一步贯彻落实粤港澳大湾区个人所得税优惠政策的通知》（粤财税〔2023〕21号）要求，结合东莞市实际，制定本办法。

**第二条**　在东莞市实施粤港澳大湾区个人所得税优惠政策财政补贴范围、补贴程序和监督检查的，适用本办法。

**第三条**　在东莞市工作的境外高端人才和紧缺人才，其在东莞市缴纳的个人所得税已缴税额超过其按应纳税所得额的15%计算的税额部分，由东莞市给予财政补贴，该补贴免征个人所得税。每个纳税年度每个纳税人的个人所得税补贴额最高不超过500万元。

前款所称的已缴税额，是指下列所得按照《中华人民共和国个人所得税法》规定缴纳的个人所得税额：

（一）工资、薪金所得；

（二）劳务报酬所得；

（三）稿酬所得；

（四）特许权使用费所得；

（五）经营所得；

（六）入选市级以上人才工程或人才项目获得的补贴性所得。

**第四条**　财政补贴根据个人所得项目，按照分项计算（综合所得进行综合计算）、合并补贴的方式进行，其个人所得税已缴税额应当以次年办理清缴并补退税后的全年实际缴纳税额为准。

个人所得税税负差额计算，以一个纳税年度为准。纳税年度自公历一月一日起至十二月三十一日止。

**第五条**　对在东莞市工作的境外高端人才和紧缺人才的财政补贴按照自愿申报、认定审核的方式进行，认定名额原则上不设上限。

粤港澳大湾区个人所得税优惠政策财政补贴每年补贴一次，于次年的个人所得税汇算清缴期结束后受理、发放，逾期未提出申请的，不再受理申请。

**第六条**　补贴的受理审核发放工作在市委人才工作领导小组领导下开展。各相关部门按照明确职责、规范程序和分工协作的原则，对在东莞市工作的境外高端人才和紧缺人才个人所得税财政补贴进行受理、认定、审核和发放。

东莞市科学技术局（以下简称市科技局）负责境外高端人才资格认定及相应财政补贴资金申报受理、审核和发放；东莞市人力资源和社会保障局（以下简称市人力资源社会保障局）负责境外紧缺人才资格认定及相应财政补贴资金申报受理、审核和发放；国家税务总局东莞市税务局（以下简称市税务局）负责对申请人缴纳的所得项目、应纳税所得额、已缴税额等数据协助审核；东莞市财政局（以下简称市财政局）统筹组织市科技局、市人力资源社会保障局、市税务局开展审核和发放工作；东莞市政务服务数据管理局负责提供必要政务支持。

**第七条** 本办法的财政补贴所需资金，由市财政和人才缴纳个人所得税所属镇街（园区）财政按照 3 : 7 的比例分担。

## 第二章 补贴申请人资格认定标准

**第八条** 本办法第三条所指的境外高端人才和紧缺人才（以下称申请人），应当同时具备以下条件：

（一）申请人是香港、澳门永久性居民，取得香港入境计划（优才、专业人士及企业家）的香港居民，台湾地区居民，外国国籍人士，取得国外长期居留权的留学回国人员和海外华侨。

（二）申请人纳税年度内在东莞市注册的企业和其他机构任职、受雇，或在东莞市提供独立个人劳务，或在东莞市从事生产、经营活动，且纳税年度内在东莞市工作累计满 90 天以上（不含 90 天）。

（三）申请人在东莞市依法缴纳个人所得税，且个人所得税已缴纳税额超过其应纳税所得额 15%。

（四）申请人的工作单位属于科技创新、重点发展产业和哲学社会科学领域，且在申请补贴的纳税年度内符合本办法第九条规定的高端人才条件，或纳税年度至申请补贴时符合本办法第九条规定的紧缺人才条件。

（五）遵守法律法规、科研伦理和科研诚信。

**第九条** 符合本办法第八条的申请人，还应当符合下列条件：

（一）境外高端人才应当符合下列条件

境外高端人才需属于外籍或港澳台人员。其中，外籍高端人才指取得《外国人工作许可证》（A 类）、《外国高端人才确认函》、《珠三角自主创新示范区 9 市和揭阳中德金属生态城外籍高层次人才确认函》及其他经国家、广东省、东莞市人才工作主管部门认定的高层次人才，且在我市企事业单位工作的中高级管理人员、生产技术骨干；港澳台高端人才指取得《珠三角自主创新示范区9市和揭阳中德金属生态城港澳台高层次人才确认函》及其他经国家、广东省、东莞市人才工作主管部门认定的高层次人才，且在我市企事业单位工作的中高级管理人员、生产技术骨干。境外高端人才的工作单位需属于科学创新、重点发展产业、哲学社会科学领域。

1. 科技创新领域的单位

高等院校、科研机构、医疗机构、公共卫生机构。

2. 重点发展产业领域的单位

广东省十大战略性支柱产业、广东省十大战略性新兴产业的生产制造企业及科技型企业，符合《东莞市现代产业体系中长期发展规划纲要（2020—2035年）》的生产制造企业、科技型企业及其生产性服务业、科技服务业的企业。

3. 哲学社会科学领域的单位

高等院校、哲学社会科学研究机构、党校行政学院、党政部门所属研究机构。

（二）境外紧缺人才应当符合下列条件

与用人单位签订劳动合同或劳务合同，补贴的相应年度在东莞市以下紧缺岗位从事相应工作，能胜任本岗位，有关任职及履职胜任情况需在公司内部公示5个工作日（含）以上，并且未有异议，且申请时仍然在岗。

1. 新一代信息产业技术产业

产品开发师、程序员／软件工程师、工艺工程师、电子测试工程师、技术总监CTO／总工、软件测试工程师、硬件开发工程师／硬件工程师、机械工程师／模具设计师、电子工程师、测绘工程师、市场营销总监、QA/QC（质检）工程师、财务总监、国际业务总监、企业资源规划（ERP）系统工程师。

2. 高端装备制造产业

结构工程师、产品开发师、机械工程师／模具设计师、程序员／软件工程师、机械制图工程师、机电工程师、机械制造工程师、软件测试工程师、测绘工程师、市场营销总监、QA/QC（质检）工程师、财务总监、国际业务总监、企业资源规划（ERP）系统工程师。

3. 新能源产业

电子工程师、结构工程师、产品开发师、工艺工程师、机电工程师、高分子材料工程师、单片机／DSL/DSP/底层软件开发师、电力／电气工程师、通讯／通信工程师、测绘工程师、市场营销总监、QA/QC（质检）工程师、财务总监、国际业务总监、企业资源规划（ERP）系统工程师。

4. 新材料产业

高分子材料工程师、产品开发师、安全管理工程师、化工生产高级技术员、检验／检测／化验工程师、高级机械维修师、电力拖动与自动控制工程师、产品外观设计师、测绘工程师、市场营销总监、QA/QC（质检）工程师、财务总监、国际业务总监、企业资源规划（ERP）系统工程师。

5. 节能环保产业

电子工程师、技术总监CTO/总工、产品开发师、渠道运营经理、电机与电器工程师、品质管理、程序员／软件工程师、成本分析／核算师、电子工艺加工师、电力／电气工程师、测绘工程师、市场营销总监、QA/QC（质检）工程师、财务总监、国际业务总监、企业资源规划（ERP）系统工程师。

6. 信息传输、软件和信息技术服务产业

程序员／软件工程师、电子工程师、技术主管／项目经理、电力／电气工程师、产品开发师、财务总监、测绘工程师、市场营销总监、QA/

QC（质检）工程师、国际业务总监、企业资源规划（ERP）系统工程师。

7. 生物医药产业

药剂研发总监、生物信息研发工程师、临床监查员、纯化工程师、药品检测员、药理分析员、动物实验员、医疗器械高级技术顾问、项目申报经理、生物制药工程师、市场营销总监、QA/QC（质检）工程师、财务总监、国际业务总监、企业资源规划（ERP）系统工程师。

8. 金融行业

总行零售条线负责人、行业研究员、精算师、营业部负责人、计划财务经理、软件架构师、融资租赁经理、风控经理、投资经理。

以上紧缺岗位须为专门设立的岗位，若包含多种职能的岗位则不予纳入申请。

申请人所在岗位职责职能应与上述所列紧缺岗位一致，若所在岗位名称不完全一致，但岗位职能一致，可根据实际岗位职能进行认定。

申请人须为专门、直接从事紧缺岗位工作的人员，以总管、分管、协管、兼任等名义跨层级、跨部门、非专门、非直接从事紧缺岗位工作的人员不得申请。

上述紧缺岗位可根据我市社会经济发展情况和人才紧缺程度变化进行动态调整，具体由市人力资源和社会保障局会同有关部门提出，经征求省人力资源和社会保障厅意见，报市委人才工作领导小组同意后实施。

**第十条** 有下列情形之一的，不得申报东莞市境外高端人才和紧缺人才个人所得税财政补贴：

（一）申请人在申请财政补贴前3年内，有重大税收违法失信行为的；有虚报、冒领、骗取、挪用财政资金等不诚信行为的；被列为失信被执行人的；受到过刑事处罚；有限制开展生产经营活动、责令停产停业、责令关闭、限制从业、降低资质等级、吊销许可证件、个人受到过行政处罚罚款 5000 元以上等重大违法记录的；涉嫌犯罪正在接受司法调查尚未有明确结论的。

（二）申请人所在单位近 3 年内，有重大税收违法失信行为的；有虚报、冒领、骗取、挪用财政资金等不诚信行为的；被列为失信被执行人的；有限制开展生产经营活动、责令停产停业、责令关闭、限制从业、降低资质等级、吊销许可证件、受到过行政处罚罚款 10 万元以上等重大违法记录的，申请人负有直接或主要责任的，或者担任该单位的法定代表人或负责人的。

## 第三章　补贴申报程序

**第十一条**　市科技局、市人力资源社会保障局每年第三季度分别在本部门门户网站上发布境外高端人才和紧缺人才个人所得税优惠政策财政补贴申报公告和申报指南，明确申报的具体条件、申报方式、申报时间、应提交资料、认定及财政补贴发放程序等内容。

**第十二条**　财政补贴每年受理一次，由申请人根据市科技局、市人力资源社会保障局在部门门户网站上发布的申报指南所规定的时间向受理部门提出申请。

申请人个人所得税由扣缴义务人代扣代缴的，一般由扣缴义务人代为办理财政补贴申请。申请人自行申报缴纳个人所得税的，由其本人提出申请。

**第十三条**　申请人向受理部门申请个人所得税财政补贴时，应提交以下材料：

（一）东莞市境外高端人才和紧缺人才个人所得税财政补贴申请表（含申请人及其所在单位承诺配合政府部门核查，无重大违法违规行为的承诺书）。

（二）申请人有效身份证明文件，如委托他人办理，需出具委托书。

（三）申请人与在东莞市内设立的企业、机构工作关系的证明文件及材料。

（四）申请人的收入和纳税证明文件及材料。

（五）申请人所属人才类型的佐证材料。

（六）受理部门在审核过程中发现异常情况的，可要求申请人提供有助于人才资格认定和财政补贴的有效文件。

**第十四条** 按照本办法相关规定、具体标准和职能分工，市科技局收到申请人提交的申请材料后对申请人进行境外高端人才资格认定，制订拟予财政补贴清单；市人力资源社会保障局收到申请人提交的申请材料后，对申请人进行境外紧缺人才资格认定，制订拟予财政补贴清单；市税务局协助审核申请人有关税务数据。

审核完成后，市科技局和市人力资源社会保障局分别就境外高端人才拟予财政补贴清单和境外紧缺人才拟予财政补贴清单所涉人才及所在单位是否存在本办法第十条所列情形征求市财政局、市税务局、市市场监管局、市公安局、市发展和改革局、市工业信息局、市信用办、市中级人民法院、市检察院等相关部门意见。必要时通过全国信用信息共享平台（广东东莞）或东莞市企业信用信息公示系统查询确认。

**第十五条** 经审核无异议的财政补贴人才名单，由市财政局会同市科技局、市人力资源社会保障局、市税务局报市委人才工作领导小组同意后，由科技、人力资源社会保障部门分别拨付财政补贴资金至申请人在中国境内银行开设的个人账户。

## 第四章 监督管理

**第十六条** 申请人和扣缴义务单位应当如实提供申请材料，并对申请材料完整性、真实性和准确性负责。

如发现申请人有违法违规、虚报申报等行为，经查实后，取消申请人享受优惠政策的资格，对已经取得的财政补贴资金予以追缴；涉嫌犯罪的，移送司法机关依法追究刑事责任。

**第十七条** 市财政局会同相关部门对个人所得税财政补贴资金情况开展监督检查，申请人应当配合接受监督检查。

对虚报、冒领、骗取财政补助资金的单位和个人，依据有关法律法规和《财政违法行为处罚处分条例》（国务院令第 427 号）等规定予以处理；涉嫌犯罪的，依法追究刑事责任。

**第十八条** 实施东莞市境外高端人才和紧缺人才个人所得税财政补贴工作的各相关部门及其工作人员应当按照职责分工和本办法规定进行受理、认定、审核，以及财政补贴发放工作，对不作为或不认真履职的，依法追究相关责任人行政责任；涉嫌犯罪的，依法追究刑事责任。

## 第五章　附则

**第十九条** 本办法自印发之日起实施，暂定文件有效期到 2025 年 12 月 31 日，有效期满后另文报市政府审议。2020 纳税年度的补办申请及 2021 纳税年度、2022 纳税年度的申请，按本办法执行。本办法施行期间，国家、省相关政策如有调整，按照国家、省调整后的政策执行。《东莞市境外高端人才和紧缺人才认定及个人所得税财政补贴办法》（东财规〔2021〕1 号）同时废止。

**第二十条** 本办法由市财政局、市科技局、市人力资源社会保障局、市税务局负责解释。

# 《东莞滨海湾国际开放创新创业社区项目入驻管理及扶持办法》

## 第一章 总则

**第一条** 为加快推进"科技创新 + 先进制造",高质量建设东莞滨海湾国际开放创新创业社区(以下简称"社区"),打造全市创新创业新标杆,助力粤港澳大湾区国际科技创新中心建设,根据国家、省相关政策以及本市"科技东莞"工程专项资金财务管理相关规定,结合社区实际,制定本办法。

**第二条** 本办法适用于工商注册、税务登记及统计关系在社区,具有独立法人资格、财务制度健全、实行独立核算的企业法人机构,以及其他符合条件的市场主体。本办法主要对社区项目的入驻条件、政策扶持、入驻程序、监督管理等事项进行规范。社区范围为滨海湾湾区一号二期及其他经滨海湾国际开放创新创业社区现场指挥部(以下简称"社区指挥部")同意纳入的场地。

**第三条** 社区入驻项目分为科技型企业项目、现代服务业项目、商业配套项目三类。

第四条 社区场地使用遵循高效集约的原则。除商业配套项目场地外，社区用于科技型企业项目的场地面积不低于总面积的80%。

第五条 社区指挥部负责社区建设发展各项工作的统筹；东莞市科学技术局（以下简称"市科技局"）、东莞滨海湾新区管理委员会（以下简称"新区管委会"）和东莞市滨海湾新区控股有限公司（以下简称"滨海湾控股公司"）共同负责社区项目的入驻审批；滨海湾控股公司负责对接经社区指挥部产业招商组（以下简称"产业招商组"）审核通过的项目，签订社区入驻项目租赁合同，做好项目入驻场地安排等工作；产业招商组负责开展项目洽谈、项目审核等业务，组织专业机构或专家开展项目论证；市科技局和新区管委会负责社区发展专项资金的年度计划编制，以及专项资金项目的申报受理、审定上报等工作；市科技局和新区管委会财政分局负责资金拨付工作；市财政局和新区管委会财政分局负责资金监督检查、绩效考核等工作。

第六条 社区指挥部组建社区专家库，专家主要来自新型研发机构、高校院所、重大创新平台、龙头企业等单位，参与社区项目论证及后续技术支持服务等工作。

## 第二章 入驻条件

第七条 科技型企业项目的入驻应满足以下要求：

（一）符合产业发展方向

1.符合《战略性新兴产业重点产品和服务指导目录》《鼓励外商投资产业目录》和《东莞市重点新兴产业发展规划（2018—2025年）》的产业类型要求（均以最新公布版本为准）。

2.重点引进数字经济、生命健康、新能源等领域项目。

（二）符合相关入驻条件

1.已认定为国家高新技术企业及其他相当或以上水平的，或经社区指挥部组织专家论证通过后的企业可入驻社区，论证标准另行制定并经社区指挥部审议通过后执行。

2.其他符合社区产业发展规划，经社区指挥部"一事一议"审核通过的项目。

（三）符合相关经营要求

1.按要求配合做好统计调查工作，及时上报企业经营统计数据。

2.符合环境保护要求。

3.符合安全生产监督管理要求。

4.企业和项目核心团队成员近两年无重大违法违规违约行为。

5.社区指挥部规定的其他经营要求。

**第八条** 现代服务业项目的入驻应满足以下要求：

（一）科技服务业项目入驻条件

1.符合产业发展方向

（1）符合《国家科技服务业统计分类》（以最新公布版本为准）的项目类型要求；

（2）重点引进技术转移服务机构、知识产权服务机构、产业技术服务平台、科技企业孵化器（众创空间）运营机构、新型研发机构、生产力促进机构、综合科技服务机构（包括法律、会计、审计、人力资源服务、广告、市场推广、营销策划）等科技服务项目，产业技术创新战略联盟、行业商协会、俱乐部等社会组织项目以及社会组织孵化基地运营机构。

2.具备开展相关经营业务条件

（1）经东莞市有关部门注册、登记或备案，经营合法。

（2）具有科技服务经验、能力和良好信誉。

（3）具有与其开展业务相适应的服务设施及业务人员。

（二）金融项目入驻条件

1.符合产业发展方向

重点引进证券、保险公司等金融机构，融资担保公司、融资租赁公司等金融服务机构，风险投资基金（VC）、私募股权投资基金（PE）等股权投资机构，融资路演服务中心、科技金融服务平台、产权交易平台等金融服务平台。

2.具备开展经营资质条件

（1）金融机构和金融服务机构须经国家金融监管部门批准设立从事金融服务。

（2）股权投资基金须经中国证券投资基金业协会等备案登记。

（3）经省、市有关部门或新区管委会同意设立的科技金融服务平台。

（4）经社区指挥部审核同意引进的其他金融机构。

（三）其他现代服务业项目入驻条件

对于提供基础服务、生产性服务、市场服务等其他服务内容的现代服务业项目，在合法经营、具有与其开展业务相适应的服务设施和业务人员的条件下，经社区指挥部"一事一议"审核通过后可入驻社区。

**第九条**　商业配套项目入驻条件以滨海湾控股公司的有关规定为准。

## 第三章　扶持政策

**第十条**　设立社区发展专项资金，对符合入驻条件的科技型企业项目和科技服务业项目给予政策扶持。社区发展专项资金由市科技局、新区管委会按照1∶1的比例统筹安排，市科技局负担部分从市科技局切块管理的"科技东莞"工程专项资金中统筹安排，划拨到新区管委会的专账进行管理；新区管委会负担部分从科技创新专项扶持资金中统筹安排。专项资金实行总预算规模控制。

**第十一条**　新入驻社区项目可享受以下扶持政策：

（一）科技型企业项目租金补贴

对符合本办法第七条条件的科技型企业项目，入驻后给予第一年最高不超过 1000 平方米的租金全额补贴，第二年、第三年减半补贴，超面积部分不享受租金补贴政策。年度研发投入 300 万元以上的重点科技项目或属于东莞战略性新兴产业主管部门重点支持引进的项目，租金补贴面积、期限和幅度，由社区指挥部研究确定。租金补贴由滨海湾控股公司（或社区范围内其他场地业主单位）根据与入驻项目签订的租赁合同，按季度定期向新区管委会申请，租金补贴优惠期从实际缴纳租金之日起计算，房租滞纳金、管理费等不纳入补贴范围。

（二）科技服务业项目补贴

对符合本办法第八条第（一）款条件的科技服务业项目，入驻后给予最高不超过 2000 平方米最长 12 个月的办公场地租金全额补贴，分两年执行，每年最长补贴 6 个月。租金补贴申请根据本办法第十一条第（一）款执行。

支持入驻项目为东莞企事业单位（与其无投资关系）提供技术服务，对年度实际技术服务合同的技术交易额按照最高不超过 10% 给予奖励，每家企业或机构每年最高奖励 500 万元。

（三）科技企业培育奖励

鼓励入驻社区的技术转移服务机构、产业技术服务平台、科技企业孵化载体等科技服务业项目孵化培育或引进科技型企业，每引进或培育一家国家高新技术企业、东莞市瞪羚企业、东莞市百强创新型企业、境内资本市场或香港主板资本市场上市企业落户滨海湾新区的，分别给予科技服务业项目主体 10 万元、20 万元、50 万元、100 万元一次性奖励。企业逐级晋升的，按照差额部分奖励。

（四）生产厂房租金补贴

项目入驻社区后 3 年内获认定（含重新认定）国家高新技术企业，且在滨海湾新区租赁自用生产厂房的，给予实际缴纳租金（房租滞纳金、物业管理费、水电费除外）50% 的补贴，每家企业每月租金补贴最高不超过 5 万元，连续补贴时长不超过 24 个月。入驻社区后、认定国家高新技术企业前所发生的租金纳入补贴范围。

（五）创新创业启动资金

成立时间不超过 3 年的科技型企业，引入风险投资基金（须在中国证券投资基金业协会备案）入股，且投资期限不少于 2 年的，或获得国家和省重大科技计划专项支持（项目总立项金额不低于 500 万元）的，按照到位金额的 10% 给予一次性创新创业启动资金资助，每家企业每年最高资助 50 万元。

（六）企业研发投入补助

鼓励社区科技型企业加大研发投入，对企业经有关部门认可的研发费用金额的 10% 给予补助，每家企业每年最高补助 200 万元。

（七）购买科技服务补贴

支持社区企业对外购买使用共享仪器设备、中试车间和公共实验室等科技服务。按照企业购买科技服务支出的 50% 给予补贴，每家企业每年最高补贴 30 万元，连续补贴不超过 3 年。

（八）举办科创活动补贴

社区企业或机构在社区举办或承办经社区指挥部批准支持的新产品发布会、科技成果交流会、行业峰会、论坛、学术会议等活动，对符合要求的活动实际支出给予不低于 50% 的补贴，每家企业或机构每年获得补贴最高不超过 150 万元。

（九）人才生活性补贴

对入驻社区的全日制硕士研究生、中级职称及以上人才，给予每人每月住房、交通等生活性补贴 2500 元，连续补助不超过 3 年，每家企业和机构 3 年累计补贴最高不超过 200 万元。

（十）高层次人才子女教育支持

对社区企业和机构的高层次人才子女，优先协调安排公办中小学就读，享受免费义务教育待遇；对入读民办中小学的，给予学费补助，其中一学年学费不超过 15000 元的，据实补助；一学年学费超过

15000 元的，在补助 15000 元基础上，对超出部分的 60% 给予补助，一学年学费最高补助 30000 元。每家企业和机构每年享受上述两项政策补助累计人数不超过 3 人，具体指标数以当年学位需求以及企业和机构经营贡献情况确定。

**第十二条** 对符合社区产业发展规划的其他重大项目，社区指挥部可按"一事一议"方式研究给予特别扶持。对于同时符合本办法与滨海湾新区其他办法的事项，社区项目优先申请本办法支持。符合本办法规定的同一事项、同一项目已享受东莞市和滨海湾新区其他扶持政策的，按照就高不重复或就高补差原则予以支持，另有规定的除外。上述政策的受理和实施按照当年度公布的申报指南执行。

## 第四章　入驻程序

**第十三条** 产业招商组通过小分队招商、上门拜访等方式，与意向入驻社区项目开展项目洽谈，对项目资料进行初审，并将符合相关条件的项目，形成意向项目清单。

**第十四条** 科技型企业和现代服务业项目的入驻程序如下：

（一）申请

列入意向项目清单的项目依托单位或团队向产业招商组提出入驻申请，并提交以下材料：

1.《东莞滨海湾国际开放创新创业社区科技型企业入驻申请表》（以下简称《科技型企业入驻申请表》）或《东莞滨海湾国际开放创新创业社区现代服务业项目入驻申请表》（以下简称《现代服务业项目入驻申请表》）；

2. 登记注册或者备案材料；

3. 创新创业计划书；

4. 申报指南规定须提交的材料。

其中复印件须加盖单位公章并查验原件。

（二）审核

1.科技型企业的入驻审核

产业招商组受理申请资料后，对其完整性、规范性以及相关条件的真实性进行审查。审查通过的，移交专业机构或专家进行评分和论证。论证通过的，产业招商组在《东莞滨海湾国际开放创新创业社区项目招商审批表》（以下简称《项目招商审批表》）加注审核意见。

2.现代服务业项目的入驻审核

产业招商组按照本办法第八条入驻条件组织开展审核。审核通过的项目，在《项目招商审批表》加注审核意见。项目人均办公场地（不含公共服务场所）一般不超过15平方米。

上述审核通过的项目，社区指挥部、滨海湾控股公司和项目方共同拟定入驻场地。

（三）审批

通过审核的项目，社区指挥部召开工作协调会议，对审核通过的项目申报资料进行审议，并在《项目招商审批表》加注审批意见。

（四）合同签订

经审批同意入驻社区的项目，申请单位凭《项目招商审批表》，与滨海湾控股公司（或社区范围内其他场地业主单位）签订《滨海湾国际开放创新创业社区租赁合同》，合同租赁年限原则上不超过3年。

**第十五条** 商业配套项目由滨海湾控股公司组织开展申请受理、审核、审批等入驻工作。租赁建筑面积在500平方米以上的项目，经滨海湾控股公司审批同意入驻社区后，报社区指挥部备案。

**第十六条** 对社区必要的非营利性公共配套设施或科技服务业项目，社区产业招商组提出入驻建议，经指挥部同意后可减免部分或全部的租金。

## 第五章　监督管理

**第十七条**　本章内容适用于科技型企业项目、现代服务业项目，商业配套项目的监督管理按照滨海湾控股公司相关制度执行。

**第十八条**　项目不得改变租赁场地用途。除孵化器（众创空间）、社会组织孵化基地运营机构外，不得转租租赁场地。如发现违约改变租赁场地用途、转租租赁场地，滨海湾控股公司依法解除租赁合同，收回租赁场地，滨海湾新区相关部门收回已资助的款项，停止正在享受的政策；同时，项目承担方5年内不得申请本办法规定的各类财政扶持政策。

**第十九条**　项目须按照本办法第二章相关经营要求依法依规经营，如发现不相符情况，或连续一个月无人办公、生产和不充分利用场地，或未按时缴纳租金和物业管理费等费用，滨海湾控股公司可依法解除租赁合同，收回租赁场地，并按本办法第十八条予以处理。

## 第六章　附则

**第二十条**　本办法由东莞市科学技术局会同东莞滨海湾新区管委会负责解释并实施，自2023年6月1日起实施，有效期至2025年12月31日。有效期满或有关法律法规、上级政策依据变化时，将根据实施情况予以评估修订。本办法所涉及的申报表格以具体申报通知为准。

# 《东莞松山湖高新区支持台湾青年创新创业实施办法》

---

## 第一章　总则

**第一条**　为深入贯彻落实习近平总书记在《告台湾同胞书》发表40周年纪念会上的重要讲话精神，落实党的二十大精神，持续推进松山湖海峡两岸青年创业基地建设，拓展台湾青年来莞创业就业空间，优化台湾青年创新创业环境，支持台湾青年"创业聚才"，积极推动两岸关系和平发展，结合东莞松山湖高新区（以下简称"园区"）实际，制定本办法。

**第二条**　本办法所需资金纳入松山湖高新区财政预算管理。

**第三条**　松山湖产业发展局（以下简称"产业发展局"）是具体执行本办法的业务主管部门，东莞市财政局松山湖分局（以下简称"财政分局"）是本办法财政资金的监督管理部门。

**第四条**　松山湖海峡两岸青年创业基地（以下简称"基地"）是两岸青年交流的桥梁，是台湾青年来莞创业、就业实习的重要载体，为台湾青年创新创业搭建服务平台、提供政策支持、营造良好发展环境。

第五条　产业发展局可结合工作实际，授权第三方运营单位开展基地在台湾地区的宣传推广、台湾青年创业项目评审、项目对接管理等运营管理工作。

## 第二章　支持对象

第六条　申报本办法资助的主体为园区企业、服务机构以及个人，须具备以下条件：

（一）园区企业须同时满足：

1. 在园区商事主体注册（集群注册除外）；

2. 具备独立法人资格（律师事务所、会计师事务所等专业机构除外）。

（二）台湾青年创业企业除满足本条款（一）所述条件外，还须同时满足：

企业创始人年龄在 18～45 周岁（含），台湾籍。创始人应担任企业法定代表人，且在企业注册登记中所占股份（含技术入股）累计比例不低于 25%；或担任项目主要负责人，且在企业注册登记中所占股份（含技术入股）累计比例超过 50%。

（三）服务机构为松山湖各产业载体管理单位，应具备在台湾地区招商、管理、服务等业务运营能力。

（四）申报本办法资助的个人是指于 2022 年 1 月 1 日后到园区实习的台湾籍学生。实习学生须在园区企业完成实习计划，以实习协议约定为准。

（五）有下列情形之一的，不予资助：

1. 提供虚假申报材料。

2. 近三年在生产经营活动中因违反有关财经、税务、市场监管、自然资源、环保、节能、社保、安全生产、住房公积金等方面法律、法规、规章受到刑事处罚或者被相关部门给予责令停产停业、吊销许可证或者执照、罚款、没收违法所得或者罚没产品的。其中，罚款、没收违法所得和罚没产品是指单次处罚中罚款、没收违法所得和罚没产品价值金额合计 10 万元及以上。

3. 近三年在生产经营活动中累计受到 3 次及以上行政处罚（不含单次 1000 元及以下罚款的行政处罚）。

4. 被市场监督管理部门依法列入经营异常名录或严重违法失信企业名单。

5. 经松山湖管委会研究认为不应予以资助的。

## 第三章　支持措施

**第七条**　项目启动资金奖励台湾青年创业企业在园区完成商事主体注册成立满 6 个月，可申报启动资金奖励，通过评审后给予一次性奖励 10 万元。

**第八条**　快速成长奖励

2016 年 2 月 1 日以后进驻园区，且通过评审的台湾青年创业企业，达到以下条件，可获快速成长奖励：

（一）台湾青年创业企业首次获得高新技术企业认定，给予一次性奖励 20 万元。

（二）台湾青年创业企业年营业额首次达 500 万元及以上，同时比上年增长 20% 以上的，给予一次性奖励 20 万元。

（三）台湾青年创业企业连续两年达到规模以上企业统计入库标准，给予一次性奖励 30 万元。

获得以上多项认定的企业，同一项认定只奖励一次，不同项认定可叠加奖励。

**第九条**　创赛配套奖励

在园区注册成立满 6 个月的台湾青年创业企业，获得中国创新创业大赛等国家、省、市级创业大赛奖励资金的，可按照大赛奖励资金给予 1∶1 的配套奖励，同一企业多项奖项可叠加奖励，最高不超过 100 万元。

**第十条　实际投资奖励**

台湾青年创业企业首次实缴投资额达 10 万美元（含）以上，每 10 万美元给予奖励 1 万元人民币（以验资报告为准），单个企业奖励不超过 100 万元人民币。

**第十一条　办公场地及生产场地租金补贴**

（一）台湾青年创业企业在园区完成商事主体注册成立，自成立起第 1～2 年给予办公场地租金补贴，补贴面积不超过 100 平方米，补贴金额每月不超过 6000 元，补贴期限不超过 24 个月。

（二）2022 年 12 月 31 日及之前已审批的台湾青年创业企业，将以企业初创工商登记时间为起始，按先缴后补的形式，参照上述第（一）项标准给予租金补贴。

（三）台湾青年创业企业获第八条快速成长奖励的，自第 3 年起给予办公场地不超过 1000 平方米（含）、生产场地不超过 2000 平方米（含）50% 的租金补贴，补贴期限不超过 48 个月。

（四）台湾青年创业企业获第九条创赛配套奖励的，自第 3 年起给予办公场地不超过 1000 平方米（含）、生产场地不超过 2000 平方米（含）50% 的租金补贴，补贴期限不超过 24 个月。

以上补贴采用先缴后补的方式发放，第（三）、（四）项补贴按"就高不重复"原则享受。

**第十二条　住房租金补贴**

台湾青年创业企业在园区完成商事主体注册成立，据实给予单个企业每月不超过 3000 元（含）住房租金补贴，补贴期限不超过 2 年，补贴采用先缴后补的方式发放。

**第十三条　贷款贴息**

对于获得银行贷款的台湾青年创业企业，将按照企业实际支付利息的 70%，进行核定给予贷款利息补贴，每个企业每年补贴利息最高 100 万元，补贴期限不超过两年。同一创业项目不能同时申报市和园区其他同类科技金融贴息政策。

**第十四条** 实习补贴

（一）鼓励台湾籍在校生到园区实习，按其实习时间给予补贴。本科生每人每月补贴 1000 元，每年补贴时间不超过 6 个月；硕士研究生每人每月补贴 1500 元，每年补贴时间不超过 10 个月；博士研究生每人每月补贴 2500 元，每年补贴时间不超过 10 个月。

（二）鼓励园区企业向台湾籍实习生提供具有一定专业性和业务内容的实习岗位，并配置相应岗位的实习导师，帮助台湾籍实习生提升就业技能。企业实习导师指导同一实习生连续达 3 个月及以上，给予每月 1000 元补贴。

**第十五条** 聘用补贴

鼓励园区企业聘用台湾籍人士，每新增聘用 1 名台湾籍人士，签订 3 年以上劳动合同，在其工作满 1 年后，给予该企业每人 1 万元的聘用补贴。每家企业每年度最高补贴 10 万元。就业时间以在企业缴纳社保或申报个税时间为准（个税不得为零）。

**第十六条** 服务成效奖励

引进的台湾青年创业企业获第八条、第九条、第十条奖励的，按照其所获得的奖励金 20%，给予服务机构服务成效奖励。

**第十七条** 活动支持

鼓励园区台资企业（业务主管部门认定）、台商协会会员单位、服务机构开展促进台湾青年在园区创新创业的良性互动交流活动，包括但不限于经贸、学术、文化、体育等两岸交流活动。活动经业务主管部门备案批准后举办，按照实际支出费用的 70% 给予活动补贴，单次活动最高补贴 20 万元。

**第十八条** 参展支持

鼓励园区台资企业（业务主管部门认定）、台商协会会员单位自主参加《境内外贸易型展会推荐目录》或经市商务局备案同意的展览会，给予展位实际发生费用的 50% 展位补贴；据实给予参展企业工作人员展会期间 2 人差旅费用补贴，每人每次最高支持 5000 元人民币。每家企业每年最高支持额不超过 10 万元人民币。

## 第四章 申报与审批流程

**第十九条** 申报组织

本办法原则每年集中组织申报审批一次，受理通知通过松山湖管委会官网向社会公开发布，申报单位应按要求提供申报材料，并对所提供材料的真实性、准确性和完整性负责。

**第二十条** 受理审核

产业发展局负责受理和审核申报材料。申报材料不完整或不符合报送规范要求的，由产业发展局通知申报单位进行补充和更正，申报单位应按通知要求补充、更正并重新提交申报材料。产业发展局根据实际需要，可委托第三方机构组织审核或评审，形成拟资助项目清单。

**第二十一条** 征求意见及社会公示

产业发展局将拟资助项目清单征求相关职能部门意见并进行社会公示，公示期为 7 个工作日。对存在异议的资助项目，由产业发展局开展复审与调查，并将调查核实情况反馈至提出异议的单位或个人。公示期满无异议或经调查异议不成立的，确定为拟资助项目。

**第二十二条** 报批审定

产业发展局结合部门意见及社会公示情况，将拟资助项目报请松山湖管委会审定。

**第二十三条** 资金拨付

产业发展局根据松山湖管委会审批结果，向财政分局提交资助资金拨付资料，财政分局按程序及时拨付资助资金。

## 第五章　监督管理

**第二十四条**　获得本办法资助的单位，应按照有关会计法规制度做好财政资助资金的账务处理，并配合财政、审计等部门的监督检查。

**第二十五条**　获得本办法资助的申报单位或个人存在以下行为的，一经查实，将停止拨付财政资助资金，并追缴已拨付的或违规使用的财政资助资金，同时取消其3年内申报园区财政资助资金的资格。构成犯罪的，依法追究刑事责任。

（一）提供虚假申报资料骗取财政资助。

（二）截留、挤占或挪用财政资助资金。

（三）资助项目涉及剽窃或侵夺他人科研成果或知识产权。

（四）同一项目重复申领园区同类资助，或同一经费支出多头记账骗取财政资助资金。

## 第六章　附则

**第二十六条**　本办法相关条文与现行的其他法律、法规和规范性文件如有冲突，且无特别说明，应以上位法和制定主体层级较高的文件内容为准。

**第二十七条**　本办法与市及园区出台的其他政策有重复、交叉的，按照"就高不重复"原则执行，重复部分予以核减，另有规定的除外。

**第二十八条**　本办法由松山湖管委会负责解释。

**第二十九条**　本办法自发布之日起实施，有效期至2026年12月31日。自2023年1月1日至2026年12月31日，符合本办法的项目纳入本办法资助范围。在办法有效期内未完成拨付的办公场地及生产场地租金补贴，可按本办法第十一条延续至资金拨付完毕。